数字经济下电子商务模式的创新与发展

丁　敏　张亚星　邹　亮◎著

中国商务出版社

·北京·

图书在版编目（CIP）数据

数字经济下电子商务模式的创新与发展 / 丁敏，张
亚星，邹亮著. -- 北京：中国商务出版社，2025.4.
ISBN 978-7-5103-5654-4

Ⅰ. F724.6

中国国家版本馆 CIP 数据核字第 2025PM1315 号

数字经济下电子商务模式的创新与发展

丁　敏　张亚星　邹　亮◎著

出版发行：中国商务出版社有限公司

地　　址：北京市东城区安定门外大街东后巷 28 号　邮　　编：100710

网　　址：http://www.cctpress.com

联系电话：010—64515150（发行部）　　010—64212247（总编室）
　　　　　010—64515164（事业部）　　010—64248236（印制部）

责任编辑：丁海春

排　　版：北京天逸合文化有限公司

印　　刷：宝蕾元仁浩（天津）印刷有限公司

开　　本：710 毫米×1000 毫米　1/16

印　　张：17　　　　　　　　　　　　字　　数：251 千字

版　　次：2025 年 4 月第 1 版　　　　　印　　次：2025 年 4 月第 1 次印刷

书　　号：ISBN 978-7-5103-5654-4

定　　价：79.00 元

前　言

　　数字经济的浪潮正以前所未有的速度推动全球经济的发展，而电子商务作为数字经济的重要组成部分，已经成为促进经济增长、提升消费效率以及优化资源配置的核心动力之一。近年来，伴随着大数据、人工智能、区块链等新兴技术的持续突破，电子商务模式不断革新，在乡村振兴、跨境贸易、企业管理及人才培养等领域呈现出前所未有的发展活力。本书立足于数字经济与电子商务的深度融合，旨在通过系统化的理论研究与实践分析，为电子商务模式的创新与发展提供全景视角。

　　本书以数字经济背景下电子商务模式的创新为核心，系统梳理了电子商务的基础理论、市场机制、发展历程与未来趋势。从理论到实践，书中围绕农村电子商务、跨境电子商务、企业管理、平台发展和人才培养五大领域，深入分析了电子商务在数字经济驱动下的多样化发展路径，并提出了若干创新性策略建议。

　　全书共分为七章，各章逻辑严密、内容递进。第一章全面回顾了电子商务的理论基础，包括其定义、特征、构成要素、市场机制及发展历程，为理解后续内容奠定了理论基础。第二章从数字经济的概念与特征入手，探讨了数字经济如何影响电子商务的模式创新，分析了市场竞争策略与高质量发展的实现路径。第三章聚焦农村电子商务，从政策支持到市场需求，全面分析数字经济如何赋能农村地区电子商务发展，推动农业现代化和乡村振兴。第四章转向跨境电子商务领域，探讨数字经济对全球贸易模式的重塑作用，分

数字经济下电子商务模式的创新与发展

析跨境电子商务现状、发展趋势及具体发展等方面的实践与策略。第五章则关注电子商务企业的管理模式，从数字化转型、组织架构优化到数据驱动运营，提出了一系列创新管理方法。第六章深入研究电子商务平台的发展，包括平台建设、法律规制及创新策略，为平台经济的未来发展提供了全方位的分析。第七章围绕电子商务专业人才的培养目标与路径，探讨了如何通过产教融合、创新教学模式等手段，为行业发展提供可持续的人才支持。

本书的写作兼具理论深度与实践价值。理论上，系统梳理了电子商务模式的演进规律与创新路径，从生态系统理论、制度经济学理论等角度进行分析，结合数字经济的核心理念，构建了一个综合的研究框架。实践中，通过翔实的案例研究与数据分析，探讨了农村电子商务、跨境电子商务、直播电子商务等领域的成功经验，并提出了操作性强的建议，为从业者提供了丰富的参考。书中还特别关注新兴领域的发展，如社交电子商务、直播电子商务及智慧零售等，通过对其特点与趋势的分析，为行业未来发展方向提供了前瞻性的判断。本书还展现了电子商务模式研究的跨领域特性。电子商务不仅属于商业范畴，更与农业、制造业、物流、国际贸易和教育等多个领域紧密关联。通过跨领域的分析，书中揭示了电子商务模式在不同场景下的适应性和应用潜力。例如，农村电子商务的发展不仅关乎农业产品的销售模式变革，还涉及乡村产业链的整体升级；跨境电子商务的崛起则不仅改变了国际贸易的运作方式，更促进了物流网络的全球化布局与区域化整合。书中从多个视角切入，为研究者提供了更全面的思路，也为实践者提供了更多创新的启发。在研究过程中，作者团队结合近年来数字经济发展的最新成果，提出了电子商务模式优化和未来发展的多项创新策略。例如，针对跨境电商，本书强调了通过完善跨境物流体系、提升品牌国际化能力以及优化政策环境，实现高质量发展的重要性；针对农村电子商务，书中提出构建综合性的农村电子商务生态系统，注重技术支持与产业联动，推动乡村振兴战略的落实。这些创新建议结合了理论分析与实际需求，不仅体现了本书的学术价值，也突出了其应用意义。

希望本书能够为研究电子商务创新与发展的学者、政策制定者及行业从业者提供有益的参考。同时，我们也期待通过对数字经济背景下电子商务模式创新与发展路径的探讨，进一步推动电子商务行业的高质量发展，为构建现代经济体系、促进全球经济合作贡献智慧与力量。

　　本书由丁敏、张亚星、邹亮共同编写。具体分工：丁敏负责编写第二章、第三章及第七章；张亚星负责编写第一章以及第五章；邹亮负责编写第四章以及第六章。

作　者

2024. 12

目　录

第一章　电子商务理论综述

随着信息技术的迅猛发展，电子商务已成为经济领域最具活力的商业模式之一。从起步到繁荣，电子商务不断演变，深刻影响了商业格局。它不仅改变了消费者的购物方式，还重塑了企业运营、市场竞争格局，同时也加速了全球经济一体化的进程。本章将系统阐述电子商务的理论基础，包括其定义、特征、要素、风险、生态系统建设及发展历程与趋势，旨在全面解析这一领域，从而呈现电子商务的全貌。

第一节　电子商务定义、特征、要素与网站设计

一、电子商务的定义

（一）电子商务的内涵动态性

信息革命的兴起在短时间内产生了巨大影响，许多传统业务焕发新生，展现出全新的面貌。电子商务便是如此，其初期以 EDI（电子数据交换）为主要模式，随着信息技术的不断发展，E-commerce 模式逐渐取代了 EDI，随后演进为 E-business。尽管传统电子商务到现代电子商务的发展时间较短，但在模式上发生了显著变化，未来的电子商务还将呈现出新的特点。因此，电子商务具有动态发展的特点，其内涵不是一成不变的，而是不断变化的。

（二）商务活动的界定（E-commerce 与 E-business）

"电子商务"在英文中通常表述为"E-commerce"，但随着发展，"E-business"这一表述逐渐流行开来。这两种表述在某些场合可以互换使用，但其适用范围有所不同。"E-commerce"通常用于国际公共组织及相关国家发布的电子商务政策中，而"E-business"则多为企业机构所使用。这两者在某些情况下可互换，且含义基本相同。我国在翻译时一般使用"电子商务"，有时也会将"E-business"译为"电子业务"。根据《牛津现代高级英汉双解词典》对"commerce"和"business"的解释，可以发现"business"涵盖了"commerce"的含义，同时也包括非商业性事务。因此，"E-business"的范围比"E-commerce"更广，涉及的内容也更加多样化。

（三）电子工具的界定

一方面，传统电子商务主要依赖电话、电报、电子邮件、EDI 等工具，但由于通信媒介较为狭窄且网络结构非拓扑型，这些工具的实际运转效率受到较大影响，且成本较高，因此通常只有大型企业才会引入和开展这类业务。EDI 虽然基于互联网得到发展，并逐渐成为电子商务的核心语言，但要充分发挥其效能，还需要在互联网基础上探索使用 EDI 的策略。另一方面，传真和电报等传统工具仍然被用于商业活动，但由于使用纸质媒介，未能实现电子媒介的互动性，限制了基于电子技术的数据交换。因此，这些传统工具尚未完全纳入电子商务的范畴。随着技术的不断进步，如网上传真、网络电话等现代通信工具的研发，传真和电话在互联网（Internet）和外部网络（Extranet）的支持下得到了进一步发展，这为构建统一的网络环境提供了良好条件。

（四）物流的加入

在许多关于电子商务的定义中，并未提及"物流"这一概念。然而在实际运行中，电子商务离不开物流的支持。物流活动涵盖多个环节，包括原材料采购、半成品运输、废弃物处理、商品流转和服务执行等。这些环节的运转效率直接影响电子商务的整体效率。若物流某一环节不到位，电子商务活动也会受阻。

进一步审视电子商务的定义及对电子工具的讨论，传统的电子工具多限于 Internet、Extranet 等计算机网络技术。这些技术的出现，实现了跨时空交易并带来了商业模式的变革。然而，物流的加入要求将电子工具的范围扩大至物流领域，包括叉车、自动导向车、机械臂等电子化、自动化设备。由此可见，完整意义上的电子商务不仅依赖于计算机与通信网络技术，还需要各种支持物流电子化的现代工具。①

二、电子商务的特征

（一）电子商务发展的新特征

大数据技术的持续进步，为电子商务的兴起与发展提供了重要支持，并推动社会各领域发生深刻变革。在此背景下，电子商务呈现出一系列新的特征。

1. 资讯投放更精准

现在的电子商务在多个方面展现出优势，究其原因，大数据技术功不可没。具体来看，其优势表现在以下几个方面：一是电子商务不受时空限制，可随时随地为消费者服务；二是电子商务更精准和科学，能够为消费者提供针对性服务；三是电子商务能提供互动功能，让销售方与消费者之间更高效互动。在这些优势支撑下，企业营销模式也焕然一新。企业可依托最新电子商务技术手段迅速定位消费主体，而后制定针对性营销方案，并及时投放广告，以增强竞争力。实践证明，多平台广告宣传取得了显著成效，体现了电子商务大数据技术的优势。此外，信息推送的灵活性与及时性同样至关重要。购物平台的实名认证机制为企业精准获取用户信息提供了可能性，使个性化推送成为现实。与此同时，企业需结合消费者的周期性消费习惯，优化产品

---

① 吕兴焕. 电子商务定义的重新界定 [J]. 天中学刊，2004，19（2）：29-31.

设计、广告宣传及用户体验。例如，淘宝的"猜你喜欢"功能与京东的"近期推送"功能，显著提升了用户点击率和销量。随着智能移动设备的普及，企业应进一步拓展信息来源渠道，充分利用多样化的数据来源获取更丰富的信息支持。

2. 运营满足个性化需求

在传统电子商务的运行中，时空限制曾是发展的重要阻碍。然而，当大数据技术得到应用后，这一阻碍得以解决。例如，最新的电子商务模式能够帮助企业获取与用户相关的各类信息，并向用户推送灵活、精准的内容，如用户最近关注的信息、购买的产品等，均能直观呈现给企业。在信息化时代，用户的消费理念不断变化，但随着智能手机的普及，其消费动向可以通过大数据技术被挖掘和分析，从而让企业提供更有针对性的服务。此外，用户在智能手机的助力下，也能够更加便捷地提出售后申请，以确保正当权益得到维护。当代消费者的个性化需求越发显著，而在智能手机的帮助下，企业可以更加深入地了解消费者的个性化需求。与此同时，企业还能够基于现代信息技术打造新的网站栏目，不仅包括便捷的搜索功能，还提供反馈渠道，使登录网站的用户能够与企业进行更紧密的互动。

3. 行业应用垂直整合

电子商务在多个领域崭露头角，其展现出的强大的资源整合能力不仅推动了企业内部的高效沟通，还助力信息交流机制的构建。目前，许多企业已经高度关注这一趋势，并在探索新型互联网营销模式方面付出了巨大努力。从具体效果来看，主要体现在以下几个方面：一是优化物流配送。物流系统承担着运送商品的重要使命，如果足够快速和精准，便可以在市场竞争中占据优势，也能及时应对市场变化。借助大数据技术优化物流运作后，除了能降低配送成本，还能提升安全性，并且可支撑信息互动共享机制的构建，使得物流配送体系发挥更大力量。二是优化仓储体系。企业一方面要确保货物充足，只要用户购买便能及时送达；另一方面要避免货物积压，否则会出现成本浪费。依托大数据技术，企业可精准进行仓储管理，所存商品更为精准，运营效率达到更高水平。三是优化内部运营和决策体系。在大数据技术的支持下，企业能够更加精准地掌握内外环境变化情况，从而制定科学合理的营销方案。尤其是在面对安全风险时，大数据技术能够帮助企业提前预防并规避潜在威胁。同时，企业的内部安全管理也能从中受益。例如，通过采用先进的加密技术构建信息管理系统，无论是信息输入、识别还是监控环节，都能够实现安全、高效的运转。①

（二）电子商务发展水平的空间分布特征

我国电子商务发展水平呈现以下特点：一是省际差异显著。电子商务发展在省际间存在明显异质性。广东、北京、上海、江苏、浙江等地区发展水平较高，得益于人口规模大、基础设施完善以及互联网普及率高，而新疆、宁夏、陕西、河北等地区则相对滞后，从而形成了发展不平衡的局面。总体来看，南部地区发展水平显著高于北部地区，如江苏、浙江、广东等地位于南部优势地带，而新疆、宁夏、河北等北部地区发展较为缓慢。这种差异的主要原因在于东部和南部地区的经济结构偏重第三产业，服务业发达，且区位条件优越。二是东南沿海向西北内陆递减。东南沿海地区是我国电子商务的发源地，发展水平遥遥领先。中部地区由于人口和经济基础优于西部地区，其电子商务发展水平也高于西部地区，但整体仍低于东南沿海地区。总体来看，我国电子商务发展呈现出明显的区域性不均衡，这主要由经济结构、基础设施以及区位条件等因素决定。②

三、电子商务的要素

（一）电子商务的发展要素

1. 人才是电子商务发展的关键要素

"人"是发展力量的源头，电子商务的革新同样离不开"人"。在鼎鼎有

---

① 丁琳芝. 大数据背景下电子商务发展的新特征研究 [J]. 现代工业经济和信息化，2019，9（6）：10-11.
② 王金良，王平山. 我国电子商务发展水平空间分布特征分析 [J]. 商业经济研究，2021（3）：71-73.

名的沙集模式中，孙寒是领军人物。当他注意到淘宝这一渠道时，便有了在淘宝上做生意的打算。第一年便收入十余万元，这一"战绩"引得其他农民纷纷效仿。孙寒没有藏私，积极介绍经验。不到两年时间，沙集镇便成了著名的家具销售中心。到 2010 年 11 月，沙集镇的网店数量已超过百家，销售额突破了 3 亿元。沙集模式的成功充分证明了，人才是电子商务产业发展的核心驱动力。正是像孙寒这样的创新型人才推动了沙集电商产业的崛起，带动了区域经济的全面发展。

被誉为"中国淘宝第一村"的浙江义乌青岩刘村，同样因为电子商务人才的涌现而走向辉煌。邻近的义乌商学院为该村的电商发展提供了稳定的人才支持。数据显示，义乌商学院"淘宝班"一期学员 120 人中有 115 人成功毕业，几乎全部在淘宝上创业。其中，皇冠级店铺达到 31 家，至少 30 人年收入超过 50 万元，许多人已经成为百万富翁。这仅仅是首批学员的成果，为青岩刘村的电子商务发展注入了强劲的动力，使该村成为批量造就电商富豪的摇篮。

2. 产业集聚是电子商务发展的重要保障

随着电子商务以互联网技术为工具，但本质上仍然是商务行为。简单来说，就是通过互联网将产品推向市场，而这一过程的基础是完善的产业体系。因此，产业要素是电子商务成功的核心保障。在电子商务较为发达的地区，产业支撑力量通常十分稳固。例如，在沙集模式中，沙集镇已经稳固发展的家具组装产业便是其支撑力量。同样，四川青川的淘宝店背后，则是农产品生产产业的支撑。

3. 电子商务平台是电商发展的必然选择

随着电子商务不断演进，众多交易平台得以建立，如中国化工网、慧聪网、当当网、京东商城等，均为典型例子。阿里巴巴的影响力更为出众。从成立起，它便将中小企业作为服务对象，经过十多年发展后，阿里巴巴已成为全球知名品牌，其所提供的 B2B 服务在国内首屈一指。在 C2C 领域，易趣网、一拍网走在前列，随后腾讯拍拍网和百度有啊网接力而为，但最终的胜者是阿里巴巴的淘宝平台。借助该平台，众多淘宝村、淘宝县应运而生。淘宝的成功，离不开互联网技术的推动，也得益于市场机遇的牵引，成为我国电子商务不可或缺的重要推动力。淘宝的崛起离不开其对核心问题的创新性解决。有学者指出，阿里巴巴在确保诚信方面做了大量工作，并且不拘泥于传统经验，敢于创新。例如，阿里巴巴推出的淘宝平台是一种市场化运作的公共电子商务平台，农户通过淘宝平台开展网销时，不依赖于国家财政支持，使用成本低、效率高，取得了显著成效，推动了电商生态的健康发展。①

（二）电子商务模式的构成要素

电子商务模式的构成要素是构建和运营一个成功电商平台的基石，它涵盖了从资金流动到组织管理的多个方面。以下是电子商务模式的八大构成要素：

一是资金。资金在电子商务中扮演着至关重要的角色，涉及资金的筹集、使用、消耗、收回和分配五个环节。电子商务中的资金流特指用户确认购买商品后，资金从用户转移到商家账户的过程。这个过程需要安全、便捷和稳定的支付平台支持，如支付宝、微信支付等第三方支付平台，以确保交易的顺利进行和资金的有效运作。

二是运营人员。电商运营专员负责管理和执行电子商务平台运营工作，涉及品牌推广、线上运营、销售分析等任务。他们还负责商品管理、促销活动、用户体验优化以及数据分析和报告撰写。通过优化用户体验、设计促销活动和分析销售数据，运营人员为企业提供战略和决策参考，是推动电商发展的关键力量。

三是网络平台系统。电子商务平台是网络基础设施的重要组成部分，它提供了信息传输的线路和服务。网络平台系统包括电子商务应用层结构（应用层）和支持应用实现的基础结构（三层）。基础结构通常包括电子商务系统的网络层（网络平台）、传输层（信息发布平台）和服务层（电子商务平台）。应用层则对应具体的电子商务应用系统，如电子商务网站、数据库系

---

① 沈坤华. 促进电子商务发展的四大要素 [J]. 内蒙古科技与经济，2014（17）：48-49.

统、支付系统、安全系统等。

四是交易的商品。电子商务经营范围广泛，涵盖各种商品和服务的在线销售。这些商品可以是实物商品，如服装、配饰、化妆品、家居用品、电子产品等，也可以是虚拟商品，如软件、游戏、电子书等。此外，电子商务还涉及各种服务的在线销售，如旅游服务、教育服务、医疗保健服务等。这些商品和服务通过电子商务平台进行交易，满足了消费者的多样化需求。

五是交易主体。电子商务交易的主体包括消费者、企业、政府机构等。企业与消费者之间的电子商务（B2C）通过网上商店实现商品零售和服务提供。企业与企业之间的电子商务（B2B）则涉及采购、谈判、订货、签约、付款、索赔处理、商品发送管理和运输跟踪等所有活动。政府机构作为电子商务参与主体之一，主要体现在政府采购方面。

六是交易客体。电子商务交易的客体是指电子商务法律关系中权利义务所指向的对象，包括交易中涉及的商品、服务以及相关的数据电文等。商品是交易的主要对象之一，《中华人民共和国电子商务法》对商品的质量、规格、交付方式等有明确规定。服务在电子商务交易中也是重要组成部分，如在线教育、在线咨询等服务。数据电文则是交易信息的重要载体，包括电子订单、电子合同等，其法律效力、保存方式等受到《中华人民共和国电子商务法》的规制。

七是支持服务机构。电子商务的成功运营离不开一系列支持服务机构的协作。这些机构包括认证中心（CA）、银行、物流公司等。认证中心负责发放和管理数字证书，确保交易双方的身份真实性和信息加密传输。银行提供支付结算服务，为交易双方提供安全、便捷的资金流转渠道。物流公司则负责商品的仓储、运输、配送等环节，确保商品能够及时、安全地送达消费者手中。

八是组织管理。电子商务的组织管理涉及多个方面，包括价值体现、盈利模式、市场机会、竞争环境、竞争优势、营销战略、组织发展等。一个成功的电商企业需要明确自身的价值定位，制定有效的盈利模式，并密切关注市场机会和竞争环境。同时，企业还需要构建强大的竞争优势，制定科学的营销战略，并推动组织的持续发展。通过合理的组织管理，电商企业能够不断提升运营效率和市场竞争力，实现可持续发展。[①]

四、电子商务网站设计

近年来，随着互联网的快速发展和广泛应用，电子商务网站作为网络交易的主要平台，其设计与实现变得尤为重要。那些在市场竞争中脱颖而出的电子商务平台必有其"出众"之处，比如有的平台商品信息十分丰富，有的平台注重用户体验优化，有的平台将隐私保护做到极致。这些特点为其他电子商务平台的规划与设计提供了借鉴。在实际研究中，应该紧密结合 Web 前端开发技术。

（一）Web 前端开发技术概述

1. Web 前端开发的定义与作用

Web 前端开发指的是以 Web 浏览器为载体进行开发的一系列工作的总和，其中，网站结构设计、样式布局、交互功能实现是重要环节。从技术层面分析，HTML、CSS 和 JavaScript 等最为常用。图 1-1 为 Web 前端开发技术架构。

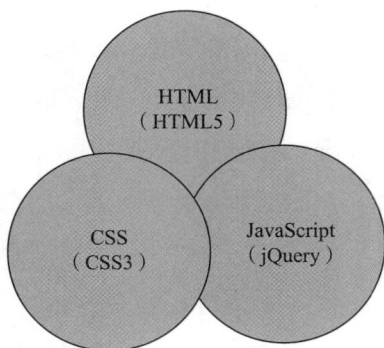

图 1-1　Web 前端开发技术架构

---

① 王兆杰. 电子商务模式构成要素及影响因素分析 [J]. 经济师，2013（12）：15-16.

2. 常用的 Web 前端开发技术

在 Web 前端开发领域，HTML、CSS 与 JavaScript 构成技术栈的核心。HTML 作为超文本标记语言，负责网页内容的结构化呈现，通过标签定义文本、图像、链接等元素，为网页搭建基本框架。CSS 层叠样式表则专注于页面美观与布局，通过选择器与属性设置，实现文字样式、颜色搭配、排版布局等视觉效果，提升用户体验。JavaScript 是一种高效的脚本语言，为网页注入动态交互能力。它能够在客户端执行，响应用户操作，如点击、输入等，实现表单验证、内容动态加载、动画效果等功能，使网页不再局限于静态展示。此外，JavaScript 还支持与服务器的异步通信，如 AJAX 技术，促进前后端数据交互，实现更丰富的应用场景。这三者相辅相成，共同支撑现代 Web 应用的多样性和复杂性，是前端开发者必备的技能集。随着技术演进，如 HTML5、CSS3 及 ES6 等新标准的出现，前端开发技术持续迭代，为构建更加高效、美观及互动性更强的网页应用提供坚实的基础。

（二）电子商务网站设计的关键要素

电子商务网站设计是一个复杂的过程，需要综合考虑用户体验设计、响应式设计和数据安全与隐私保护等因素。首先是用户体验设计，它专注于用户在网站上的感受。优秀的设计能够提升用户的忠诚度、满意度及转化率。其次是响应式设计，旨在适配不同设备与屏幕尺寸，关注布局的响应性和设备的兼容性，确保用户在各类终端上的良好浏览体验。最后是数据安全与隐私保护，确保用户信息和交易数据的安全。通过用户认证、授权及数据加密技术，可以提升网站的信任度和安全性。

1. 用户体验设计

（1）界面设计原则

界面设计是用户体验设计的核心。设计时需要遵守以下原则：一是简洁明了原则，这要求界面足够简洁、明了，避免所引入的各类元素过于复杂；二是一致性原则，界面的各类元素虽然各具功能和效果，但风格上要保持统一，旨在让用户使用时更快适应；三是易于操作原则，界面操作系统要做到简单易用，让用户的使用效率更高；四是及时反馈原则，当用户在界面上做出某种操作后，能够快速反馈，让用户知晓操作是否正确。

（2）网站导航设计

用户体验越好，黏性就会越强。网站导航设计的层次直接关系到用户体验。在开展该项设计时，要做到以下几点：一是结构清晰，当用户进入后，可以很快明确结构框架，并高效率地找到所需内容；二是合理分类，网站导航基于用户需求和使用习惯进行分类，让用户能够快速导航；三是层次分明，旨在让用户始终保持方向清晰，不会在操作中迷失。

2. 响应式设计

（1）设备适配性

在思考响应式设计策略时，首先要分析设备情况，尤其是其适配性尤为重要，比如屏幕尺寸、分辨率、浏览器兼容性等应符合需求。其次要对所接触的元素进行科学布局，比如视觉元素应足够优化，操作方面要足够稳定。

（2）响应式布局

首先是流式布局，实现网站在不同屏幕尺寸下的自适应调整。其次是网格布局，确保网站在各类屏幕上保持良好的结构和可读性。最后是模块化设计，提高网站加载效率和响应速度，适配多种屏幕尺寸。

3. 数据安全与隐私保护

（1）用户认证与授权

电子商务网站要将保护用户隐私置于重要位置，在具体做法上，用户认证与授权是重要手段之一。在该手段应用后，可防止非法用户窃取数据。实际设计与开发中可做到以下几点：一是强密码策略，要求用户设置包含数字、字母和符号的复杂密码，增强安全性。二是多因素认证，增加认证可靠性，通过短信、指纹或动态验证码等多重验证手段确保用户身份。三是访问控制，对用户身份和角色进行分类，并与不同访问范围对应。

（2）数据加密与防护

保护用户隐私十分重要，用户数据一旦泄露，会对用户人身财产安全产生威胁。数据加密与保护是以提升用户数据安全性为目的，可阻断非法访问进程，避免数据泄露和被篡改。随着时代发展，数据加密算法进一步优化，可满足数据从存储、传输到使用整个过程的安全需求。

（三）基于 Web 前端开发技术的电子商务网站设计案例分析

1. 案例一：电子商务网站 A 的设计与实现

电子商务网站 A 是一个在线购物平台，该平台的技术流程如图 1-2 所示。用户登录客户端并发出请求后，服务器端内部的后台程序会进行处理，而后经过数据容器"解释执行"，确定数据后向客户端反馈。

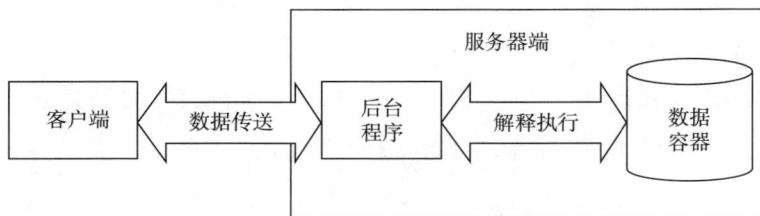

图 1-2 电子商务网站 A 技术流程

（1）网站结构与布局

电子商务网站 A 的结构设计十分简洁，进入网站首页后，丰富多样的商品信息便呈现在眼前。用户可以观看后点击相关链接来了解对应信息内容，也可以使用"搜索"功能寻找自身所需内容。用户还可以进入"个人中心"，该区域设置有"订单管理""购物车"等模块，方便用户查看订单和预订商品。该网站布局层次分明，导航栏、头部、底部、内容区域等明确区分。这样的设计有效提升了用户的操作便捷性和浏览体验。

（2）用户体验设计策略

电子商务网站 A 在优化用户体验上采取了以下策略：一是优化响应式设计。该网站的兼容性得到提升，可适应不同设备需求，让用户在浏览信息时更加顺畅。二是优化商品信息呈现效果。引入高清图片展示商品形象，并搭配细致的文字描述，让用户对商品有更深入的了解。三是优化订单管理。用户下单后，可实时了解订单状态，并能根据自身情况进行操作，如撤单、退款等。这些策略共同为用户打造了高效、便捷的购物体验，显著提升了网站的竞争力和用户满意度。

（3）响应式设计实践

一是布局规划。通过模块化设计和流式布局，实现页面元素自适应调整。二是媒体查询。CSS 媒体查询是支撑手段，旨在识别设备情况，并重新调整和布局，确保分辨率、框架呈现等达到要求。三是事件监听。JavaScript 是重要工具，其监听效能主要体现在样式调整和交互功能优化方面。四是性能优化。代码压缩、缓存、懒加载技术是重要支撑，可以有效提升加载速度和响应效率。这些措施确保了网站在不同设备上的流畅性与高效性。

2. 案例二：电子商务网站 B 的设计与实现

电子商务网站 B 是一个服务于"内外"的在线购物平台，对内采用内网，对外采用互联网。从图 1-3 可了解到该网站包括三大模块，分别是网络平台、电子商务基础平台和电子商务应用系统。

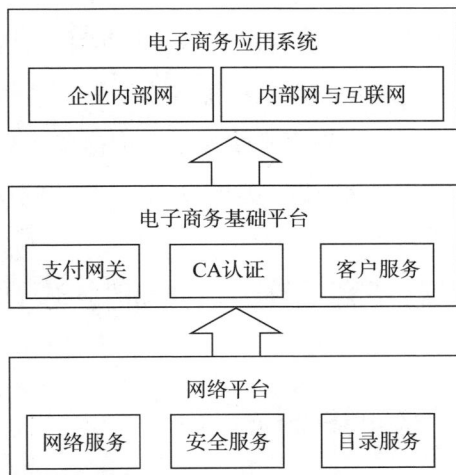

图 1-3　电子商务网站 B 体系结构

（1）界面设计与用户导航

电子商务网站 B 的界面布局具有"扁平化"特征，用户登录后可十分便捷地进行操作。为了区分功能区域，该网站除了分层布局，还通过不同字体、不同颜色等进行标记，用户可以很快进入相关区域。具体到导航设计中，该网站的搜索模块与导航模块并存，用户可根据自身使用习惯来迅速找到所需信息。

（2）响应式设计的应用

该网站的响应方面具有以下特点：一是用户使用不同设备登录时，网站呈现效果能够灵活调整。例如，当设备屏幕较小时，网站会缩小字体，并在布局和结构上做出调整，让用户在浏览和操作时更加顺畅。二是支付方式更加便捷。该网站与多个第三方支付平台建立了合作关系，用户可以便捷进入支付页面，完成支付。

（3）数据安全与隐私保护措施

在用户数据保护方面，该网站采取了多种举措：一是数据加密与认证。引入了 CA 认证技术，确保用户购物过程中不会出现数据泄露，尤其是在支付环节，增加了多重网关审核，确保支付安全。二是及时到位的客户反馈。当用户有疑问时，能够通过线上渠道进行咨询，并及时解决问题，让用户放心。三是数据加密。对用户隐私数据进行加密处理，确保一致性与安全性。四是访问控制。根据用户角色限制权限，确保仅合法用户能够访问授权内容。五是数据备份与恢复。定期备份数据，快速恢复因故障丢失或损坏的数据。六是安全审计。监控系统日志和操作，及时发现并解决安全隐患。[①]

第二节　电子商务市场的机制、表现与发展

一、电子商务市场的机制

（一）电子商务市场准入与退出机制

电子商务市场准入与退出机制涉及主体资格的确立、审核、确认及终止

---

① 陆剑，冯晓睿. 基于 Web 前端开发技术的电子商务网站设计［J］. 信息记录材料，2024，25（3）：231-233，236.

的法律法规体系。针对中国现行制度中的问题，需开展深入研究，从立法角度提出机制设计原则，为完善电子商务法律体系中的准入与退出模块提供理论依据和实践参考。

1. 现状与趋势分析

随着互联网的普及和信息技术的快速发展，电子商务市场在全球范围内迅速崛起，成为连接消费者与商家的重要桥梁。作为保障市场秩序、促进公平竞争的关键手段，电子商务市场准入与退出机制的现状与趋势日益受到关注。目前，电子商务市场准入与退出机制在全球范围内呈现出多样化和复杂化的特点。各国和地区根据自身的经济发展水平和市场特点，制定了不同的准入与退出标准和流程。然而，电子商务的虚拟性、跨地域性和快速变化等特点，给传统的市场监管模式带来了挑战。未来，电子商务市场准入与退出机制将更加注重数据安全与隐私保护，强化平台责任，推动线上线下融合，促进公平竞争。同时，随着人工智能、大数据等新技术的应用，电子商务市场准入与退出机制有望实现智能化、个性化，从而提高监管效率并激发市场活力。

2. 中国现行制度

在中国，电子商务市场准入与退出机制是保障市场秩序、促进公平竞争的重要手段。以下是中国现行制度在电子商务市场准入与退出方面的相关规定，涵盖了规制范围、商事登记制度、行业准入制度、外资准入制度及退出制度等方面的具体内容。

（1）规制范围

中国电子商务市场的规制范围广泛，涉及电子商务平台的运营、商品和服务的交易、支付结算、物流配送等多个环节。同时，电子商务市场的规制也重视保护消费者权益，打击出售假冒伪劣商品、虚假宣传等不法行为，维护公平竞争市场秩序。

（2）商事登记制度

在中国，从事电子商务活动的企业需进行商事登记，获得营业执照后方可开展经营活动。电子商务企业的商事登记制度与传统企业相似，需按照

《中华人民共和国公司法》等相关法律法规进行登记注册。同时，电子商务企业还需要在电子商务平台上进行公示，接受社会监督。

（3）行业准入制度

中国电子商务市场的行业准入制度根据不同行业的特点和监管要求进行制定。例如，涉及食品、药品、医疗器械等特殊行业的电子商务企业，需取得相应的许可或认证才能开展经营活动。此外，电子商务企业还需遵守《中华人民共和国电子商务法》等相关法律法规，确保交易活动的合法性与安全性。

（4）外资准入制度

中国电子商务市场的外资准入制度遵循国民待遇原则，允许外国投资者在中国境内设立电子商务企业，并享受与中国企业同等的待遇。然而，对于涉及国家安全、社会稳定等敏感领域的电子商务企业，需遵守特殊的外资准入管理规定。此外，中国还鼓励外资企业参与电子商务市场的竞争与合作，推动电子商务市场的繁荣与发展。

（5）退出制度

中国电子商务市场的退出制度包括主动退出和被动退出两种方式。主动退出是指电子商务企业因自身原因主动申请注销登记，退出市场；被动退出则是指企业因违反法律法规、经营不善等原因被监管部门依法吊销营业执照或责令关闭。电子商务市场的退出制度有助于维护公平竞争市场秩序，保障消费者权益和投资者利益。

3. 存在的问题

电子商务市场准入与退出机制在促进市场健康发展、保障交易安全和消费者权益方面起着至关重要的作用。然而，当前该机制仍存在一些亟待解决的问题，这些问题不仅影响市场的公平竞争，还可能对消费者和商家的利益造成损害。以下是对这些问题的具体分析：

（1）立法分散

中国电子商务市场准入与退出机制的法律体系相对复杂，立法分散是其中的主要问题之一。涉及电子商务市场准入与退出的法律法规众多，如《中华人民共和国电子商务法》《中华人民共和国公司法》等。然而，这些法律法规在立法目的、适用范围、监管标准等方面存在差异，导致在实际操作中可能出现法律冲突和执法难题。立法分散不仅增加了企业的合规成本，还可能给市场带来混乱和不确定性。

（2）立法层级混乱

在电子商务市场准入与退出机制的法律体系中，立法层级混乱是一个不容忽视的问题。不同层级的法律法规在效力上存在差异，但在实际操作中，低层级法律法规与高层级法律法规之间可能存在冲突。这不仅削弱了法律的权威性和执行力，也给企业合规经营带来了困扰。此外，立法层级混乱还可能导致监管标准的不一致，从而影响市场的公平竞争和健康发展。

（3）多头管理

电子商务市场准入与退出机制的管理涉及多个部门和机构，如工商、税务、质检、海关等。多头管理可能导致监管职责不清、标准不一、效率低下等问题。在实际操作中，不同部门和机构之间可能存在沟通不畅、协调不足的情况，导致重复监管或监管空白。这不仅增加了企业的运营成本，也可能给市场带来不必要的监管压力和不确定性。

（4）监管手段滞后

随着电子商务市场的快速发展和技术的不断进步，传统的监管手段已难以适应市场的变化。例如，传统的现场检查和书面审查方式已难以全面、准确地掌握平台运营情况。此外，对于电子商务交易中涉及的数据安全、隐私保护等问题，传统的监管手段也难以提供有效的解决方案。监管手段的滞后不仅影响监管效果，还可能给市场带来潜在风险和隐患。

4. 预期目标

针对电子商务市场准入与退出机制存在的问题，制定明确的预期目标对于推动机制改革和完善具有重要意义。以下是该机制的预期目标：

（1）建立电子商务诚信市场环境

诚信是市场经济的基础，也是电子商务市场健康发展的关键。建立电子商务诚信市场环境是电子商务市场准入与退出机制的重要目标之一。这包括加强电子商务企业的信用体系建设，完善信用评价和公示制度，加大对失信行为的惩戒力度等。通过这些措施，可以有效遏制虚假宣传、假冒伪劣、侵犯知识产权等违法行为的发生，提升整个电子商务市场的诚信水平。

（2）维护合理竞争的电子商务生态

维护合理竞争的电子商务生态是电子商务市场准入与退出机制的核心目标之一。这包括制定明确的竞争规则和标准，加强对不正当竞争行为的监管和打击，如价格欺诈、虚假交易、恶意评价等。同时，还应鼓励和支持创新型企业的发展，推动电子商务市场的多元化和差异化竞争。通过这些措施，可以保障市场的公平竞争，促进电子商务市场的健康发展和繁荣。

（3）保护电子商务交易各方权益

保护电子商务交易各方权益是电子商务市场准入与退出机制的重要使命之一。这包括加强消费者权益保护，如完善退换货制度、保障支付安全、打击假冒伪劣商品等；同时，也要保障商家的合法权益，如防止恶意投诉、保障知识产权等。此外，还应加强电子商务交易中的数据安全和隐私保护，防止数据泄露和滥用。通过这些措施，可以确保电子商务交易各方在公平、公正、安全的环境中进行交易，提升整个市场的信任度和满意度。

（4）完善电子商务纠纷解决机制

电子商务交易中的纠纷处理是电子商务市场准入与退出机制不可忽视的一环。电子商务纠纷的解决机制包括建立高效的投诉举报渠道和纠纷调解平台，加强对纠纷处理的监管和指导，确保纠纷得到公正、合理的解决。同时，还应加强电子商务交易中的合同管理和证据保全工作，为纠纷处理提供有力的法律支持。通过这些措施，可以降低电子商务交易中的纠纷发生率，提高纠纷处理效率和满意度，为电子商务市场的健康发展提供有力保障。

5. 深入剖析与策略建议

针对电子商务市场准入与退出机制存在的问题和挑战，提出以下策略建议，以推动机制的完善和发展：

（1）立法统一与协调

针对立法分散和立法层级混乱的问题，建议加强立法统一与协调。首先，应明确电子商务市场准入与退出机制的法律体系框架，梳理现有法律法规的适用范围和监管标准，避免法律冲突和执法难题。其次，应加强地方立法和部门规章的指导与监督，确保其与国家法律法规保持一致性和协调性。最后，应推动电子商务领域相关法律的修订和完善，以适应市场变化和技术发展需求。

（2）监管机制创新与优化

针对多头管理和监管手段滞后的问题，建议加强监管机制的创新与优化。首先，应明确各部门和机构的监管职责和权限划分，加强部门间的沟通与协调，避免重复监管或监管空白。其次，应加大对电子商务平台的监管力度，利用大数据、人工智能等技术手段提升监管效率和精准度。最后，应推动电子商务领域相关标准的制定和实施，为市场监管提供技术支持和标准化保障。

（3）诚信体系建设与完善

针对电子商务市场诚信缺失的问题，建议加强诚信体系的建设与完善。首先，应推动电子商务企业信用信息公示和共享平台的建设，实现跨部门、跨地区的信用信息互联互通。其次，应完善电子商务企业的信用评价和惩戒机制，对失信行为实施联合惩戒和公开曝光。最后，应加强对消费者的教育和引导，提升其诚信意识和维权能力。

（4）纠纷解决机制创新与推广

针对电子商务交易纠纷处理难的问题，建议加强纠纷解决机制的创新与推广。首先，应建立多元化的纠纷解决渠道和平台，如在线调解、仲裁等，降低纠纷解决的成本和时间。其次，应加强纠纷调解人员的培训和管理，提升其专业水平和调解能力。最后，应加强对纠纷处理结果的跟踪与监督，确保纠纷得到公正、合理的解决。[①]

（二）电子商务市场网络演化机制

近年来，我国的电子商务如火如荼地发展，这背后离不开国家制定的多项政策的支持。传统销售模式逐步改变，线上与线下相结合的模式愈加盛行。

---

① 王林，杨坚争. 电子商务市场准入与退出机制［J］. 电子知识产权，2015（6）：16-21.

数字经济下电子商务模式的创新与发展

电子商务成为经济发展的重要推动力，并促成了一批国际化大企业的建立。在研究电子商务演化机制时，可以将组织理论作为重要依据，进而更深入理解相关因素对演化进程的影响。

1. 电子商务市场网络演化机制的自组织理论基础

自组织理论最初产生于热力学领域，随后逐步进入组织系统领域。基于该理论，可以更深入地了解组织系统如何演进、如何在没有外部约束的情况下变得更加有序。自组织理论的核心在于系统无须外部约束即可增加复杂性。以下是自组织理论的重要理论基础：一是复杂系统理论。该理论在系统科学中占据主导地位，用动力学方式解释现有数据和方法难以阐释的问题，广泛应用于系统生物学等领域，具有重要学术价值。二是耗散结构理论。该理论描述了非平衡状态，并从开放视角探讨系统如何通过物质与能量交换实现有序的状态，并记录发生突变时的临界值，即混乱变为有序。最新的状态将继续进行物质与能量交换。三是协同学理论。协同学的创始人哈肯指出，复杂系统的子系统通过非线性相互作用产生协同效应，促使系统有序演化。子系统形成的开放系统可在时间、空间及功能上自发有序发展。四是突变论。突变论描述了系统从一个稳定状态突变到另一个新稳定状态的过程。不同控制因素的临界值可能导致突变后产生多个不同的稳定结果，这是稳定论的重要发展。这些理论共同构成了自组织理论的基础，用以解释复杂系统的演化机制。

2. 电子商务市场的自组织特性

（1）电子商务市场的系统开放性特点

基于耗散结构理论可以了解到，如果一个系统不能有效进行物质、能量和信息交换，则意味着该系统陷入了无序状态。电子商务市场要想保持活力，需要具有开放性。如果封闭运行，会因为缺乏竞争而陷入无序状态，进而失去发展动力，难以实现资源优化。电子商务市场的开放性是资源合理配置的关键，持续与外界交换可推动其健康发展。

（2）电子商务市场系统远离平衡态特点

非平衡态促使电子商务市场与外界进行物质、能量和信息交换，形成发展动力。由于社会资源的多样性和不均匀性，电子商务市场呈现以下非平衡特性。与传统市场竞争：电子商务市场与传统市场始终处于非平衡竞争中，推动市场格局演变。与社会经济不协调：电子商务发展速度与社会经济调整存在差异，体现出不平衡性。这种不平衡性成为电子商务市场优化的重要驱动力。

3. 电子商务发展带来的商业系统演化机制的变革

（1）商业系统的演化过程

商业系统的演化可分为以下四个阶段：一是萌芽阶段。新商业系统凭借独特的商业嗅觉和生存能力逐步壮大，顺应时代需求，形成规模化系统。二是扩张阶段。抓住趋势和产品服务升级机遇，扩展顾客群体，化解资源分配问题，扩大市场影响力。三是成熟阶段。系统结构和协议趋于稳定，竞争从外部转向内部，围绕领导权和利润展开，资源和角色重新调整。四是更新阶段。商业模式更新加速，旧模式逐步被淘汰。为延续现有模式，新系统需不断创新，适应市场需求，构建可持续发展路径。这四个阶段展示了商业系统从诞生到演化的规律性。

（2）个体适应机制的基因突变机制

电子商务系统与传统商业系统呈现相似的周期规律，经历类似的考验周期，其发展可视为自我组织与协调的过程，通过适应环境变化实现进化与优化。

生态系统可自我调节以维持稳定，而在进行调节时，如果固有元素难以支撑生态系统稳定运行，必然会衍生出新的元素。如此循环下去，生态系统会进一步扩大。然而，扩大速度不会一成不变，当内部竞争更加激烈时，扩大速度会降低，且内部元素之间的矛盾性也会增强，随着优胜劣汰的进行，最终达到动态平衡。当有新的元素进入并形成新的矛盾关系后，平衡系统可能会被打破，需要新的模式来应对。这种突变主要分为两类：①自发突变，依据耗散结构理论和非平衡理论，系统为适应发展而自主创新。②诱发突变，通过内外部能量交换，促使部分个体脱颖而出，实现系统突破。这两种突变形式推动系统演化与重组。

企业通过获取外界资源（人、财、物、信息、技术等），结合内部机制将其转化为生产要素的过程称为同化；生产合格产品则对应异化。这种新陈代谢机制体现在个体、市场、商业模式及系统生命周期中。环境压力是影响基因突变的重要因素。外部环境压力模糊且多变，涵盖供应链、消费者、竞争对手及市场经济等。当环境满足需求时，企业能够适应；在环境变化或资源竞争加剧时，企业通过调整基因（特性与功能）适应新环境，即基因突变机制。生态位指节点生物在网络中的地位与功能，包括与环境和其他节点的互动，是资源与环境选择范围的集合，适用于分析企业在商业生态系统中的角色与作用。

4. 电子商务市场演化过程中出现的问题

一是线上购物体验不佳。消费者通过电子商务平台进行网上购物，但相较于实体购物，网上购物难以向消费者提供产品的真实观感和触感，这可能会让消费者产生不安全和不信任感。虽然平台会呈现产品图片，但图片毕竟是静态的，难以让人代入其中进行交互体验。B2C 网站也存在一些问题，比如有的网站互动效果不佳，所提供的服务机械统一，缺乏个性色彩，创新不足，趋向同质化。服务方式单一，交互体验较差，很多网站主要依赖低价吸引客户，导致消费者忠诚度低于传统商业模式。

二是传统企业利用率低。传统企业对 B2C 电子商务的应用较少，成功转型的案例稀缺。而国外的网店多依托实体店发展，例如，欧洲地区三分之二的网店具有实体店，发展较为稳健。虽然传统企业的信息化转型潜力巨大，但当前来看，很多企业仍停留在低效率应用层次，尚未充分吸收电子商务的优势。

三是支付体系存在不足。线上购物伴随线上交易，而要顺利完成交易，必须有一个安全稳定的支付平台作为保障。但现实情况不尽如人意，国内银行存在行业壁垒，这对交易效率产生不良影响；第三方支付平台也尚不成熟等。尽管线上交易已成为趋势，众多银行机构开始构建线上支付渠道，但仍存在很多限制。例如，有的平台会设置交易额限制，超过金额便会交易失败；有的平台注重审核用户信用，但由于信用机制不完善，导致用户线上交易过程烦琐，并面临较大安全风险。为应对这些问题，银行机构应与电商平台更密切合作，从完善信用机制和提升安全管理水平两个层面进行强化。

四是物流体系存在短板。在我国，邮政在物流领域占据主导地位，这在一定程度上阻碍了民营快递业的发展，导致电子商务物流平台较为单一。此外，快递行业内部还存在许多不足，例如很多快递公司提供的业务有限，覆盖范围较窄，乡村市场物流服务滞后，制约了电子商务向农村市场的扩展。物流企业整体发展不均，服务意识薄弱，服务水平较低，导致用户满意度下降，从而影响电子商务企业的形象。改进支付和物流体系是推动 B2C 电子商务高质量发展的关键环节。

5. 针对电子商务市场演化问题的对策分析

（1）提高消费者网购的体验感

要建立科学合理的电子商务网络机制，必须将消费者置于首位，确保该机制能更好地满足用户需求，使用户更为积极主动地购买商品。吸引消费者的注意力至关重要，当消费者聚焦于某个商品时，其购买意愿往往会随之增加。提供更好的用户体验也是关键的入手点，然而，仅靠文字和图片难以全面展示产品特点，也难以激发购买欲望，从而可能流失部分潜在客户。因此，消费者需求应成为电商网站设计者首要考虑的对象，做到"顾客至上"。

（2）增强电子商务网络机制的互动性

我国电子商务行业已经取得显著进展，但目前电子商务服务水平仍有待提升，主要表现在交互反馈较为滞后和不足。为了改变这一现状，提升与消费者的互动性至关重要，增强互动性可以增加用户忠诚度并提高产品销量。尽管电子商务企业已开始重视互动性，但成效有限，主要原因在于缺乏创新和个性化，导致互动不足。因此，企业应注重融入创新元素，推动服务个性化，同时构建顺畅的沟通渠道，使消费者能够与销售方进行有效的互动交流。这不仅能留住客户，还能为电子商务网络机制的成熟与稳定提供有力支持。

（3）合理引导传统企业 B2C 业务的开展

我国电子商务市场不断扩大，所创造的产值占比逐步提升。从经营主体类型分析，个体经营者是主导力量，而企业等集体经营者较为稀缺。如果能够充分调动企业的力量，将有助于进一步扩大电子商务的市场份额。政府应提供必要的支持，出台相关政策来激发企业的参与积极性。从实际情况来看，虽然一些品牌企业已经开始进入电子商务领域，但其投入力度仍显不足。相关数据显示，B2C 模式在市场中的份额逐步提升，成为主流趋势。企业应抓住这一机遇，积极发展并扩大业务。

（4）建立强大的物流体系并发展多元化的物流模式

随着物流模式的不断丰富，除了第三方物流机构承担物流业务，部分平台还尝试建立自有物流中心，通过"自给自足"来保障物流服务。虽然这种模式尚未广泛普及，但其"创新"之处为物流模式的创新提供了参考和借鉴。京东商城在物流创新方面走在前列，通过分析其发展经验，可以总结出两种方案：一种是自建物流体系，做到"自给自足"；另一种是自建体系与第三方物流结合。①

二、电子商务市场的表现与发展

（一）我国电子商务市场的表现

1. 规模持续快速增长

近年来，我国电子商务交易规模持续快速增长。据统计，交易额每年以高增长率递增。以淘宝、京东等大型平台为例，"双十一"购物节的交易额从最初的数十亿元跃升至数千亿元。这一增长不仅反映了消费者网购需求的持续提升，也凸显了电子商务在我国经济体系中的重要地位。此外，众多中小企业借助电商平台拓展业务，提升销售额，推动了整体市场规模的扩大。

2. 业态创新层出不穷

我国电子商务业态创新活跃，社交电商与直播电商成为亮点。拼多多通过社交裂变吸引价格敏感型消费者，开辟了新的流量渠道。直播电商通过商品展示、试用讲解及互动增强了购物体验，头部主播如李佳琦推动了美妆等

---

① 王军华. 基于自组织理论的电子商务市场网络演化机制探讨 [J]. 商业经济研究，2017（2）：81–83.

品类销售的大增。跨境电商快速发展，速卖通等平台让中国商品走向全球，同时方便国内消费者购买海外商品，丰富了选择的同时也促进了国际贸易。

3. 用户渗透不断加深

我国电子商务用户渗透率持续提升。随着互联网基础设施的完善和智能手机的普及，网购人群从城市扩展到农村，从年轻人扩展到中老年人。农村电商尤为值得关注，不仅为农村消费者提供了丰富商品，还为农产品上行开辟了新渠道，助力乡村振兴。同时，中老年人逐渐适应网购，电商平台操作简便、支付方式多样且安全，使中老年人能够轻松购物，享受电商带来的便利。

（二）我国电子商务市场的发展

1. 技术驱动

互联网技术的快速发展是我国电子商务市场的核心驱动力。大数据技术使电商平台能够精准分析消费者行为与偏好，实现个性化推荐，显著提升商品转化率。例如，根据用户的浏览和购买记录推荐商品，增加用户发现心仪商品的概率。云计算为电商平台提供了强大的计算和存储支持，保障了高并发访问的稳定性，特别是在"双十一"等购物高峰期，确保了交易数据处理和订单响应的效率。移动支付的普及为电商交易提供了便捷、安全的支付方式，用户通过扫码或指纹识别即可快速完成支付，极大地推动了电商购物的便捷化发展。

2. 消费升级

我国居民消费升级对电子商务市场产生了深远影响。消费者对商品品质、品牌及服务的要求不断提高，促使电商平台加强品质管控，引入知名品牌，并优化售后服务。例如，平台推出极速退款、上门取件等服务，增强购物信心。同时，个性化和定制化需求增长，电商平台与供应商合作提供定制服装、家居等定制服务，满足多样化需求并拓展市场空间。

3. 政策支持

政府出台多项政策，对电子商务市场起到了重要的扶持和规范作用。在税收方面，小微企业电商业务享受税收优惠，减轻负担，助力创业与创新。在物流基础设施建设方面，政府加大投入，推动快递物流园区建设和交通枢纽优化，提高配送效率，降低物流成本，为电商发展提供支持。同时，政府加强市场监管，严厉打击假冒伪劣、虚假宣传等行为，营造健康、公平的竞争环境，促进电商市场规范化发展。

第三节　电子商务风险及应对策略

一、电子商务企业内部控制风险

（一）电子商务企业内部控制方面存在的风险

1. 电子商务企业管理层的内控管理和法律意识相对薄弱

我国企业内部控制起步较晚，许多企业在内控成熟度和经验方面仍显不足。作为新兴技术密集型行业，电子商务企业的内控实践和研究较为有限，许多企业在探索过程中面临曲折的发展。在管理方面，不少电子商务企业的管理理念仍沿用传统行业模式。首先，管理层和领导者通常掌握绝对决策权，这容易导致管理与实际需求脱节，员工未必完全服从管理，进而影响企业运营效率。其次，尽管电子商务促使管理层获得更多收入，但其法律意识未得到相应提升，导致管理工作中出现许多问题，阻碍了企业的发展。

2. 内控制度流于形式，形同虚设

内部控制制度旨在"安定内部"，主要发挥监督和指导作用。目前，许多电子商务企业虽然建立了内部控制制度，但这些制度形同虚设，未能真正发挥应有作用。有些制度表面"高大上"，但实际上与企业实际情况不符，往往被束之高阁，难以发挥效能。有的企业未建立评估和奖惩机制，导致内部控制变得"敷衍了事""得过且过"。另外，一些企业的制度仅靠模仿或由管理层单独制定，未能结合基层员工的实际需求，导致工作分配不合理，员工容易产生消极情绪，进而影响制度执行效果，增加企业管理风险。因此，电子

商务企业应结合实际情况，完善内控制度，建立健全评估与激励机制，确保制度能够有效执行并降低风险。

3. 电子商务企业的内部环境氛围可能造成的风险压力

互联网时代已经到来，电子商务企业趁势而起，但由于准入门槛低且存在网络安全隐患，其内控和运营安全性难以保障。部分企业未充分认识到网络风险的重要性，对客户信息缺乏加密保护，增加了信息泄露的风险，容易引发客户不满，进而损害企业的信誉。

4. 内部控制体系不完善，会计信息失真

电子商务企业对互联网等科学技术有着极大的依赖，而这些技术往往是瞬息万变的，因此企业必须随时做好调整和创新的准备，否则会被淘汰出局。这需要内部控制从中助力，更好地激发企业的积极性、创新意识和危机感，让企业始终保持活力。现实中，虽然一些企业认识到内部控制的重要性，但在建立时存在盲目照搬的现象，导致内部控制制度与自身实际情况不符。还有些企业没有做好监督，当出现问题时难以及时发现，久而久之，管理问题积重难返，严重影响企业决策质量。

（二）电子商务企业内控的优化措施

1. 推进管理观念转变，优化调整管理结构，提升内控管理意识

当今时代的市场竞争愈加激烈，电子商务企业要想立足市场，必须"搞好"内部控制。例如，管理层人员应积极学习先进知识和经验，从思想层面重视内控工作，并通过实际行动来构建内控体系。同时，领导层应以更广阔的视野调控内控工作，如规划员工意见反馈中心、建立优秀人才引进机制等。此外，企业应不断审视自身的组织架构，及时发现问题并解决。

2. 制定科学合理的内控制度，推进内控工作落实

一是内控制度的制定要点。制度设计应充分结合企业的运营现状、发展目标以及员工需求，有针对性地构建完善的内控制度。同时，将财务和审计工作纳入内控体系，规范财务操作，提升审计质量，确保内控效果。二是兼顾约束与激励。制度应适度约束员工行为，规范工作标准，同时激发员工参

与内控的积极性。例如，可设立员工内控讨论室，提供交流空间，采纳合理建议；还可通过设立内控奖励机制，增强员工投入内控工作的主动性。科学的内控制度不仅能保障企业运营效率，还能通过员工的积极参与实现更高效的执行和落实，为企业发展提供有力支持。

3. 强化风险管理，提升风险控制力度

在市场经济环境下，行业变化频繁且波动较大，电子商务企业面临的运营风险相对较高。因此，企业需强化风险意识，建立完善的风险评估体系，提前预判并管理可能出现的问题，以提升抗风险能力，减少不必要的经济损失。

一是风险管理要点。了解市场动态，帮助风险管理体系基于市场状况进行构建。具体到电子商务市场，因其具有产品更新快的特点，如果企业不能及时跟上更新周期，所生产的产品可能与市场需求不相契合，从而引发风险。因此，企业必须做好市场调研工作，为及时革新和调整提供依据。

二是制定灵活战略。在快速变化的市场中，企业需具备预判能力，对未来走势做出更准确的判断，进而制定长远的发展规划。当市场波动如预期发生时，企业能有效应对。企业还应在内部资源分配上保持灵活性，例如，当企业网站安全存在较大隐患时，应及时分配足够的信息技术人员参与网站运营优化、更新和服务改进等工作，以确保网络安全，保障数据与系统的稳定性。为此，企业应定期组织培训和交流，提升员工技术能力，明确工作职责与标准，既保障网络安全，又促进业务稳定。

通过科学的风险管理和资源优化，电子商务企业可以增强市场适应力，提升运营效率，确保长期健康发展。

4. 建立完善的内部控制体系

制定科学合理的战略目标是电子商务企业发展的关键。战略目标应明确业务范围、客户定位、利润来源、保护措施等，之后以此为指导规划内部控制工作。在这一过程中，经营与监督要同步加强，确保内部控制工作与企业发展主线切实协同共进。

深层次优化内控管理。管理机构首先要进行优化，简化管理层级是重要

举措。落实这一点后，管理层与实际工作层可以更高效对接，信息传达、交流反馈等将更加高效。实际工作层也能进一步细化，这是更精准分工的基础。同时，还应设立总领负责机构，将各分工领域的情况整合后传达给管理层。

革新运营模式。要摒弃传统的"价格战术"，而应坚决打响"质量之战"，通过提升产品质量来占领市场，进而赢得消费者和合作伙伴的信任，建立长期盈利模式，增强抗风险能力。

强化监督管理。要实时监督内部工作，督促员工规范行为，提高服务水平。同时，可联合或委托第三方机构进行抽检，对违规行为严肃处理，杜绝内部不正之风。

完善薪酬与激励机制。为基层员工提供发展空间，根据实际需求制定合理激励措施，增强员工的归属感和认同感，推动内控落实。对管理层进行定期考察，优秀者奖励，不佳者惩罚。通过优化管理体系、创新运营模式、强化监督和完善激励机制，电子商务企业可提升内控效果，实现可持续发展。

5. 借助内部审计，提升内控质量

电子商务企业的财务系统是运营的关键，会计信息的准确性直接影响战略决策和内控管理。为此，应设立独立的审计部门，专职负责审计工作，避免外部干预，确保审计公正性。同时，加强对审计人员的管理，规范其行为，及时发现问题并上报处理，以提升审计质量和效率。

审计工作应结合电子商务企业的运营特点，制定针对性策略，既科学合理，又贴合实际需求。此外，应推动审计信息化和智能化，通过技术手段提升效率与精确性，为企业优化财务管理和决策提供可靠支持。

6. 推进信息化建设，提升网络安全和信息化水平

在内部控制中，如何做好网络安全与优化信息共享是两项重要工作。电子商务企业应积极了解最新信息技术，并逐步引入和应用，提升信息化水平，升级管理和操作系统，切实提高安全性与共享性。企业还应对运营系统进行动态监控，并与其他成功企业进行对比，发现不足之处，邀请该领域专家进行升级改造。此外，可以将各端口的操作流程和标准编制成操作手册，规范操作行为，便于修改和更新，确保数据的即时性与准确性，从而进一步提高内控效率和质量。①

二、电子商务企业财务风险

（一）电子商务企业面临的财务风险

1. 信息风险

信息风险主要指因信息不对称或信息处理不当而引发的财务风险。在电子商务环境下，信息流动迅速且量大，企业若缺乏有效的信息管理系统，容易导致决策失误。数据泄露、网络安全事件频发，不仅可能直接造成经济损失，还可能损害企业声誉。因此，加强信息安全防护，建立完善的信息管理机制，确保数据的准确性与保密性，是规避信息风险的关键。

2. 融资风险

电子商务企业往往处于快速发展阶段，资金需求量大，融资渠道多元但风险并存。不合理的资本结构、过高的融资成本或融资时机选择不当，都可能增加企业的财务负担，甚至引发资金链断裂。企业应综合考虑自身发展阶段、市场环境及融资成本，制定科学的融资策略，同时优化资本结构，降低融资风险。

3. 信用风险

在电子商务交易中，信用是交易双方建立信任的基础。企业若忽视信用管理，如延迟发货、商品质量不符等，将严重降低消费者的信任度，进而降低复购率，影响企业的长期发展。建立健全的信用管理体系，强化售后服务，及时响应消费者诉求，是维护企业信誉、降低信用风险的有效途径。

4. 投资风险

电子商务企业为保持竞争力，需在技术创新、市场拓展等方面不断投入。然而，投资决策失误、项目评估不足或市场变化预测不准，均可能导致投资回报低于预期，甚至造成投资损失。企业应实施严格的投资项目评估制度，

---

① 关芳. 电子商务企业内部控制风险及对策研究 ［J］. 商场现代化，2022（12）：27-29.

结合市场趋势与自身战略，理性规划投资布局，以控制投资风险，实现稳健发展。

（二）电子商务企业财务风险成因分析

1. 信息风险成因

（1）信息不对称

电子商务交易涉及众多参与方，包括供应商、消费者、物流公司等，各方之间普遍存在信息不对称现象。供应商可能隐瞒商品的真实质量信息，消费者可能提供虚假的购买需求，物流公司则可能夸大运输效率。这种信息不对称不仅可能导致交易效率低下，还可能引发欺诈行为，给企业带来财务风险。

（2）信息系统漏洞

电子商务企业的运营高度依赖信息系统，包括订单处理系统、支付系统、物流跟踪系统等。然而，信息系统的复杂性和开放性使其容易受到黑客攻击、病毒侵入等安全威胁。一旦信息系统出现漏洞，可能导致敏感数据泄露、交易异常等问题，进而引发财务风险。

（3）数据处理能力不足

随着电子商务交易规模的不断扩大，企业需处理的数据量急剧增加。若企业的数据处理能力不足，则可能导致信息滞后、数据错误等问题，进而影响企业的决策效率和准确性。例如，库存管理不善可能导致库存积压或缺货现象，从而影响企业的现金流和利润水平。

2. 融资风险成因

（1）融资渠道单一

电子商务企业在发展过程中往往需要大量资金支持，但其融资渠道相对单一。过度依赖银行贷款或风险投资等单一融资方式，可能在市场变化或经营困难时导致企业无法及时获得所需资金，从而引发财务风险。

（2）融资成本高昂

电子商务企业在融资过程中常需支付较高的成本，包括利息、手续费等。

这些高额费用不仅会加重企业的财务负担，还会削弱盈利能力。此外，如果企业未能按时偿还融资款项，还可能面临违约风险，进一步恶化财务状况。

（3）融资时机不当

电子商务企业在选择融资时机时，如果未能准确评估市场变化和企业发展需求，可能导致融资时机选择不当。融资过早可能造成资金闲置，增加财务成本；而融资过晚则可能错失市场机遇，影响企业的快速发展。

3. 信用风险成因

（1）交易双方信息不对称

电子商务交易中的买方和卖方往往处于信息不对称的状态。卖方可能隐瞒商品的真实质量、性能等信息，而买方则可能提供虚假的购买需求或支付能力。这种信息不对称不仅可能导致交易效率低下，还可能引发欺诈行为，给企业带来信用风险。

（2）信用评估体系不完善

目前，电子商务行业的信用评估体系尚不完善，难以准确评估交易双方的信用状况。一些不良商家可能利用信用评估体系的漏洞，进行虚假交易等，以提升自身的信用评级。这种行为不仅损害了消费者的利益，也扰乱了市场秩序，增加了企业的信用风险。

（3）法律监管缺失

电子商务交易涉及众多法律法规，但目前的法律监管体系尚不完善，难以有效打击欺诈行为并维护市场秩序。一些不良商家可能利用法律监管的漏洞，实施欺诈行为，给企业带来信用风险。

4. 投资风险成因

（1）市场环境变化

电子商务市场环境变化迅速，涵盖消费者需求、竞争对手策略以及政策法规等多个方面。如果企业在投资决策过程中未能及时、准确地把握市场变化情况，可能导致投资方向出现偏差或时机选择失误，从而引发投资风险。

（2）项目评估不足

电子商务企业在投资决策时需要对项目进行全面评估。然而，由于信息收集不充分或评估方法不科学等原因，部分企业可能得出不准确的评估结果。这种偏差可能误导投资决策，增加投资失败的可能性，进而带来风险。

（3）内部管理不善

电子商务企业内部管理不善也可能成为引发投资风险的重要原因。例如，缺乏健全的内部控制机制可能导致投资决策过程中出现权力寻租或利益输送等问题。这不仅损害企业利益，还会显著增加投资失败的概率。

（三）电子商务企业财务风险防范措施

1. 信息风险防范措施

（1）加强信息安全建设

企业应建立健全的信息安全管理体系，包括数据加密、防火墙设置、入侵检测等措施，确保交易数据、客户信息等敏感数据的安全传输和存储。同时，企业应定期对信息系统进行安全检查和漏洞扫描，及时发现并修复潜在的安全隐患。

（2）提高数据处理能力

随着电子商务业务的不断扩展，企业需处理的数据量急剧增加。因此，企业应提升数据处理能力，采用高效的数据处理技术和算法，确保数据的即时、准确处理。同时，企业应建立数据备份和恢复机制，防止数据丢失或损坏给企业带来损失。

（3）加强信息沟通与共享

企业应加强与供应商、消费者、物流公司等交易各方的信息沟通与共享，建立透明的信息交流平台，减少信息不对称现象。通过实时共享交易信息、库存信息、物流信息等，企业可以提高交易效率和准确性，从而降低因信息不畅引发的财务风险。

2. 融资风险防范措施

（1）拓宽融资渠道

企业应积极拓展融资渠道，除了银行贷款、风险投资等传统融资方式，还可以考虑股权融资、债券融资、众筹融资等新兴融资方式。通过多元化的融资渠道，企业能够降低对单一融资方式的依赖，减少融资成本，提高融资效率。

（2）优化融资结构

企业应根据自身发展需求和财务状况，合理安排长短期融资比例、股权融资与债务融资比例等，优化融资结构。通过合理的融资结构，企业可以降低融资成本、提高融资效率，同时减少因融资结构不合理而引发的财务风险。

（3）加强融资风险管理

企业应建立健全的融资风险管理制度和流程，包括融资风险识别、评估、监控和应对等环节。通过定期分析融资风险状况，及时发现并处理潜在的融资风险，确保企业在融资过程中保持安全稳健。

3. 信用风险防范措施

（1）完善信用评估体系

企业应建立科学的信用评估体系，对供应商、消费者等交易各方的信用状况进行全面评估。通过收集和分析交易数据、信用记录等信息，构建信用评分模型，为交易决策提供有力支持。同时，企业应定期更新和优化信用评估体系，确保其准确性和有效性。

（2）强化信用管理

企业应加强对交易各方的信用管理，建立完善的信用档案和黑名单制度。对存在欺诈行为、恶意违约等不良信用记录的交易方，企业应及时采取限制交易、追究法律责任等措施，维护市场秩序和自身权益。

（3）推广信用支付工具

企业应积极推广信用支付工具，如支付宝、微信支付等第三方支付平台。通过应用信用支付工具，提高交易双方的信任度，减少因信用风险引发的交易纠纷和损失。

4. 投资风险防范措施

（1）加强市场调研与分析

企业在投资决策前应深入开展市场调研和分析工作，全面掌握行业发展趋势、市场需求变化以及竞争态势等信息。通过科学系统的市场研究和分析，为投资决策提供可靠依据，有效降低因市场变化带来的投资风险。

（2）建立科学的投资决策流程

企业应制定科学规范的投资决策流程，包括项目筛选、尽职调查、风险评估以及决策实施等关键环节。严格执行投资决策流程，可确保项目在合法合规性、技术可行性、市场前景及盈利能力等方面得到全面评估，从而降低因决策失误导致的投资风险。

（3）加强投资风险管理

企业应健全投资风险管理制度，覆盖风险识别、评估、监控与应对等全过程。通过定期分析和评估投资风险状况，及时发现潜在问题并采取有效措施，确保企业在投资活动中的安全性与稳健性。[①]

三、电子商务企业审计风险

（一）电子商务企业的审计风险分析

1. 重大错报风险

重大错报风险是指财务报表中可能存在重大错报，主要由以下因素引发。

战略经营风险：由于市场竞争激烈和环境变化迅速，电子商务企业可能采用过于激进的营销策略或投资计划，或因产品定位不准确而影响盈利能力，从而导致财务报表中的重大错报。

收入确认风险：电子商务收入确认涉及多个环节，如订单处理、物流配送及退货退款。若存在提前确认收入、未计量退货风险或折扣不准确等问题，可能导致财务报表数据失实。

内部控制风险：电子商务企业高度依赖信息系统，若权限管理不当、审批流程松散或数据备份不足，可能引发数据篡改或丢失，影响财务报表的可靠性。

信息安全及信用风险：客户信息泄露或滥用可能损害企业声誉并引发法律风险，而未充分评估客户信用可能导致坏账增加，进一步影响财务数据的

---

① 闫紫馨，于明慧. 电子商务企业财务风险及防范［J］. 合作经济与科技，2022（13）：143-145.

准确性。

2. 检查风险

检查风险指审计人员未能发现财务报表中存在重大错报的风险。这种风险可能由审计人员的专业素质、审计程序的执行情况以及审计证据的充分性等因素引起。电子商务企业的审计过程具有特殊性，如交易数据量大、交易过程复杂等，这对审计人员的专业能力和审计程序的执行提出了更高的要求。若审计人员未能充分理解电子商务企业的运营模式和技术特点，或未能有效执行审计程序，如未能充分获取和审查相关审计证据，可能导致检查风险的增加，进而无法准确发现财务报表中的重大错报。为了降低检查风险，审计人员应不断提升自身素质，掌握先进的计算机技术和数据分析能力，以适应电子商务企业的审计需求。同时，制定科学合理的审计程序和方法，从多个维度全面防范电子商务企业的审计风险。此外，加强信息技术安全建设，确保数据的安全性和完整性，也是降低检查风险的重要措施。

（二）电子商务企业审计存在的问题分析

1. 注册会计师胜任能力不足

电子商务企业的审计对注册会计师的专业素质和技能提出了更高的要求。然而，当前部分注册会计师在审计电子商务企业时，存在胜任能力不足的问题，主要体现在以下两个方面：一是对电子商务企业运营模式和技术特点的理解不够深入。电子商务企业的业务高度依赖信息技术，其交易数据、客户信息等大多以电子形式存在。若注册会计师缺乏对这些特点的理解，可能难以有效获取和审查相关审计证据，从而影响审计质量。二是缺乏必要的计算机技术和数据分析能力。电子商务企业的审计需要注册会计师具备处理大量电子数据的能力，包括数据提取、分析和验证等。然而，部分注册会计师在这些方面存在不足，导致审计过程中难以发现潜在的错报或舞弊行为。

2. 缺乏适用的审计软件

电子商务企业的审计需要依赖高效的审计软件来处理和分析大量电子数据。然而，当前市场上缺乏专门为电子商务企业设计的审计软件，这为审计工作带来了诸多不便。一方面，现有的审计软件可能无法适应电子商务企业的特殊需求。例如，部分软件在数据处理速度、数据接口兼容性等方面存在不足，难以满足电子商务企业审计的高效性和准确性要求。另一方面，缺乏适用的审计软件可能导致审计成本的增加。由于电子商务企业的数据量庞大，若依赖人工处理和分析，不仅效率低下，还可能增加审计错误的风险。缺乏适用的审计软件使得审计工作更依赖人工操作，从而提高了审计成本。

3. 缺乏先进的审计方法

电子商务企业的审计需要采用先进的审计方法和技术手段，以提高审计效率和准确性。然而，当前部分注册会计师在审计电子商务企业时，仍然沿用传统审计方法，这难以满足电子商务企业的审计需求。传统审计方法主要依赖于对纸质会计账簿、凭证和文件资料的审查，而电子商务企业的审计对象主要是电子数据。若仍采用传统审计方法，可能难以获取充分的审计证据，从而影响审计质量。此外，电子商务企业的审计还需要关注信息系统的安全性和可靠性等方面。这要求注册会计师采用先进的审计技术，如数据分析、数据挖掘、网络安全测试等，全面评估企业的财务状况和运营风险。然而，当前部分注册会计师在这些方面存在不足，导致审计过程中难以发现潜在的信息系统风险。

（三）电子商务企业审计风险的防范措施

1. 收入确认风险的防范措施

（1）加强对收入确认完整性和准确性的关注

电子商务企业的交易频繁且多样，包括在线销售、预售、退货退款等多种模式。审计人员需要深入理解这些交易模式，确保所有收入均被准确记录，避免遗漏或提前确认收入。通过审查销售合同、订单记录、发货凭证和收款记录，核实收入确认的时点和金额，确保收入确认的完整性。同时，审计人员应利用数据分析工具，对比历史数据，识别异常交易，确保收入确认的准确性。

（2）关注电子支付

电子支付是电子商务交易的主要支付方式，其安全性和合规性对收入确认至关重要。审计人员应审查企业的电子支付系统，确认其是否具备有效的安全控制措施，如加密技术、身份验证等，以防止支付欺诈和资金流失。同时，应关注电子支付记录与银行账户的对接情况，确保资金流的真实性和完整性。

2. 加强对信息系统的审计

（1）借助信息技术专家的支持

由于信息系统的高度专业性，审计人员可能难以全面评估其风险。因此，应借助信息技术专家的支持，对信息系统的架构设计、数据处理流程、安全防护措施等进行深入审查，识别潜在的风险点，确保全面识别信息系统中的风险隐患。

（2）关注数据库的访问风险

数据库是电子商务企业数据的核心存储地，数据库的访问权限管理至关重要。审计人员需要审查数据库的访问日志，确认是否存在未经授权的访问或数据篡改行为。此外，应评估数据库的备份和恢复机制的有效性，确保数据的安全性和可用性，避免因数据丢失或损坏而带来的风险。

（3）加强对信息安全的关注

信息安全是电子商务企业面临的重大挑战，审计人员应评估企业信息安全政策、防火墙配置、病毒防护等措施的有效性，确保企业的信息资产免受威胁。同时，审计人员应关注企业对于敏感信息（如客户数据、交易记录等）的处理，确保其在存储和传输过程中的安全性。

3. 提高审计人员的专业素质

审计人员是审计工作的核心，其专业素质直接影响审计质量。因此，应加强审计人员的培训，提升他们对电子商务企业运营模式、信息系统、法律法规等方面的理解与应用能力。同时，鼓励审计人员学习先进的审计技术和方法，如数据分析、数据挖掘等，以更好地适应电子商务审计的需求，提高审计工作的精准度和效率。

4. 优化电子商务审计系统

针对电子商务企业的特点，需开发或优化专门的审计系统，以提高审计效率和准确性。该审计系统应具备强大的数据处理能力，能够高效处理和分析大量电子商务数据。同时，系统应集成风险评估、审计计划制订、证据收集、审计报告生成等功能，推动审计流程的自动化和智能化。除此之外，审计系统还需具备高度的安全性和稳定性，确保审计数据的安全性和审计过程的连续性。①

四、电子商务海外侵权风险

（一）电子商务海外侵权风险的现状

阿里巴巴、亚马逊等跨境电商平台的兴起，虽然为用户提供了跨境交易的便利，但也带来了诸多风险。自 2012 年以来，中国电商频繁遭遇海外权利主体起诉，尤其是大量小微企业和个体工商户，跨境知识产权诉讼的复杂性也随之增加。一是法律风险。当诉讼启动后，权利人一旦申请临时禁令冻结被告账户和资金，被告就很难正常运营。海外法律与国内法律差异较大，一些在国内行得通的抗辩理由可能在国外法院遭到驳回，甚至成为加重赔偿的理由。许多国内电商陷入被动，通常选择等待法院判决，但如果败诉，账户资金可能被扣除，且余额不足时，账号将被永久冻结，原告还会继续索要赔偿金。二是专利申请风险。随着国际贸易的火热发展，跨境电商平台日益增多。为了提升竞争力，电商应重视品牌建设和知识产权保护。然而，一些电商为了节约成本，未及时申请专利保护。但是等电商意识到这一点时，通常为时已晚，最终可能会面临巨大的经济损失。

（二）电子商务海外侵权风险成因

1. 人为成因

一是跟风销售。商户盲目追热点，忽视侵权风险。二是知识产权归责误区。在国内不侵权的商品，到了境外可能会侵犯专利权。三是法律误解。误

---

① 洪惠玲. 电子商务企业审计风险及应对研究 ［J］. 行政事业资产与财务，2022（21）：105-107.

认为上架商品不会出现侵权现象。四是免责适用误判。想当然地认为国内免责适用于境外。五是赔偿低估。由于对境外法律不够了解，难以准确判断赔偿金额，一旦出现账户金额不能抵扣赔偿金现象，便会被冻结账号。

2. 制度成因

从我国的内部制度角度来看，缺乏系统的电子商务海外侵权诉讼援助机制是一个重要原因，这导致商户在诉讼发生后只能孤立作战。例如，著名的"GBC 诉讼"案件揭示了我国商户在海外面临的信息不对称问题。"GBC 诉讼"是指外国专利权人通过美国律师事务所对中国大陆电商提起的侵权诉讼，且商户败诉率较高。这使得许多跨境电商在海外市场受困，部分商户因无法适应商业模式变化，最终选择放弃。在"GBC 诉讼"中，大部分商户为小微企业，缺乏应对海外侵权诉讼的经验和专业支持。许多商户依赖国内律师处理案件，但这往往无法满足海外司法程序的要求。例如，美国的司法程序与国内差异较大，不同州的缴费方式也不尽相同，这需要专业的当地律师介入，否则将增加诉讼风险。然而，聘请当地律师的费用往往高于货物的价值，导致部分商户选择忽视诉讼，最终任由海外法院冻结账户资金并查扣货物。

（三）应对电子商务海外侵权风险的方法

商户想要进入海外市场"掘金"时，要做到以下几点：一是重视产权保护，并懂得产权审查具体步骤，避免出现"一步错步步错"的情况；二是对海外律师函高度重视，积极寻求专业人士帮助，而不是置之不理、消极对待；三是灵活应对，比如自身的确存在较大过错时积极与权利人协商，通过和解来顺利解决案件，确保平台正常运转和营业。

从平台层面分析，作为"中间方"和"调解者"，平台应在电商与客户发生纠纷时及时介入，具体审查并判定责任归属，之后进行调解，尽快提出双方都能接受的赔偿方案。在日常运营中，平台应做好客户投诉的审查工作，做到宽严适度。如果过于宽松，可能会导致恶意投诉增多，影响商户运营；如果过于严格，则可能过滤掉一些有价值的投诉，造成商户侵权行为持续存在并影响恶劣。

行业协会应加强对电子商务商户的法律普及，并提供专利方面的支持，帮助他们提升维权能力。行业协会可以通过集体诉讼等方式，降低小微企业的交易成本。这类似于 17 世纪英国船东互保协会的模式，在面对高额风险时，船东联合分担损失。对于从事跨境贸易的小微企业，虽然可以考虑与保险公司合作推出侵权保险，但由于不同企业的业务模式差异较大，保险方案的设计难度较高。而且，如果产品确实侵犯了知识产权，保险公司承担的风险过大，这使得该方案的可行性有限。[①]

第四节　电子商务生态系统的建设

一、电子商务生态系统的内涵、特征与优势

（一）内涵

电子商务生态系统的概念源自商业生态系统，可以看作数字化和互联网背景下的延伸。商业生态系统最早由美国经济学家穆尔（Moore）于 1993 年提出，他将生态学原理应用于企业战略管理，提出了这一理论。随着电子商务购物模式的兴起和初步发展，商业生态系统的理论被引入并应用于电子商务领域，从而形成了电子商务生态系统的概念。该系统有助于解释电子商务领域中集群现象的出现。

电子商务生态系统是基于电子商务平台和互联网环境，由众多互相关联的企业和组织构成的复杂经济联合体。这一系统与传统的营销理念截然不同。在这一新型生态系统中，组织和个人不应仅关注自身的利益和发展，而应融入整个动态系统。各成员需秉持协同共生的理念，互相支持，共享资源，进行创新合作，并根据环境变化实时调整策略，提升竞争力，实现整体协调与共同发展。[②]

---

① 乔思远. 电子商务海外侵权风险的规避与应对 [J]. 中国商论，2022（23）：32-34.
② 王伟. 电子商务生态系统的构建 [J]. 安阳工学院学报，2017，16（5）：49-52.

（二）特征

1. 整体性

电子商务生态系统作为一个综合体系，各个组成部分之间紧密相连，形成一个不可分割的整体。这些部分包括电商平台、商家、消费者、支付系统、物流服务等多个环节，它们相互依存、相互促进，共同维持系统的稳定运行。任何一环的缺失或故障都可能对整个系统造成深远影响，体现了系统的高度整体性。

2. 动态性

该系统处于不断变化之中，受到技术进步、市场需求、政策环境等多重因素的影响。新技术的涌现，如人工智能、大数据等，不断推动电商模式的创新；消费者需求的变化促使商家不断调整产品与服务；政策导向的变动也为电商行业带来新的机遇与挑战。这种持续的动态变化要求电商生态系统中的各主体具备快速适应变化和调整的能力。

3. 开放性

电子商务生态系统具有显著的开放性特征，欢迎新成员的加入，鼓励创新与竞争。无论是新兴电商平台，还是跨界合作的新模式，都能在开放的环境中找到生存与发展的空间。这种开放性促进了资源的有效配置，加速了行业的新陈代谢，保持了系统的活力与多样性。

4. 协调性

系统内部各要素需通过有效协调，实现资源的最优配置和效率的最大化。电商平台作为核心枢纽，需平衡商家与消费者之间的利益，确保交易过程的顺畅；同时，支付系统、物流服务等环节也需紧密配合，形成高效协同的工作机制。协调性是电商生态系统稳定运行的关键。

5. 竞争性

在电子商务生态系统中，竞争是推动创新与发展的核心动力。商家、平台以及整个生态链上的各个环节都存在着激烈的竞争。这种竞争促使企业不断提升服务质量，优化用户体验，从而在激烈的市场环境中脱颖而出。

6. 多样性

电商生态系统的多样性体现在产品、服务和商业模式等多个层面。从琳琅满目的商品到个性化的定制服务，从传统的 B2C 模式到新兴的社交电商，该系统的多样性不仅满足了消费者多元化的需求，也为系统内的创新提供了广阔的舞台。

（三）优势

1. 突破性

电子商务生态系统以其独特的模式突破了传统商业活动的地域与时间限制。在互联网技术的支撑下，双方无须面对面进行交易，极大地拓宽了市场边界，使全球范围内的商品与服务交换成为可能。此外，电商通过数据分析与个性化推荐，突破了传统营销方式的局限性，为消费者提供了更加精准、个性化的购物体验，实现了商业模式的根本性突破。

2. 完善性

电子商务生态系统构建了一个涵盖交易、支付、物流、售后等多环节的完整服务链条，极大地提升了商业活动的便捷性与效率。电商平台作为中枢，整合各方资源，为消费者提供了"一站式"购物解决方案。从商品浏览、下单支付到物流配送、售后服务，每个环节都力求完善，确保交易过程的无缝衔接。这种完善性不仅提升了用户体验，也促进了电商行业的健康发展。

3. 创新性

在电子商务生态系统中，创新是推动行业持续发展的核心动力。面对激烈的市场竞争，电子商务企业不断探索新的商业模式、技术应用与服务方式，如直播带货、社交电商、无人零售等新兴业态的涌现，展现了电子商务行业的创新潜力。技术创新，如人工智能、大数据、区块链等，也在不断优化电子商务流程，提升交易安全性与透明度，为消费者创造更加安全、便捷的购物环境。这种持续的创新性，不仅为电商行业注入了源源不断的活力，也推动了整个社会经济结构的转型升级。①

二、电子商务生态系统的构成要素、演化路径与资源流转

(一) 构成要素

电子商务生态系统是由多个相互关联、相互依赖的组织和个人构成的复杂网络，其构成要素可分为四类：生产者、传递者、消费者和分解者。

1. 生产者

生产者是电子商务生态链的基础，提供整个电子商务活动所需的资源。在电子商务生态系统中，生产者不仅指商品或服务的供应商，还包括提供技术支持、平台服务或金融服务的企业。例如，淘宝、京东等电子商务平台，通过搭建线上交易平台，为商家和消费者提供交易场所和服务，属于典型的生产者。

2. 传递者

传递者主要负责电子商务生态系统中信息的传递和流通，充当各方之间的桥梁。它们包括门户网站、交易平台、社交媒体等，通过收集、发布和传播信息，连接生产者与消费者，促进交易的达成。在电子商务生态系统中，信息传递的高效性和准确性对于提升交易效率、优化用户体验至关重要。

3. 消费者

消费者是电子商务生态系统中的最终使用者和受益者。他们使用或接受生产者提供的商品或服务，通过支付平台完成交易。消费者的需求和反馈推动了电子商务生态系统的持续发展与优化。

4. 分解者

分解者负责对电子商务生态系统中产生的信息进行分解、分析和加工，以提供有价值的决策支持。这些机构包括政府部门、科研机构、数据分析公司等。通过收集、分析交易数据、用户行为数据等，分解者为生产者、传递

---

① 万守付. 电子商务生态系统的协同创新模式研究 [J]. 现代营销（经营版），2021（10）：176-178.

者和消费者提供市场洞察与支持，促进资源的优化配置，提升信息的利用价值。

（二）演化路径

电子商务生态系统的发展是一个复杂而动态的过程，可以划分为以下四个阶段：产生阶段、成长阶段、协调阶段和革新阶段。

1. 产生阶段

在电子商务生态系统的产生阶段，核心电子商务企业以满足特定客户需求为目标，通过创新运营模式或提升附加值来吸引其他参与者与合作伙伴加入。此阶段的主要特征是生态系统的初步形成以及核心企业领导地位的确立。核心企业通过提供平台、支付、物流等关键服务，吸引商家和消费者参与，进而形成初步的生态系统结构。

2. 成长阶段

随着核心企业的成长和生态系统的扩展，电子商务生态系统进入成长阶段。在这一阶段，新的参与者不断加入，生态系统的规模和复杂性逐渐增加。商家和消费者之间的交易活动越发频繁，生态系统内部的价值链条不断完善。同时，不同领导核心的同质生态系统之间的竞争也开始加剧，市场竞争格局逐渐稳定。

3. 协调阶段

随着业务的高速增长，协调各主体之间的利益关系和统筹系统发展的需求越发迫切，电子商务生态系统进入协调发展阶段。在这一阶段，核心企业通过制定规则、提供标准和服务，推动生态系统内部的协同合作与资源共享。同时，分解者通过数据分析和市场洞察，为生产者和消费者提供决策支持，帮助优化资源配置，提高系统效率。

4. 革新阶段

随着技术进步和市场环境的变化，电子商务生态系统进入革新阶段。在此阶段，新兴商业模式、技术应用和服务方式不断涌现，推动生态系统向更高层次发展。核心企业通过持续创新，提升服务质量与用户体验；传递者通过优化信息传递方式，提高交易效率；消费者通过参与和反馈，推动生态系统的完善。同时，分解者通过数据分析和市场洞察，为生态系统的发展提供新的思路和方向。

（三）资源流转

电子商务生态系统中的资源流转是推动系统运转和发展的重要动力。资源流转包括基本功效（价值流动、资源共享）以及不同类型资源流转的特殊功效，如信息流转功效、物质流转功效和资金流转功效。

1. 资源流转的基本功效

（1）价值流动

价值流动是电子商务生态系统中资源流转的核心。在这一生态系统中，价值通过资源的流转实现。例如，原材料生产商从生态环境中获取资源进行提炼和生产，通过加工注入价值，形成可用的资源。生产商对资源的购买行为实现了资源的价值，同时获得了资源的使用价值。经过加工，资源转化为成品，完成价值增值的过程。最终，消费者购买成品实现了成品的价值，并获得其使用价值。由此，价值通过资源流转在电子商务生态系统中不断流动和增值。

（2）资源共享

资源共享是提高电子商务生态系统效率的关键手段。在这一生态系统中，各主体所拥有的资源和能力都是有限的，没有任何一个主体能够独立创造或拥有维持生命活动所需的全部资源。通过资源共享，各主体能够充分发挥彼此的资源优势，提高工作效率，降低运营成本。与此同时，资源共享能够加强各主体之间的联系，推动合作与共赢，促进整个生态系统的健康发展。

2. 不同类型资源流转的特殊功效

（1）信息流转功效

信息流转是电子商务生态系统运行的基础，它能够显著提高各主体的活动范围与效率。在传统商务生态系统中，由于技术的限制，信息流转效率较低。然而，在电子商务生态系统中，借助先进的信息技术和网络技术，各主体能够快速获取市场信息、政策信息、供应商信息、合作者信息、客户信息等，并据此迅速做出响应。信息流转不仅提高了信息的流通速度和准确性，还具有替代作用，减少了电子商务生态系统各项活动对物质资源和资本的消耗，从而优化了资源配置。

（2）物质流转功效

物质流转为电子商务生态系统的运行和发展提供了物质保障。无论是传统商务生态系统还是现代电子商务生态系统，都需要通过物质流转确保各主体在生产、经营和运营过程中所需的物资得到满足。在电子商务生态系统中，生产商的产品制造需要原材料和半成品的物质流转，产成品的销售则需要成品的流转。现代物流体系的完善，极大提升了物质流转的速度与效率，降低了交易成本，提升了消费者的购物体验。

（3）资金流转功效

资金流转是电子商务生态系统中的关键环节。通过支付平台、银行等第三方机构，资金流转为商家与消费者提供了安全便捷的支付服务。资金流转的功效体现在促进交易的完成和资金的快速回笼方面，降低了交易成本，提高了交易效率。此外，资金流转还为生态系统中的各主体提供了融资支持，帮助其扩大业务规模、增强市场竞争力。[①]

三、电子商务价值生态系统建设

（一）电子商务价值生态系统的协同动机

电子商务价值生态系统的协同动机在于，通过大数据、云计算和"互联网+"等技术，推动跨时空的价值创造与协作。各主体共同生成和享有价值，形成一个有机整体，打破了传统的空间、目标和功能限制。协同的核心作用是减少不确定性，尤其是在虚拟世界与实体经营的交汇处。通过整合资源与能力，可以提升预期结果的可预测性。在云计算的支持下，业务可以通过云

---

① 杨瑶. 电子商务生态系统中资源流转功效研究［J］. 电子商务，2018（12）：11-12.

平台上的数据与指标进行协调，进一步减少不确定性，并创造新的价值效益。

电子商务价值生态系统协同有助于降低运营成本和业务费用。在电子商务平台中，信息共享、技术交流、物资交换以及资金流转等环节往往存在较大的不确定性，单纯依靠信任和诚信建立的交易难以实现预期目标。将业务纳入生态系统后，交易和合作会自动纳入内部交易流程，遵循一定的运作模式，从而提高效率并减少成本。此外，生态系统协同还提升了价值创造的效能。根据香农（Shannon）的"信息论"，信息的价值在于提升了知识结构的确定性，这增加了业务成功的可能性并提升了创造能力。在虚拟世界中，这一效用进一步推动了价值生态的发展，促进了未来业务的创新和增长。

（二）电子商务价值生态系统的协同要素

管理协同指的是实体与虚拟要素的整合，通过内外部力量的共同作用，形成一个自我演化的高效电子商务生态系统。这一系统具备层次性和自动协调能力，能够推动各主体的协调运作。管理协同若要提升效能，虚拟世界与实体经营必须实现协同管理。

实体要素协同。在西方经济学中，经济租金是指生产要素所获得的收入减去机会成本后的剩余，通常分为关系租金、李嘉图租金、垄断租金和熊比特租金四种类型。超边际利润则指收入远超机会成本，通常被称为超额企业价值。基于经济租金理论，学者罗珉研究了现有商业模式。在电子商务生态系统中，协同作用包括用户协同、信息协同等。尽管这些租金在内外因素上有所联系，但电子商务生态系统的核心目标是满足顾客需求，这要求知识协同与企业价值创造系统共同作用，才能实现价值的有效创造。

虚拟信息要素协同。信息生态系统与价值平台之间密切相关，并随着系统的运行不断发展。在 IDC（互联网数据中心）框架下，信息的传递与共享推动了信息生态系统与价值生态系统的协同。信息生态系统通过降低内部成本，减少业务开销。在信息传播过程中，信息的循环复制、处理与重组等构成了成本，且信息具有强烈的外向性，不断接收外部信号，延展性较强，这有助于在生态系统中形成系统价值。外部性虽然导致信息的复制与扩展，但也促进了价值的创新。信息传播与信息协同推动了系统内实体要素的实现与发展。

信息传播与价值传递在本质上存在区别。信息传播是无序且不受时间与空间限制的，特别是在全球化背景下，地域已不再是障碍。而价值传递则具有明确的目标和动机。随着网络模式从线性向非线性转变，价值传递的路径也发生了变化，在大数据的支持下，生态系统的平衡与稳定得以维护。信息传播提升了系统的透明度，有助于维持生态平衡。研究表明，只有在有效的协同作用下，系统才能生成生态性并保持稳定关系。

（三）电子商务价值生态系统的协同结构

协同结构可从实体要素和虚拟要素两个方面进行分析。实体要素在实体经营环境下，通常分为四个层次：战略层次（包括宏观和微观战略）、协调层次（涉及企业与顾客间的新模式及知识要素的融合）、运行层次、支持层次（提供技术支持，包括硬件和软件技术）。在虚拟要素方面，与实体要素相比，其对信息和知识的种类与特征的要求有所不同。在生态平台上，层次之间既有宏观性和协调性，又具备技术性和操作性。宏观战略层中的信息至关重要，因为它涉及生态协同两大要素的整合。实体要素关注的三大系统包括知识、企业和用户，其中，实体要素的运作主要聚焦于 B2C 供需平台的协同。电子商务平台下设多个子平台，每个子平台都有不同的组织结构和功能。

目前，我国学者在价值要素中的价值创造研究方面存在显著的不足，相关资料也较为匮乏。本书从两个核心方面进行探讨：价值创造和价值实现。研究中，生态系统、系统平台及其子平台呈现出不同的层次性。本书针对电子商业模式从生态机制、生态功能和生态层次三个方面进行分析，并对这三者的构建进行了深入探讨。

虚拟和实体的结合表现在四个层次。支持层的有效运作依赖硬件与软件技术的共同作用。软件技术针对虚拟系统，涵盖 AIDC、POS、CRM 等工具；硬件技术则支撑实体系统，如计算机硬件、物流链、服务器和传播媒介。

运行层聚焦 B2C 协同，企业在生产中需依赖供应商提供原料，销售商完成销售，信息中介反馈消费建议，并与政府和金融机构合作，同时面临同业竞争。由于产品无法满足所有消费者需求，可能导致资源浪费。实体企业若缺乏知识支持，仅能实现低效的自组织运营，必须与顾客建立联系，完善消费信息，推动 B2C 模式实现。

协调层主要协调企业、用户与知识三要素。其调动平台资源促进系统运作，提升自组织能力。尽管平台下设多个子平台，实际中实体和虚拟要素的协同仍受限，实体要素需要明确指令进行协调，因此两者的完全协同尚难实现。

战略层则是宏观层面的整体协同，旨在推动实体与虚拟要素的协同作业。通过防范租金溢出，形成稳定的运行机制。在大数据背景下，企业、用户与知识形成子平台子系统，维持系统平衡，优化结构效率。最终，虚拟与实体要素的协同需要依赖要素协同和价值平台的整体协作。

（四）电子商务价值生态系统的协同体制

1. 建设电子商务价值生态系统协同体制框架

（1）竞争阶段

在最初阶段，多个企业在同一平台上竞争资源，电子化程度较低。随着电子商务的发展，商业模式逐渐转向 B2B 模式，企业之间实现了更多的合作，摒弃了单纯的资源掠夺，推动了双赢局面的形成。然而，由于对客户信息了解不充分，资源利用仍然存在一定的局限性。

（2）协作阶段

协作与竞争是不可分割的，尤其在数据获取层面，不同平台之间可以共享部分资源，并作为信息处理和输出的载体，相互之间能够获取更多有价值的信息。在 B2C 模式下，这种零售模式直接面向消费者，尽管其背后的价值平台较弱，但通过数据输出可依赖较低级别的自组织和他组织，因此，要实现更大突破，必须从增强价值平台的建设入手。

（3）协调阶段

在这一阶段，多个要素会进一步关联，企业、用户、知识等开始互相影响和助力。随着协调程度的加深，B2C 商业模式变得更加成熟。企业与用户之间的互动关系变得更加紧密，知识系统则充当信息源，为企业与用户提供多维度的信息内容。实体要素的价值更加突出，并通过反作用于管理和协调，促进自组织系统的良性运转。

（4）协同阶段

在这一阶段，价值要素进一步凝聚，并逐渐具备较强的价值创造能力。电子商务在虚拟世界中运转时，信息流通会受到内部耗散结构的影响，而随着外部耗散结构的供应，价值创造与协同变得更加有力，推动整个生态系统的高效运作。

2. 电子商务价值协同生态系统的自组织演变

基于协同学理论，可以更深入地理解"无序"与"有序"之间的变化状态，而在这一变化过程中，序参量和控制参量会协同发力。在电子商务生态系统中，序参量发挥着重要作用，直接关系到价值平台构建的效果，并影响虚拟协同的程度。控制参量则需要"外力"作用，上述四个阶段都会产生"外力"，而当这些"外力"共同作用于控制参量时，就可以构建有效的平台，新的控制参量也会随之产生。

电子商务平台的构建需要多方助力。互联网提供了各种技术支持，推动平台的运行。比如，云计算和大数据技术的应用使得电子商务平台不仅在虚拟世界中运行，还能进一步与实体经营平台建立联系。不同的平台具有不同的功能，但价值协同始终是共同的追求。当这一目标实现后，电子商务生态协同便能成为现实，从而推动信息资源管理与价值协同达到更高层次。进入新时代后，信息整合与收集能力得到了进一步深化，交易效率与协作效果也得到了优化。此外，必须加强知识创新与协同。电子商务系统自带自组织机制，能够自主提升效益与创造价值。知识创新和协同是核心要素，支撑企业与用户系统的整合。在电子商务中，所有组织和个人都能进行知识传递与创新。云平台可以有效管理知识创新与协同。[1]

---

[1] 张世军. 电子商务价值生态系统的协同探讨 [J]. 商业经济研究，2019（12）：68-71.

四、电子商务信息生态系统建设

（一）电子商务信息生态系统的概念和特点

1. 电子商务信息生态系统的概念

电子商务信息生态系统是以供应和共享信息资源为目标的，在实际运转过程中，需要多个子系统和组织予以支持，而作用过程可发生于任何地域和空间内。该系统可支持电商及时革新经营理念，并且创新营销手段，但传统电子商务为做法并不会完全摒弃，而是依然存在于该系统中，通过与最新技术和理念进行融合之后以新形象呈现。

2. 电子商务信息生态系统的特点

（1）整体性

电子商务信息生态系统包含多个组织和多种要素。各个组织系统相互影响、相互制约，共同推动整体发展。同时，整个系统的运作状况又反作用于各组成部分，体现出明显的整体性特征。

（2）动态性

从另一个角度来看，电子商务信息生态系统在运行中，各组织系统和要素相互作用，并根据外部市场环境的变化调整和传递信息。同时，这一过程不会静态维持，而是在诸多因素的影响下动态演进。

（3）协同性

电子商务信息生态系统是复杂的，内部要素只有协同运作，才能支撑该系统发挥应有的作用和优势。当局部出现问题时，其他部分会围绕"协同"目标去应对问题和弥补漏洞，使得系统重归正轨。

（二）电子商务信息生态系统的发展优势

在数字化转型浪潮中，电子商务信息生态系统以其独特的竞争优势，为企业发展注入了新的活力。这一系统不仅超越了传统信息系统的界限，更在管理理念与实施策略上实现了根本性革新。

1. 突破传统信息系统的竞争模式

传统信息系统往往侧重于内部数据的整合与管理，而电子商务信息生态系统则更加注重与外部环境的互动与融合。它通过构建跨组织、跨行业的协作网络，实现了信息共享与资源优化配置，从而打破了单一企业垄断的局面，转向了生态系统内共生共赢的新模式。这种模式的转变，不仅拓宽了企业的市场边界，还促进了产业链上下游企业的协同创新，提升了整个生态系统的竞争力。

2. 全新的管理理念和管理方式

电子商务信息生态系统强调以用户为中心，注重用户体验与价值的最大化。在管理上，它引入了敏捷管理、平台化管理等先进理念，通过实时数据分析与智能决策支持，实现了对市场变化的快速响应。同时，系统鼓励开放创新，利用众包、共创等方式激发内外部创新潜力，形成持续迭代的创新循环。这种管理方式不仅提高了企业的运营效率，还增强了系统的灵活性与适应性，为企业在激烈的市场竞争中赢得了先机。

（三）构建企业电子商务信息生态系统具体措施

构建高效、协同的电子商务信息生态系统，是企业实现数字化转型的关键。以下措施为系统构建提供了实践路径。

1. 遵循企业发展的开放性和互动性原则

企业应打破传统市场边界，建立开放的合作机制，吸引供应商、客户、物流公司等多方参与。通过 API（应用程序编程接口）、数据共享平台等手段，促进信息的自由流动，增强生态系统的互联互通。同时，鼓励内部团队与外部伙伴之间的互动交流，共同探索新业务模式，激发生态系统创新活力。

2. 加强对系统各个组成部分的有效管理

构建电子商务信息生态系统需统筹规划，对技术平台、数据资源、业务流程等各要素实施精细化管理。采用云计算、大数据等技术提升数据处理能力，确保数据安全与隐私保护。通过制定清晰的规则与标准，规范各参与方的行为，维护生态系统的健康运行。此外，还需建立有效的监测与评估机制，定期审视系统性能，及时调整优化策略。

3. 提高电子商务信息生态系统平台的自我维护和开发能力

平台应具备自我学习与升级的能力，通过集成 AI 算法，实现智能化运维与故障预测。鼓励技术人员持续研发，不断迭代平台功能，满足市场与用户的新需求。同时，建立用户反馈机制，将用户意见转化为平台改进的动力，形成良性循环。

4. 创新电子商务信息生态系统的集群发展模式

企业应积极探索集群化发展路径，与行业内其他企业或机构形成战略联盟，共同构建特色鲜明的产业生态圈。通过资源共享、品牌共建、市场拓展等方式，增强集群的整体竞争力。同时，关注新兴技术及其发展趋势，如区块链、物联网等，将其融入生态系统，推动产业升级与转型，开拓新的增长空间。①

第五节　电子商务发展历程与趋势

一、电子商务发展历程

（一）萌芽引入阶段（1991—1999 年）

1. 最早的电子商务——EDI 电子商务

EDI 最早由欧洲和美国于 20 世纪 60 年代提出，并在工业发达国家得到广泛应用，提升了企业生产效率和竞争力。1991 年 EDI 被引入中国，可以看作我国电子商务的起步阶段。由于其高门槛，只有大公司能够使用，导致尽管存在多年，EDI 至今未能普及。随着互联网商业化应用的扩展，EDI 逐渐被其他技术取代，但在中国电子商务的发展历史中，它仍然是重要的基础性环节，为后续发展起到了启蒙作用。

---

① 许艳. 电子商务信息生态系统的构建研究 ［J］. 市场论坛，2017（11）：70-72.

2. Internet 电子商务起步于 B2B

1994 年我国成为国际互联网第 77 个成员，EDI 逐步退出历史舞台，Internet 电子商务成为主导。根据中国互联网络信息中心（简称 CNNIC）统计，1997 年我国上网用户为 62 万人，2018 年已达 8.02 亿人。1997 年，中国商品交易中心和中国化工网两家公司上线，开启了 B2B 业务。随后，中国制造网和阿里巴巴等平台相继上线。1999 年，马云创办阿里巴巴并获得 500 万美元"天使基金"，推动了中国电子商务的快速发展。

3. 早期的电子商务零售网站

8848、携程网、易趣网、当当网等也曾风靡一时，在电子商务零售领域占据重要地位。这些网站是中国互联网和电子商务领域的先行者，它们勇于尝试并创新应用。8848，作为我国电子商务的领头羊，于 1999 年 3 月 18 日试运行，并在当年融资 260 万美元。在短短两年内，8848 克服了初期的挑战，创新性地探索了 B2C 模式，并培养了我国最早的网购消费者。

在萌芽阶段，电子商务作为全新概念开始被引入，但很多方面仍不完善，尚未为其正常运转提供充分支撑。网络零售刚刚起步，许多人尚未体验到网络购物的便捷与乐趣。在企业电子商务方面，大多数人还停留在概念层面，甚至将电子商务简单理解为无纸化办公。

（二）波动培育阶段（2000—2009 年）

1. 互联网泡沫导致一批电商公司关闭

2000 年对互联网领域来说是一个不幸的年份，依托互联网的电子商务也遭受了严重损失。那时我国的电子商务网站超过千家，但大多数网站缺乏盈利能力，多为炒作概念或处于观望状态。少数网站吸引了风险投资，但它们缺乏可行的商业模式，完全依赖外资。只有极少数网站，如 8848 和中国商品交易中心，开展了实质性电子商务，但仍未实现盈利。随着互联网投资锐减，许多公司因资金链断裂而相继倒闭，投资者失去信心，市场一度低迷。

2. 易趣与淘宝之争

易趣与淘宝的竞争是中国电子商务史上首次激烈的同业竞争。2002 年，

eBay 收购易趣，占据了 80% 的 C2C 市场份额，但 eBay 的本土化战略未能成功。与此同时，淘宝通过免费策略迅速吸引商家和消费者，如免去开店费和交易费，而 eBay 则收取服务费。淘宝销售额的快速增长最终使其占领了 80% 的市场份额，免费策略成为互联网思维的一部分，并推动了补贴模式的发展。

3. 电子商务迎来发展小高潮

2004 年至 2007 年，物流、支付、信用和政策法规等支持环境的改善推动了电子商务的繁荣，交易额持续增长，网络购物人数激增，B2B 企业开始盈利，B2C 和 C2C 市场逐渐形成竞争格局。阿里巴巴、中国化工网和携程网成功上市。B2C 市场仍较为分散，当当网和卓越网占有 28% 的市场份额。B2C 网站借鉴亚马逊模式，追求长尾效应，不断丰富产品种类，吸引更多客户。C2C 模式成为主流，2007 年交易额达到 581 亿元，淘宝网稳居市场领导地位。

4. 是危机也是机会

2008 年至 2009 年，美国金融危机对我国经济产生了深远影响，电子商务也面临一定挑战，但它成功利用了危机带来的机遇，发展势头反而更强。整体来看，电子商务在抵御危机影响的同时，通过加大投入、细化服务和创新营销模式，不仅创了年度交易额的新高，还取得了诸多成就：电子支付和基础设施改善、企业信息化进程加速、移动电子商务初见成效等。2009 年，电子商务交易额达到 3.8 万亿元，同比增长 21.7%，远超 GDP 增速，成为经济亮点。经过互联网泡沫和美国金融危机洗礼，2008 年我国成为全球网民最多的国家，电子商务交易额突破 3 万亿元，网购人数突破 1 亿，显示出巨大的市场潜力与创新活力。

（三）激烈竞争阶段（2010—2014 年）

2010 年，凡客诚品成为热议的电子商务典范，而农村电子商务也迎来了亮点，沙集模式吸引了广泛关注。农民通过网店开启了信息化助力农产品销售新型模式。从 2011 年到 2014 年，我国电子商务交易额保持持续增长态势，尤其是网络购物市场，占社会零售总额的比例显著上升。在此期间，国家级电商示范基地逐步启动，传统行业加速电子商务应用，农村电商和跨境电商崭露头角，移动电商也开始崭露头角。

1. 凡客——不平凡的电商

2007 年，凡客诚品成立，2009 年超越 PPG 成为行业领导者，迅速成为国内互联网快时尚第一品牌，甚至改变了人们的消费习惯。凡客通过平面媒体如《读者》《知音》《南方周末》等打广告，随后利用互联网广告拓展市场，开创了 CPS（有效销售额分成）模式，推动了广告联盟的发展，增强了其在门户网站和搜索引擎中的曝光率。以韩寒、王珞丹为代言人，凡客创造了"凡客体"，成为品牌宣传的成功典范，推动了电商广告的高潮。广告助力凡客迅速扩张，2008 年销售额超过 1 亿元，2009 年增至 5 亿元，2010 年达到 20 亿元，顶峰时期员工超过 1.3 万人，产品涵盖服装、家电、数码等领域，年销售超 3000 万件。但由于经营战略失误、产品质量问题和资本退热等因素，凡客逐渐缩减规模，2016 年员工减少至 180 人。

2. 千团大战

团购概念起源于 2008 年，最初由美国 Groupon 引领，迅速获得风投支持并在短短一年半内估值达到 10 亿美元。国内团购网站如拉手、美团、窝窝团等，开始激烈竞争，展开融资、广告战和市场争夺。到 2014 年上半年，国内团购累计成交额达到 294.3 亿元，创下新高。但团购网站数量却大幅下降，从 2011 年高峰期的 5058 家锐减至 176 家，行业存活率仅为 3.5%。美团、大众点评和百度糯米占据了 84% 以上的市场份额，团购市场从激烈竞争过渡到三家寡头垄断的局面。

3. 爆发价格战

2012 年 8 月 14 日，京东发起降价，随后苏宁易购和国美等电商纷纷加入，形成了激烈的价格大战。其他平台如当当网、易迅网、一淘网也参与其中。根据一淘网数据，大家电商品价格下降约 4.2%，但这场价格战本质上是一次营销活动，通过吸引眼球和打压竞争对手来提升自身市场地位和销售额。经过炒作，消费者的关注度大幅提升，苏宁易购、国美、京东等平台流量增长显著，分别达到 706%、463% 和 132%。然而，有消费者反映降价后的商品并未真正便宜。由于收到欺诈投诉，政府进行了相关调查，京东因此公开道歉并承诺整改。

4. 滴滴 vs 快的补贴大战

受 Uber 模式的启发，我国网络打车服务于 2012 年秋季起步，滴滴打车和快的打车相继推出。2013 年 4 月，快的打车获得阿里巴巴和经纬创投的融资，并与支付宝打通，实现在线支付打车费用，凭借支付便捷性在竞争中占据了优势。滴滴打车则迅速获得腾讯注资 1500 万美元，并接入微信和 QQ，顺利实现了移动支付，进一步增强了市场竞争力。

资金充足的滴滴打车率先采用补贴策略，向乘客和出租车司机提供补贴，快的打车迅速跟进，展开了激烈的补贴大战。这场战斗从 2014 年 1 月持续到 5 月，在资本方调解下，双方宣布补贴暂时结束。随后，滴滴打车推出了发红包的新策略。经过一年的竞争，滴滴和快的共计发放了近 40 亿元的补贴和红包。最终，滴滴打车成为最大赢家，用户数突破 1 亿，日最高订单量达到 521 万单。同时，腾讯通过补贴大幅提升了其在移动支付市场的份额，到 2014 年年底，其市场占比接近支付宝。这场竞争不仅重塑了出租车行业格局，还让 Uber 等其他打车软件在中国市场无立足之地。

在激烈的竞争阶段，我国电子商务经历了史上最为激烈的时期，竞争范围广泛，参与企业众多，资本投入巨大，市场大战频繁且影响深远，堪称商战经典。可以说，激烈的市场竞争推动了我国电子商务的快速发展。到 2014 年年底，我国电子商务全面超越了欧盟、日本等经济体，在一些领域甚至与美国比肩，展现了强大的发展势头和市场潜力。

（四）稳定发展阶段（2015 年至今）

2015 年，随着资本推动的激烈竞争逐渐平息，合并成为主流趋势，被誉为"合并年"。这一年，多起行业巨头的合并和战略合作标志着市场格局的重塑。2 月，滴滴与快的合并；4 月，赶集网与 58 同城合并；5 月，携程收购艺龙股份；8 月，阿里巴巴与苏宁展开战略合作；10 月，美团与大众点评合并，携程与百度持有去哪儿网的部分股份；12 月，世纪佳缘与百合网、蘑菇街与美丽说合并。这些合并不仅减少了恶性竞争，还降低了运营成本、提高了效率、增强了企业竞争力，进一步巩固了行业领头羊的地位，标志着我国电子商务进入了一个相对稳定的发展阶段。

2015 年，我国电子商务交易额突破 20 万亿元，达到 20.8 万亿元，同比增长 27%，远超国内生产总值 6.9% 的增速，成为中国经济增长的新动力。B2C 交易额首次超过 C2C，标志着网络零售主流商业模式从波动培育阶段的 C2C 转向稳定发展的 B2C，未来 B2C 将在网络零售中占据更大份额，与线下消费市场趋势相符。网络零售交易规模为 3.88 万亿元，同比增长 33.3%。跨境电子商务继续增长，交易总额达 4.56 万亿元，同比增长 21.7%，成为我国进出口贸易的重要渠道。制造业领域电子商务采购和销售普及率达到 37.24%，部分行业接近 60%。农村电子商务进入快车道，建设电商村级服务点 25 万个，新增网店 118 万家，农村网购交易额达 3530 亿元，同比增长 96%，农产品网络零售额 1505 亿元。政府出台了一系列支持政策，如《关于大力发展电子商务加快培育经济新动力的意见》和《关于推进线上线下互动加快商贸流通创新发展转型升级的意见》，继续加强对电子商务的支持，完善电子支付、物流快递等基础设施，推动电子商务服务业发展。电子商务不仅成为中国经济社会"创新、协调、绿色、开放、共享"发展的重要驱动力，还成为"互联网+"行动计划的先导产业，助力大众创业、万众创新。到了 2017 年，我国电子商务交易额增长到 29.16 万亿元，同比增长超过 10%，而网络零售额达到 7.18 万亿元，比上年增长了 32.2%。在这之后，尽管绝对规模继续增长，但增速放缓。电商龙头企业拓展跨境电商和农村电商，标志着传统市场由蓝海转向红海，进入稳定发展阶段。[①]

二、电子商务发展趋势

（一）完善电子商务发展的政策环境

政策是引导电子商务发展的风向标。因此，需要不断优化现有政策框架，

---

① 顾明. 浅析我国电子商务发展历程 [J]. 江苏商论，2019（2）：31-35.

制定前瞻性、包容性的法规，为电商创新提供空间。应加强跨部门协作，形成政策合力，解决电商跨领域、跨行业的监管难题。同时，加大对电子商务企业的财政支持与税收优惠，鼓励技术创新和模式创新，促进电子商务产业的升级。此外，还需关注国际电子商务规则的制定，积极参与国际合作，为电子商务企业拓展海外市场提供法律保障。

（二）推动电子商务信用体系建设

信用是电子商务交易的基石。应建立健全电子商务信用评价体系，利用大数据、区块链等技术，全面采集信用信息、精准评估并广泛共享。加强对电子商务平台的监管，确保其公正、透明地处理用户评价与投诉，维护市场秩序。同时，鼓励企业建立内部信用管理制度，提升自我约束能力，共同营造诚信经营的良好氛围。对于失信行为，应依法依规进行惩戒，形成有效的威慑力。

（三）打造健康的网络销售环境

网络销售环境的优劣直接影响消费者体验与电子商务行业的长远发展。应加强对网络交易行为的监管，严厉打击虚假宣传、假冒伪劣和侵犯知识产权等违法行为，保护消费者权益。同时，推动电子商务平台建立健全商品质量追溯体系，实现商品来源可溯、去向可追。加强网络安全防护，保障用户数据与交易安全，增强消费者信心。此外，还应倡导绿色消费理念，鼓励电子商务企业提供环保产品与服务，共同促进可持续发展。①

本章从多个角度探讨了电子商务。首先，明确其定义为借助计算机网络及相关工具实现商务活动全过程的模式，具有动态发展和广泛覆盖等特点，涉及人才、产业集聚等多方面要素。网站设计中，Web 前端开发技术（如 HTML、CSS 和 JavaScript 等）对提升用户体验和交易安全性至关重要。电子商务市场机制涵盖准入退出机制和网络演化机制，市场表现为规模增长、业

---

① 陈金平. 我国电子商务发展的特点和趋势 [J]. 上海商业，2022（12）：28-30.

态创新和用户渗透加深，发展受技术进步、消费升级和政策支持的驱动。然而，电子商务也面临内部控制、财务审计和海外侵权等风险，需采取相应防范措施。电子商务生态系统具有独特的内涵与优势，发展经历了多个阶段，未来将朝着完善政策环境、建设信用体系和打造健康网络销售环境等方向发展。

第二章 数字经济与电子商务

在数字化时代，数字经济的迅速发展深刻改变了社会经济的运作模式。作为数字经济的重要组成部分，电子商务与数字技术紧密相连，相互促进。本章将探讨数字经济的概念演变以及它与电子商务之间的互动关系，分析电子商务在数字经济中的市场结构、竞争策略，以及面临的发展优势与困境。同时，本章还将讨论如何实现电子商务的高质量发展，深入剖析数字经济如何推动电子商务的进步，以及电子商务如何助力数字经济的进一步发展。在此背景下，我们将展望电子商务的未来发展方向。

第一节 数字经济概念演变、内涵特征与理论评估

一、数字经济的概念演变

从信息经济到互联网经济，再到数字经济，这一演变历程不仅反映了技术进步对经济活动方式的深刻影响，也揭示了经济形态随时代变迁的必然趋势。

（一）信息经济：概念的萌芽

信息化这一概念最早可以追溯到 20 世纪 60 年代，由日本学者梅棹忠夫首次提出，他将其定义为"通信现代化、计算机化和行为合理化的总称"。在这一阶段，信息经济主要关注信息技术的初步应用，诸如计算机在数据处理

和自动化办公中的使用，以及通信技术的革新。信息经济强调信息作为生产要素的重要性，但其核心仍在于通过信息技术提升传统产业效率，而非创造全新的经济形态。

（二）互联网经济：概念的拓展

随着互联网的普及及其商业化应用，尤其是在 20 世纪 90 年代中后期，互联网经济逐渐兴起。互联网经济的数字化特征主要体现在其在消费领域的广泛应用，如电子商务、在线视频、在线音乐等。互联网经济不仅改变了人们的消费习惯，还催生了新的商业模式和产业生态。在这一阶段，数字经济开始展现出创新性、融合性和高效性，但尚未形成统一的、广泛认可的定义。互联网经济的一个显著特征是打破了地域限制，使经济活动可以在全球范围内进行。同时，它还促进了信息的海量生产、交换和流动，为数字经济的发展奠定了坚实基础。

（三）数字经济：概念的成形

进入 21 世纪，伴随大数据、云计算、人工智能等新一代信息技术的快速发展，数字经济的内涵和外延发生了深刻变化。2016 年 G20 杭州峰会通过的《G20 数字经济发展与合作倡议》给出了广泛认可的数字经济定义："数字经济是指以数字化的知识和信息作为关键生产要素、以现代信息网络作为重要载体、以信息通信技术的有效使用作为效率提升和经济结构优化的重要推动力的一系列经济活动。"这一定义不仅涵盖了信息经济和互联网经济的核心内容，还进一步强调了数据作为新型生产要素的重要性，以及数字技术与实体经济深度融合的趋势。在数字经济时代，信息技术不再仅仅是提质增效的工具，而且成为主导和引领经济发展的关键力量。随着数字经济的不断发展，其将对全球经济产生更为深远的影响，推动人类社会迈向数字化、智能化、高效化的新纪元。[1]

---

[1]　潘彪，黄征学. 数字经济概念演变、内涵辨析与规模测度 [J]. 中国经贸导刊，2022（5）：52−55.

二、数字经济的内涵特征

(一) 发挥数据要素优势

数据要素是数字经济的核心，充分发挥其优势是推动数字经济发展的关键。科学分析和整合数据信息，是这一过程的基础。通过将零散数据系统化处理，可以提取有价值的信息，促进数据在厂商之间的流动与共享。市场主体利用这些数据，能够评估经营现状、分析管理绩效，并深入挖掘数据价值，从而指导未来发展方向，提供决策依据。

数据要素的优势体现在三个方面：提高资源配置效率、推动供给侧结构性改革、扩大有效需求。不同于传统生产要素，数据要素在生产中主要起到赋能作用，帮助优化生产决策和资源配置。它具有非竞争性和持续累积的特点。根据梅特卡夫效应，数据要素的边际成本几乎为零，而边际收益递增；信息资源的流动有助于降低社会成本，扩大生产规模，形成规模经济，并增加社会福利。

此外，数据要素还能够推动供给侧结构性改革。通过分析消费者偏好，生产者可以精准调整生产要素，实现个性化定制，提高产销匹配效率，进而提升市场运营效率。同时，数据的流动有助于扩大有效需求，精准匹配供需，降低消费者成本，提升购物体验，推动消费增长和经济良性循环。

(二) 筑牢数字技术基础

数字技术是数据要素流动的基础，支撑着数字经济的成长。互联网、大数据、云计算等技术依赖于完善的数字基础设施，它们为数字经济提供了技术平台和支持。健全的数字基础设施不仅能降低生产成本，还能扩大市场覆盖范围，提升生产和资源配置效率，从而推动数字经济的质量提升。

数字技术能够显著降低多种成本，包括搜寻、复制、交通、追踪和验证成本。搜寻成本降低后，产品价格波动减小，消费者能够更轻松选择高质量商品，同时也为个性化产品提供了市场空间。复制成本降低使得信息传递更为迅速且成本更低，帮助资源更有效地分配，减少运营成本。在数字经济中，消费者通过移动支付和在线服务摆脱了传统消费的时空限制，交通成本的降低使其能够享受便捷的购物体验。追踪成本降低使企业能够精准匹配供需，提高销售效率。而验证成本的降低则通过网络评价等方式促进社会监督，提升市场规范性，保护消费者权益。

（三）优化数字平台组织模式

数字平台是数字经济的核心驱动力，优化其组织模式对数字经济的发展至关重要。数字平台既具有私有性，也具备公共性，源于其作为生产者和管理者的双重角色。作为营利性实体，平台的目标是提升市场效率和经济效益，属于市场主体。然而，随着平台规模的扩大，其公共性逐渐凸显，用户对平台中立性和秩序的要求越来越强。为适应这一变化，数字平台的组织模式需要进行调整。

一方面，平台应遵循法律法规和市场监管，增强自我约束，维护外部秩序；另一方面，平台应推行自治，设立内部规则，规范用户行为，确保有效治理和高效运作。数字平台通过连接生产者与消费者，利用网络技术缩短物理距离，提升信息透明度和可获取性，降低交易成本，提高边际收益，实现快速崛起，成为现代经济的重要组成部分。

此外，数字平台的扁平化发展特点使其能够通过点对点交易减少传统交易的摩擦成本，加速数据流通，优化供需匹配，促进生产端与消费端的多方联动，实现生产互补和有效供给。①

三、数字经济的理论评估

数字经济评估作为理解其发展水平和推进全球数字治理的基准，依赖于创新系统、生态系统和新制度经济学等理论框架。这些理论从不同角度解析了数字经济的内在机制与外部影响，为构建科学、系统的评估体系奠定了理

---

① 王家腾. 数字经济的理论逻辑、内涵特征与优化路径 [J]. 当代县域经济, 2024 (6)：42-44.

论基础。

（一）创新系统理论

创新系统理论强调，数字经济作为创新经济的核心特征，不仅在技术层面推动突破，还在商业模式、组织结构和市场机制等方面带来全面革新。该理论认为，数字经济通过加速信息流动与共享，降低创新成本、缩短创新周期，使创新成为推动经济发展的核心动力。在数字经济评估中，创新系统理论关注以下三个方面：数字技术的创新应用、创新主体之间的互动协作以及创新环境的培育。这为评估数字经济的创新活力和发展潜力提供了重要视角。

（二）生态系统理论

生态系统理论将数字经济视为一个复杂且动态的系统，其中的各组成部分相互依存、共同演化。在数字经济生态中，企业、消费者、政府、研究机构等多方主体通过数字平台互联互通，形成价值共创、利益共享的网络。该理论强调数字经济的开放性、包容性和协同性，认为其健康发展依赖于生态系统的平衡与稳定。在数字经济评估中，生态系统理论关注生态多样性、服务功能以及系统韧性，为评估数字经济的可持续发展能力提供了理论依据。

（三）新制度经济学理论

新制度经济学理论主要关注数字经济对传统经济制度的影响和变革。数字经济时代，信息不对称性和交易成本显著降低，使得市场机制更加高效和透明。同时，新的经济模式和业态（如平台经济、共享经济等）对传统监管制度和政策工具提出了挑战。新制度经济学认为，数字经济的发展需要制度创新来应对其内在要求和外部环境的变化。在数字经济评估中，该理论关注数字经济的制度环境、政策效果及其变迁的动力机制，为评估数字经济治理水平和政策适应性提供了理论支持。[1]

---

[1]　陈玲，孙君，李鑫. 评估数字经济：理论视角与框架构建 [J]. 电子政务，2022（3）：39-53.

第二节　数字经济与电子商务的相互作用

一、数字经济助力电子商务

（一）技术创新：数字经济为电子商务注入发展新动力

在数字经济的快速发展中，电子商务正经历前所未有的技术变革，这些变革成为推动其快速发展的关键驱动力。

1. 云计算：电子商务的稳定基石与成本优化利器

云计算的应用为电子商务带来了革命性的变化。它为电子商务平台提供高可靠性的计算资源和存储服务，突破了传统硬件设施的限制。例如，亚马逊的 AWS 云服务帮助电商平台在购物高峰期应对流量激增的问题，确保网站稳定运行。没有云计算，面对海量访问，服务器可能会崩溃，但云计算能够根据实时流量动态分配资源，确保顺畅的用户体验。

在存储方面，云计算的分布式系统能够高效、安全地存储大量商品数据和用户信息，如商品图片、描述和购买记录，并提供快速检索功能。此外，云计算的按需付费模式大大降低了电商企业的运营成本，企业无须自行购买和维护服务器，节省资金和人力，从而将资源集中在市场拓展和产品创新等核心领域。

2. 大数据：精准营销与个性化服务的核心驱动力

大数据在电子商务中的应用使精准营销和个性化服务成为可能。电子商务平台每天生成的数据量庞大，蕴含着丰富的用户行为信息。通过分析用户的浏览行为，企业可以准确识别用户兴趣，进行有针对性的商品推荐和促销活动。例如，当用户频繁浏览某类电子产品时，平台会推送相关新品和优惠信息，这种精准营销相较于传统广告投放，更能提高广告转化率。

在个性化服务方面，大数据展现了强大的优势。电子商务平台通过分析用户的地理位置、购买时间和商品类型，能够提供最佳的配送方案。比如，生鲜商品可以优先选择本地仓库配送或门店自提，急需商品则推荐更快捷的配送方式。此外，平台还可以根据用户评价数据持续优化商品和服务，满足个性化需求，提升用户忠诚度。

3. 人工智能：重塑电子商务运营格局与用户体验

人工智能在电子商务中的应用正在深刻改变行业格局。智能客服机器人便是一个典型应用，通过自然语言处理技术，它能迅速而准确地解答用户问题，涵盖商品信息、订单状态及物流等。在购物高峰期，智能客服有效缓解了人工客服压力，确保了服务的及时性与质量。

在商品管理方面，人工智能的图像识别技术可以高效地分类和标注商品图片，提升商品上架效率。同时，人工智能能够结合销售数据分析，优化库存管理。人工智能可以通过预测商品需求，帮助电商合理调整库存，避免缺货或过剩问题。此外，人工智能驱动的智能搜索功能可以帮助用户精准找到商品，即便搜索词不准确，也能高效匹配，极大提升了购物体验。

（二）商业模式创新：数字经济下电子商务的多元拓展

数字经济为电子商务带来丰富多样的商业模式创新，推动电商行业向更广阔的领域发展。

1. 社交化电子商务：社交网络与电子商务的完美融合

社交化电子商务的兴起是数字经济时代商业模式创新的一个典型代表。它充分利用社交网络的广泛用户群和用户间的关系链来拓展市场。以微信生态中的社交化电子商务为例，商家通过小程序和朋友圈等渠道，将商品信息直接推送给用户，用户在日常社交中，往往会受到朋友推荐或分享的商品吸引。

这种模式的优势在于其依托社交关系的口碑传播，与传统电商的广告营销方式不同，用户更倾向于相信朋友或熟人的推荐。例如，在小红书上，众多用户分享自己的购物经验和使用感受，形成了自发的商品推荐体系。商家通过与这些有影响力的用户合作，能够以较低的成本实现更好的营销效果。社交电商不断发展，并朝着更加精细化的方向发展，通过分析用户的社交行为和兴趣爱好，为用户提供更精准的商品推荐，并结合内容营销。

2. 跨境电子商务：全球市场的新机遇与创新模式

数字经济为跨境电子商务打开了全球市场的大门。随着互联网和物流技术的进步，跨境电子商务不再受限于传统贸易的地理边界。电子商务平台让全球供应商和消费者的连接更加便捷。例如，阿里巴巴的速卖通平台成功将中国的优质商品推广到全球，让消费者能够轻松购买到具有高性价比的中国产品。

在模式创新方面，海外仓储成为跨境电子商务的重要发展方向。企业在目标市场建立海外仓库，提前储备商品，确保消费者下单后能够迅速发货，减少配送时间，提高物流效率。同时，数字营销手段在跨境电子商务中也发挥着关键作用。通过搜索引擎优化和社交媒体推广，跨境电子商务企业可以在全球范围内提高品牌曝光度，并借助大数据分析，洞察不同市场的消费者偏好，从而调整商品和营销策略，增强国际市场的竞争力。

3. 直播电子商务：实时互动下的新商业范式

直播电子商务作为一种新兴模式，正在迅速占领市场。主播通过直播展示商品的特性与使用方法，例如，在美妆直播中，主播现场试用化妆品，帮助用户快速决策。

其互动性也是一大优势，观众可以实时提问、分享意见，主播根据反馈调整内容，增强购物体验。同时，通过限时折扣、赠品等促销手段，可以有效激发购买欲望。随着5G技术的发展，直播电子商务将扩展到更多行业，产业链也会变得更加专业化和规范化。

（三）应对挑战：数字经济下电子商务的可持续发展之路

数字经济为电子商务带来机遇的同时，也带来了各种挑战，电子商务企业需积极应对以实现可持续发展。

1. 数据安全与隐私保护：电子商务发展的重要防线

在数字经济中，电子商务企业掌握着大量用户数据，数据安全和隐私保护问题日益凸显。频繁的数据泄露事件带来严重后果，黑客攻击和内部操作失误可能导致用户个人信息（如姓名、地址和联系方式）的泄露，增加诈骗风险并损害企业声誉。

随着各国法律对数据隐私保护的要求日益严格，如欧盟的《通用数据保护条例》（GDPR），电子商务企业需采取有效措施应对。技术方面，应采用先进的加密技术并建立网络安全防护体系，如防火墙和入侵检测系统；管理方面，应加强内部人员管理，限制数据访问权限，并建立应急机制。此外，企业还必须遵循法律法规，确保用户数据的合规处理。

2. 数字鸿沟：跨越障碍，促进电商均衡发展

数字鸿沟在一定程度上制约了电子商务的发展。从区域来看，经济较弱的地区网络基础设施不完善，网速慢或无法接入互联网，导致当地居民难以参与电商活动。同时，这些地区的居民对电商的认知和操作技能也较为欠缺。从人群来看，老年人和低收入群体在使用数字技术上面临困难。老年人对电子设备和购物流程不熟悉，而低收入群体可能因经济问题无法拥有必要的设备。

为缩小这一鸿沟，政府和企业需协同合作。政府应加大对网络基础设施建设的投入，尤其是在偏远地区，提高网络覆盖率和质量。企业则应提供用户培训，特别是为老年人等群体开设专门的购物课程，优化平台界面，简化操作流程。同时，可以与政府和社会组织合作，为低收入群体提供设备补贴或低价服务，增加他们参与电商活动的机会。

3. 市场竞争加剧：电商企业的战略调整与突围

随着数字经济的发展，电子商务竞争日益激烈，新兴企业和传统零售商纷纷转型，竞争形势更加复杂。电子商务企业需要及时调整战略。品牌建设已成为核心，良好的品牌形象可以吸引顾客并提高其忠诚度。企业需在产品质量、服务和传播上发力，打造有价值的品牌。例如，苹果通过高品质产品和独特的品牌文化吸引了大量粉丝。供应链管理同样至关重要。高效的供应链能够保证商品供应并降低成本，电子商务企业需优化采购和物流，推动数字化管理。提升用户体验是取得竞争优势的关键。从平台设计到售后服务，企业需提供便捷的购物体验，并通过个性化服务和增值服务在竞争中脱颖而出。

二、电子商务引领数字经济

（一）电子商务的核心地位

1996 年，一本名为《数字经济：网络智能时代的前景与风险》的书籍出版，该书首次提出了数字经济这一概念，并分析了其产生时代的特征，系统总结了数字经济带来的机遇与风险。在机遇方面，数字技术为经济发展提供了新的机会，并促进了新型商业模式的形成，其中电子商务正是在数字技术的助力下被全新塑造的。数字经济中的"经济"一词，与农业经济、工业经济等既存的经济形态有相似之处，都是对某种经济形态的描述。在此基础上，网络经济、平台经济、共享经济等概念相继被提出。网络经济是在"互联网"这片土壤上发展而来的。进入 21 世纪后，互联网的影响力进一步扩大，并被商业领域广泛应用，逐步催生出支持商业发展的电子化媒介。网络经济与数字经济二者都强调互联网的重要作用，但数字经济更侧重"数字形式"，而网络经济更注重经济运作的"网络化"特征。平台经济则是在数字平台基础上衍生和发展的经济形态，更强调平台的开放性、共享性和协作性，并以提供个性化、多元化服务为核心目标。平台经济所释放的共享与开放理念，反过来又能提升数字平台的竞争力。进入 21 世纪后，互联网的开放程度和信息共享的深度不断拓展，在这一背景下，共享经济开始内部转型，逐步由无偿供应向商业化发展过渡。2010 年，《时代周刊》对共享经济给予高度评价，认为该理念将在未来产生巨大影响。以上四种经济形态既有共通之处，也各具特色。随着时代的发展，它们呈现出融合的趋势，但经济形态的多元化特征不会消失。在这四种经济形态中，电子商务处于核心地位，其能否成功发展和演进，将对这些经济形态的未来产生决定性影响。

（二）电子商务的发展理念

传统电子商务存在诸多短板，难以满足新时代的需求，因此转型势在必行。首先，需要将构建智慧平台作为重点。智慧平台是运行的基础载体，能够支撑智慧化运行模式的实现，从而推动企业实现智能化管理，更好地满足消费者的多样化需求。其次，应同时重视线上与线下渠道，并实现两者的紧密结合。新零售正是这一趋势的代表，强调线上与线下的有机融合。这种融合不仅是电子商务发展的起点和实现路径，也将成为提升实际效果的重要手段。通过线上线下的整合，企业能够高效整合资源，推动无边界管理，同时进一步增强参与者的互动体验。最后，应着力打造更多线上的亮点。从历史发展来看，前三次商业革命主要聚焦于优化线下模式，而进入第四次商业革命以后，电子商务异军突起，以线上模式为主导。因此，打造更多线上的亮点将有力支撑电子商务的持续发展。尽管线上线下融合已是大势所趋，但两者的作用各有侧重。线下平台应重点提升体验与服务，以弥补传统电商在感官互动方面的不足，从而进一步优化整体用户体验。

（三）电子商务的体系构建

人工智能、大数据等技术正在推动物理空间、网络空间和生物空间的深度融合，这一趋势在新零售电商中得到了充分体现。消费者能够在线上完成信息传递，在线下体验并接收商品。同时，人工智能、隔空感应和虚拟现实（VR）技术的应用突破了时空限制，让用户可以轻松切换于线上和线下之间。目前，商业变革的核心是实现线上、线下与物流的深度融合，而电子商务的未来发展则需在这三者之间实现高效协同。

首先是线上维度。21 世纪初，电子商务迎来蓬勃发展，线上平台成为其关键驱动力，是商业信息化和数字化的核心所在。平台经济继承了数字经济的发展脉络，并逐渐成为其中的重要组成部分。未来，线上平台仍将是电商发展的核心，其功能也将进一步扩展。尽管商业模式不断创新，但商品销售仍是电子商务的本质目标，因此线上平台将继续作为主要销售渠道。在这一趋势下，线上平台不能孤立发展，而需要与线下平台紧密合作，同时在优化物流系统方面下功夫。

其次是线下维度。传统的线下平台主要承担商品销售的职能，但随着电子商务的崛起，线下平台的职能正在发生转变，逐渐从单纯销售转向为消费者提供体验价值。这正是新型线下平台的发展方向，"以人为本"应成为其核心指导理念。只有以消费者需求和感受为中心，线下平台才能更好地满足用户期望。例如，商家可以借助新兴技术打造沉浸式场景，使顾客深入接触商品，从而获得更加全面的了解。不过，这种转变并不意味着线下平台会完全放弃其销售功能。

最后是物流维度。物流是电子商务得以正常运行的重要支柱。只有实现高效、安全的物流服务，才能确保商品顺利运输并到达消费者手中。未来，物流系统需要进一步提升效率和便捷性，并在智慧物流领域持续深耕。随着科技的发展，大数据、人工智能和无人机等新技术的应用，物流逐步实现自动化、智能化、可控化和网络化，为电商发展注入更多活力。[①]

第三节　数字经济下电子商务的市场结构与竞争策略

电子商务在数字经济发展中地位超群，充当着核心载体的角色。一个行业若要健康发展，必须杜绝垄断和市场滥用。具体到电子商务领域，同样需要防止这些现象。在这样的背景下，电子商务企业应从多个方面科学规划和设计，为自身的可持续发展奠定坚实基础。

一、我国电子商务市场结构的基本特征

（一）市场集中度较高

我国电子商务市场的一个显著特征是市场集中度较高，这主要体现在少数大型电子商务平台企业占据了市场的主要份额。中研普华产业研究院的《2024—2029年版电子商务产品入市调查研究报告》显示，传统电子商务平台如天猫、京东、拼多多等依然占据市场主导地位。这些平台凭借强大的资金实力、技术能力和用户资源，通过规模效应实现成本优势，展现出较高的

---

① 覃征，张普. 数字经济、电子商务与法治之道［J］. 四川省社会主义学院学报，2023（2）：3-17.

市场竞争力。市场集中度的衡量通常采用行业集中率（CRn）指标，其中 CR4 和 CR8 较为常用，分别表示行业内前四位和前八位企业的市场份额。根据前瞻产业研究院的《2016—2021 年中国电子商务行业市场竞争及企业竞争策略研究报告》，2019 年我国电子商务市场的 CR4 已达到 52%，CR8 达 62%。这表明我国电子商务市场已经呈现出较高的市场集中度，少数大型企业在市场中占据主导地位。市场集中度高对电子商务平台企业的发展既有积极作用，也带来一些潜在问题。一方面，市场集中度高表明行业内大型电商平台具备较高的市场份额和竞争力，能够通过规模效应和资源整合提升运营效率与服务质量，持续保持行业领导地位。另一方面，过高的市场集中度可能导致市场垄断、创新能力下降以及消费者权益受损等问题。因此，政府需加强市场监管，防止垄断行为，促进公平竞争，维护市场健康发展。

（二）市场规模不断扩大，第三方平台增长迅速

我国电子商务市场不仅市场集中度较高，市场规模也在不断扩大，第三方平台发展尤为迅猛。根据中国电子商务研究中心的数据，2019 年我国电子商务交易额已达 34.81 万亿元，同比增长 6.70%；其中，B2B 电子商务交易额占比最大，达到 21.78 万亿元，同比增长 14.50%。截至 2023 年，中国电子商务市场规模更是达到 50.57 万亿元，同比增长 6.31%。这些数据表明，我国电子商务市场规模庞大，需求旺盛，为电子商务企业提供了广阔的发展空间。

随着电子商务市场的快速扩张，第三方平台的增长尤为显著。第三方平台独立于产品或服务提供者和消费者之间，提供认证、交易、支付、物流以及信息增值等服务。这些平台依靠强大的流量优势、创新的购物体验和丰富的商品种类，吸引了大量消费者与商家。例如，亚马逊、eBay、全球速卖通以及 Wish 等第三方跨境电子商务平台，在全球市场上占据了重要地位，其市场份额和销售额均保持稳步增长。在市场规模扩大的同时，电子商务市场也呈现出多元化和细分化的发展趋势。随着消费者需求逐渐多样化和个性化，多元化、细分化市场正成为电子商务行业的重要增长点。企业需要针对不同

消费群体的需求特点，开发多样化的商品和服务，以更好地满足市场需求。此外，新技术、新用户和新内容为电商市场注入了活力。例如，直播电子商务市场规模持续扩大，已成为网络购物的重要渠道；短视频用户规模的快速增长也为电子商务市场带来庞大的潜在用户群体。这些新兴技术和内容的应用，不仅提升了消费者的购物体验，还为电商平台创造了更多商业机会与发展空间。

二、数字经济背景下电子商务模式创新与转型

在数字经济背景下，电子商务模式创新与转型成为推动行业发展的关键力量。随着人工智能、大数据、云计算等先进技术的广泛应用，电子商务模式正经历着前所未有的变革。

1. 线上线下融合

在数字经济时代，线上线下融合已成为电子商务模式创新与转型的重要趋势。传统零售企业纷纷通过构建线上电子商务平台，拓展销售渠道，以满足消费者多样化的购物需求。同时，企业还通过线上线下一体化的会员系统和客户数据整合，实现销售渠道的无缝衔接，进一步提升客户体验和忠诚度。例如，苏宁易购通过构建完善的线上线下融合商业模式，不仅拥有线下实体店，还打造了成熟的电子商务平台，实现了会员系统和客户数据的无缝整合，有效提升了客户体验和忠诚度。

2. 个性化推荐与精准营销

借助大数据和人工智能技术，电子商务企业能够对用户行为进行精准分析，从而制定更为精确的营销策略。通过分析用户的购买历史和浏览行为数据，电子商务平台可以为用户推送个性化商品推荐，从而提高广告的转化率。此外，企业还可以利用新兴技术提供个性化服务。例如，在线教育平台能够根据学生的学习进度和兴趣偏好推送定制化学习内容和练习题目；医疗健康平台则可以根据患者的病史和健康状况，提供个性化的健康管理方案。

3. 社交化电子商务与直播电子商务

社交化电子商务通过将社交媒体平台与购物体验结合，促使用户做出购

买决策。拼多多、小红书等平台的成功充分证明了社交化电子商务的巨大潜力。随着社交媒体的普及和用户需求的多样化，社交化电子商务将成为电商平台商业模式的重要发展方向之一。直播电子商务则通过直播形式展示商品、解答疑问、促进销售，为消费者提供更加直观、生动的购物体验。淘宝直播、抖音电商等平台的兴起，标志着直播电商时代的到来。这种模式对传统零售企业的技术能力和资金实力提出了更高要求。

4. 跨境电子商务

在数字经济背景下，跨境电子商务成为电子商务模式创新与转型的重要方向。通过搭建国际贸易平台，跨境电子商务实现了不同国家和地区之间的商家与消费者的跨境交易，为企业创造了新的盈利模式和价值增长点。随着全球化进程的加速以及消费者对高品质、多元化商品需求的不断增长，跨境电子商务将迎来更加广阔的发展空间。

三、数字经济背景下的市场竞争策略

在数字经济背景下，市场竞争策略的制定与实施成为企业获取竞争优势的关键。以下是一些主要的市场竞争策略：

1. 数据驱动决策

在数字化企业竞争格局中，数据驱动的决策已成为企业运营的核心。企业需要通过对市场趋势、消费者行为、竞争对手动态等数据的深度分析制定战略。这种策略的有效实施能够帮助企业更好地把握市场机会，快速应对变化，提升市场响应速度。通过数据分析，企业可以识别潜在客户需求，从而实现精准营销。此外，借助现代化的分析工具，企业能够实时监控市场表现，调整运营策略，使其在瞬息万变的市场中保持领先地位。

2. 敏捷商业模式

敏捷商业模式逐渐成为企业创新的重要体现。相较于传统商业模式，敏捷商业模式更强调快速响应市场变化和客户需求。企业通过采用敏捷开发、短周期迭代等方法，更快地将新产品推向市场，获得反馈并进行调整，形成良性循环。这种敏捷性不仅来源于技术的进步，也涉及企业文化的转变。企业内部需鼓励创新并勇于承担试验风险，建立快速迭代的工作流程，使员工在快速变化的市场中保持灵活性，及时应对挑战。

3. 跨界合作与资源整合

在数字经济背景下，跨界合作与资源整合是企业获取竞争优势的重要手段。通过跨界合作，企业能够整合各自的资源与优势，共同打造更具竞争力的产品和服务。例如，云服务供应商与软件开发商的合作，可以为客户提供更完善的解决方案。在这一生态系统中，各参与者通过互信、信息共享、相互支持，形成共赢局面。通过资源整合，企业可以优化资源配置，提高运营效率，降低成本，增强竞争力。

4. 数字化转型与创新

在数字经济背景下，企业需加大对数字化转型与创新的投入，以提升市场竞争力。这包括增加对云计算、大数据、人工智能等先进技术的投资，提高运营效率与市场响应能力。通过不断探索和应用新技术，企业能有效增强自身在数字化竞争中的核心竞争力。同时，企业应注重引进与培养技术人才，建立可持续发展的技术支持体系。随着数字化转型的深入，客户需求和偏好快速变化，企业需加强与客户的互动，通过数据分析深入了解客户需求，调整产品与服务策略。

5. 品牌建设与差异化竞争

在数字经济背景下，品牌建设与差异化竞争是企业获取竞争优势的重要途径。企业需注重品牌建设，通过优质的产品与服务提升品牌形象和客户忠诚度。同时，企业需要通过差异化竞争策略提供独特的产品与服务，满足消费者的多样化、个性化需求。通过品牌建设和差异化竞争，企业能够在激烈的市场竞争中脱颖而出，实现可持续发展。

6. 风险管理与合规经营

在数字经济背景下，企业需加强风险管理与合规经营，以应对市场变化和政策风险。企业需要建立健全风险管理体系，对潜在的市场风险、信用风险、技术风险等进行全面评估和管理。同时，企业还需加强合规经营，遵守相关法律法规与行业规范，确保业务的合法性与可持续性。通过风险管理与合规经营，企业能够在激烈的市场竞争中保持稳健发展。

随着人工智能和创新经济的快速发展，传统 B2B、B2C 电子商务模式正面临前所未有的挑战。短视频直播、KOL（关键意见领袖）带货、网红分销等新兴电子商务模式的崛起，推动市场格局发生深刻变化。为应对这一变化，传统电子商务企业必须加速转型，探索适应数字经济的新型模式，构建全新的电子商务生态系统，以保持竞争力。

第四节　数字经济下电子商务发展的优势与困境

一、数字经济下电子商务发展的优势

（一）市场扩展与全球化

随着数字经济的迅猛发展，电子商务如同乘风破浪的巨轮，迎来了前所未有的市场拓展机遇。在这一新兴经济格局中，企业借助电子商务打破了地域限制，实现了跨时区、全天候的在线服务，搭建起全球互联的桥梁，将商品与服务送达世界各地。无论是城市白领还是乡村居民，只需轻触屏幕，就能轻松购买来自全球的商品。

数字经济逐步从国家层面扩展到国际层面，使得跨境交易更加便捷。数字支付的逐步成熟以及物流系统的智能化发展，为电子商务平台打通国际贸易的"任督二脉"提供了强力支持，有效降低了交易成本。这样一来，企业不仅能够顺畅进入国际市场，消费者也能以更实惠的价格享受到全球优质商品。

在数字经济的浪潮中，大数据技术犹如一颗璀璨明珠，为电子商务注入强大动力。企业通过深度挖掘和分析海量用户数据，仿佛拥有了一双锐利的眼睛，能够精准把握各个市场的需求与消费趋势。借助这些宝贵洞察，企业能够精确定位并优化产品和服务，快速拓展市场。例如，一个专注于时尚服饰的电商平台，通过分析用户的浏览习惯、购买偏好及地域文化差异，能够为不同地区的消费者推荐符合其时尚口味和气候条件的服装，从而实现精准且高效的市场拓展。

（二）数据驱动与个性化服务

电子商务企业如同敏锐的数据捕手，利用先进的数据分析技术，收集并分析用户在平台上的每个行动痕迹，如浏览记录、购买历史和搜索关键词等，从而精准描绘用户的兴趣图谱和消费行为。基于这些洞察，企业能够为用户提供量身定制的商品推荐和个性化服务，仿佛为每个消费者配备了一位专属购物顾问。以综合电商平台为例，用户登录后，系统根据其购买和浏览历史智能推荐相关商品。若用户频繁浏览运动装备，平台将推送运动鞋、运动服等相关商品。这种精准推荐不仅提升了用户的购物体验，还增加了发现心仪商品的概率。同时，在用户需求调研中大数据支持的广告投放更高效，不仅可精准定位用户，还能降低广告成本投入。企业还能依托数据驱动模式助力管理模式转型与优化。例如，供应链管理实现了实时监控，帮助企业及时调整生产和库存策略，减少积压，提升物流效率，优化资源配置，进而提高运营效益。

（三）创新商业模式与生态系统建设

数字经济的兴起犹如一场商业革命，电子商务在其中不断创新模式，并开启生态系统建设的新历程。从平台层面来看，电子商务所依托的平台功能愈加丰富。除了支付、物流等基本功能外，供应链整合也成为亮点所在。总体而言，电子商务的运作效率得到了大幅提升。例如，一些电子商务平台通过整合上下游资源，实现从原材料采购到产品销售的全链路协同，有效缩短了供应链周期并降低了成本。同时，平台提供一站式购物服务，用户无须切换多个平台即可满足多样化需求。

电子商务始终处于风口浪尖，需要随时抓住机遇、应对挑战。这如同一块"磨刀石"，进一步雕琢电子商务，促进其打造更庞大的生态系统。在这一系统中，每个元素高度互动，并且在产业链中明确定位，支撑其高效发挥功能。例如，电子商务平台与支付机构合作为用户提供安全便捷的结算服务；

与物流公司协作确保商品的快速配送；通过数据分析服务商的支持，企业能深入挖掘用户数据，为精准决策提供依据。

电子商务企业积极应用新兴技术，如人工智能和区块链，推动行业创新。人工智能优化了用户体验，智能客服提升了服务效率；区块链确保了交易的安全性和可追溯性，有效防止数据篡改和欺诈。这些技术的融合推动了交易安全性的进一步提升，同时也让用户的购物体验更上一层楼。在这样的优势下，合作伙伴自然主动加入，从而形成互利共赢的局面。商家借助平台拓宽销售渠道，提升品牌知名度；平台通过丰富商品资源满足消费者需求；物流公司确保及时配送，提高用户满意度；支付机构提供安全便捷的支付方式，促进交易顺利完成。各方合作推动了生态系统的蓬勃发展，使电子商务行业焕发出新的活力。

（四）效益提升与成本降低

企业依托数据分析和信息化管理手段对各环节进行优化。例如，通过分析销售数据，企业能够及时调整产品策略和销售渠道，精准把握市场需求，提升转化率；实时库存监控系统帮助企业精确补货，避免库存积压或缺货，降低成本；客户关系管理系统使企业深入了解客户需求，提供个性化服务，提高客户忠诚度和满意度。

在供应链管理方面，电子商务企业通过大数据和人工智能技术实现了智能化优化。通过分析大量数据，企业能够精准预测市场需求，合理安排生产并优化库存布局，提高供应链的灵活性与响应速度。例如，某些电子商务企业利用人工智能算法，基于历史销售数据、季节性因素和促销活动等多维信息，预测未来产品需求，并提前进行生产和采购，确保供应链高效运作。同时，企业与物流公司紧密合作，实现物流信息实时共享与协同管理，从而优化配送路线、提高效率并降低成本。

数字经济时代，电子商务企业通过创新销售方式（如直播带货）显著提升了销量。在直播中，主播通过生动展示和详尽讲解，激发了消费者的购买欲望。平台的互动性使消费者能够实时提问，提高了其对产品的信任度。与传统广告不同，数字化广告更加精准，企业通过分析用户偏好，定向投放个性化广告，提高了转化率并降低了成本。

与此同时，企业加强了数据安全意识，采用加密和身份认证技术，保护用户隐私，减少泄露风险。这些措施不仅保障了用户权益，还维护了企业声誉，为企业长期发展奠定了坚实基础。

二、数字经济下电子商务的发展困境

（一）竞争激烈与市场饱和

在数字经济时代，电子商务行业竞争异常激烈，仿佛一片红海。随着互联网技术的普及和市场准入门槛的降低，越来越多的企业进入电子商务领域，各类平台层出不穷。然而，这片繁荣背后也隐藏着同质化竞争的困境。许多平台在产品、服务、营销等方面缺乏独特优势，往往导致它们陷入价格战。虽然价格战能在短期内吸引消费者，但长期依赖价格竞争会削弱利润空间，损害企业的盈利能力，难以维持持久的竞争力。

随着市场趋于饱和，新平台难以找到独特定位，现有平台也必须不断创新并提升服务，以维持市场份额。随着竞争的加剧，用户获取成本不断上升，企业不得不加大广告投入，这无疑增加了财务负担，其在激烈的竞争中脱颖而出的难度增加。

（二）信息安全与隐私问题

随着数字经济的快速发展，电子商务面临日益严峻的信息安全与隐私保护挑战。电子商务平台在收集和使用用户数据的过程中，个人信息泄露的风险不断增加。为提供个性化服务和精准营销，电子商务平台通常会收集大量敏感数据，如姓名、地址和联系方式等。这些数据在存储、传输和使用过程中，容易受到黑客攻击从而泄露，给用户带来极大风险。一旦敏感信息泄露，可能导致诈骗、骚扰等安全问题，严重影响用户的生活和财产安全。

网络支付从"微末"走向广泛应用，一方面带来了便捷，另一方面也使金融信息安全问题更加突出。例如，黑客可能攻击用户支付系统，窃取支付账号和密码，从而盗刷或套现，造成用户经济损失。支付系统的安全漏洞不仅损害用户利益，还可能引发信任危机，影响平台声誉。一旦发生安全事件，用户就可能转向其他平台，这无疑会加剧市场竞争。

（三）物流与供应链瓶颈

电子商务的快速发展给物流和供应链体系带来了巨大压力。随着电商订单量的激增，传统物流系统难以跟上市场需求的步伐。特别是在促销期间，订单量暴增常常使物流企业陷入"爆仓"困境，导致配送延迟，影响用户体验。物流配送速度直接影响用户满意度，延迟送达可能让用户对平台失去信任，进而不再选择该平台购物。因此，电子商务企业必须将提升物流效率和加快配送速度作为重点，以提升用户黏性。

供应链的不透明也对电子商务行业产生了负面影响。电子商务供应链涉及多个环节，任何环节的信息传递受阻都会降低整体供应效率，从而削弱供应链的稳定性和可靠性。缺乏有效的信息共享机制，使得信息在传递中容易延误或失真，企业难以实时掌握货物流动和库存情况。这种情况可能导致多种问题，例如在市场需求变化时，供应链反应迟缓可能错失销售机会，而生产过剩则会导致库存积压，增加运营成本。[①]

第五节　数字经济下电子商务高质量发展的策略

一、数字经济下电子商务模式的优化

（一）完善物流设施

物流设施是电子商务模式中不可或缺的一环，其完善程度直接影响企业的运营效率和客户满意度。在数字经济时代，物流设施智能化、自动化已成

---

① 周木子. 数字经济背景下电子商务发展的优势、困境与策略研究 [J]. 佳木斯职业学院学报，2024，40（7）：110-112.

为发展趋势。

一是仓库设施优化。企业应对仓库进行合理规划和布局，以提高仓库的空间利用率和货物存储效率。引入自动化设备和信息化管理系统，如自动化立体仓库、智能分拣系统等，可以显著提升仓储操作的效率和准确性。此外，通过数据分析预测库存需求，可以实现库存的精准控制，从而降低库存成本。

二是运输设施改进。应增加运输设备的数量和提升设备质量，以提高运输效率和运输能力。通过引入物流配送系统，实现智能路线规划和货物跟踪管理，不仅能够提高配送效率，还能增强配送可靠性。同时，还应加强与物流企业的合作，优化配送网络，缩短配送时间，进一步提升客户体验。

三是信息化平台建设。建立物流信息化平台，实现信息的快速共享和准确传递。通过统一的物流信息流和资金流平台，推动物流信息的透明化和全程可控。利用大数据分析技术，对物流数据进行深度挖掘和分析，为企业决策提供有力支持。

（二）合理整合电子商务资源

在数字经济背景下，电子商务资源的整合已成为提升企业竞争力的重要手段。通过转变经营模式、建立溯源体系、研发特色产品、创新电子商务形式以及智能营销与在线推送等措施，企业可以实现资源的优化配置，提升运营效率和市场响应速度。

一是转变经营模式。企业应积极探索线上线下融合的经营模式，通过构建全渠道零售体系，实现线上线下的无缝对接。通过线上引流、线下体验的方式，进一步提升客户体验和忠诚度。同时，加强与供应商的合作，推动供应链的协同管理，降低运营成本，提高市场竞争力。

二是建立溯源体系。在电子商务领域，建立溯源体系对提升产品质量和客户信任度具有重要意义。企业可以借助区块链等技术手段，对产品的生产、加工、运输等环节进行全程追溯，确保产品质量和安全。同时，将溯源信息公开展示给消费者，以提升消费者的购买信心和满意度。

三是研发特色产品。在激烈的市场竞争中，特色产品是吸引消费者的重要因素。企业应加大研发投入，根据市场需求和消费者偏好，开发具有独特卖点的产品。通过差异化竞争策略，提升产品的市场竞争力。

四是创新电子商务形式。首先，构建短视频平台直播电子商务生态。随着短视频平台的兴起，直播电子商务已成为电子商务领域的新热点。企业可以通过与短视频平台合作，打造直播电子商务生态，通过直播形式展示产品、解答疑问、促进销售。这种方式不仅提升了消费者的购物体验，还为企业带来了更多流量和销售额。其次，发展网络达人带货模式。网络达人在电子商务领域具有强大的影响力和带货能力。企业可以与网络达人合作，通过其推荐和带货提升产品的知名度和销量。在选择网络达人时，企业应根据产品特点和目标消费群体进行合理匹配，以确保合作效果的最大化。

五是智能营销与在线推送。在数字经济背景下，智能营销和在线推送成为企业提升市场响应速度和客户满意度的重要手段。企业可以利用大数据和人工智能技术，对用户行为进行深度分析，实现精准营销和个性化推荐。通过智能推送系统，将符合用户兴趣和需求的产品信息推送给用户，从而提高广告的转化率和用户的购买意愿。同时，企业还可利用社交媒体等渠道进行品牌推广和互动营销，增强与消费者的连接和互动。

（三）提高数据安全水平

在数字经济时代，电子商务需加速数字化转型，同时确保数据安全。企业应建立完善的安全防护体系，利用大数据等技术主动部署安全措施，提升数据保护能力。重点保障核心数据和业务，确保电子商务安全可持续发展。

首先，加强商业情报的收集与共享，建立安全防护中心，全面防范安全风险。其次，推动智能化运维，提升操作的简便性。利用人工智能技术主动识别风险，构建知识大脑，实现全面的数据保护。同时，融入开放思维，整合终端、平台、网络和服务，进一步提升安全服务水平。企业需高度关注网络安全隐患，引进先进技术，构建强大的信息安全管理体系，并优化存储、传输及数据处理功能，保障电子商务平台的安全运营。

（四）培养专业的电子商务人才

首先，要制定人才引进方案，根据地区需求筛选人才，既可以从本地区招聘，也可以通过与其他地区合作交流电子商务人才，实现互相学习与技能提升。其次，企业应拓展培养渠道。新员工入职后，应及时组织培训，使其了解企业情况，并与同行交流。定期举办经验分享会，讨论工作中的问题与解决方案。通过这种方式，不仅能够提升员工的积极性，还能加速技能的积累与提升，从而推动企业的长远发展。①

二、数字经济下电子商务与物流企业协同发展

在数字经济时代，电子商务与物流企业的协同发展已成为推动行业升级、促进经济高质量发展的重要途径。通过深化合作、优化资源配置，双方可以实现优势互补，共同提升服务质量和运营效率，进而推动整个产业链的协同发展。

（一）电子商务与物流企业协同发展路径与模式

1. 协同发展的意义

电子商务与物流企业的协同发展，对于提升产业链整体效率、降低运营成本、增强市场竞争力具有重要意义。一方面，电子商务的快速发展为物流企业提供了广阔的市场空间和业务需求；另一方面，物流企业的高效运作也为电子商务的顺畅进行提供了有力保障。双方通过协同发展，可以实现资源共享、风险共担，共同应对市场变化和挑战。

2. 协同发展路径选择

电子商务与物流企业协同发展的路径选择应基于双方的核心优势和市场需求。一方面，电子商务企业可以利用其平台优势和数据资源，为物流企业提供精准的市场预测和订单管理支持，帮助其优化配送网络和库存管理。另

---

① 陈亚男. 数字经济背景下电子商务模式发展困境与具体对策［J］. 商场现代化，2024（18）：27-29.

一方面，物流企业可以通过引入先进的物流技术和设备，提升运输效率和配送服务质量，为电子商务企业提供更加稳定、可靠的物流服务。双方还可以通过合作建设物流园区、仓储设施等基础设施，实现资源的共享和协同利用。

3. 协同发展模式构建

在协同发展过程中，电子商务与物流企业可以探索多种合作模式。例如，双方可以签订长期合作协议，明确各自的权利和义务，建立稳定的合作关系。此外，双方还可以共同投资设立合资公司或合作平台，整合双方资源，开展更深层次的合作。在合作过程中，双方应注重信息共享和沟通协作，建立高效的沟通机制和协同工作流程，确保合作的顺利进行。

（二）政策建议

为推动电子商务与物流企业的协同发展，政府应采取多项政策措施，为双方合作提供有力支持。

1. 加强科技创新合作

政府应鼓励电子商务与物流企业在科技创新领域开展深入合作，通过设立专项基金和提供税收优惠等方式，引导企业加大研发投入，推动物流技术的创新与应用。同时，加强科技基础设施建设，为电子商务与物流企业的协同发展创造良好的创新环境。

2. 完善法律法规体系

政府应加快健全电子商务与物流相关法律法规，明确双方的权责关系，规范市场秩序。通过制定行业标准和服务规范，提升服务质量与运营效率，切实保障消费者权益。此外，应加大监管力度，严厉打击违法违规行为，维护公平竞争的市场环境。

3. 支持产业链协同发展

政府应推动电子商务和物流企业与上下游企业建立紧密合作，促进产业链一体化发展。通过政策扶持和资金支持，引导企业加强产业链整合与资源共享，提升整体竞争力。同时，加强跨部门协作与信息共享，为产业链协同发展提供保障。

4. 优化基础设施建设

政府应加强对交通网络、仓储设施和信息网络等基础设施的建设与完善，提升物流运输效率和服务质量。此外，应推动基础设施智能化和绿色化改造，助力数字经济与绿色经济的深度融合，为电子商务与物流企业的可持续发展提供硬件支持。[①]

三、电子商务法：拥抱数字经济新时代

中国已是全球最大且最具活力的电子商务市场。为保障各方权益、规范行业行为并促进健康发展，2018年全国人大常委会制定了首部综合性电子商务法律。该法于2018年8月31日通过，并自2019年1月1日起施行。

《中华人民共和国电子商务法》共有七章八十九条，涵盖电子商务主要模式，明确经营者的责任与义务，规定了合同订立、争议解决、法律责任等内容。

法律总则在规定适用范围的同时，确立了创新鼓励、线上线下融合、公平诚信等原则，合理平衡了权益保障、秩序规范和可持续发展的关系。

第二章"电子商务经营者"占据了法律条文的一半，是全法的核心之一。第一节是"一般规定"，规范了登记要求及免登记情况，强调经营者应依法纳税并享受税收优惠，严禁虚假宣传、强制搭售和误导消费者的行为。第二节专门针对电子商务平台经营者作出规定，强调禁止滥用市场支配地位，以及平台在知识产权保护、消费者权益保护中的责任，并对平台相关义务作出规定，如保护用户信息、核实商户资质等。

第三章围绕电子商务合同进行规定。该合同是在商户与用户之间订立，合同内容应严谨到位，并对"快递与支付"相关内容醒目呈现。购买行为实际发生后，合同便正式生效，商户则要按照合同规定履行承诺。

第四章主要讲解电子商务争议解决，对其中囊括的争议解决方式一一分析和解读。并且规定电子商务经营者要履行提供原始合同和交易记录的义务，帮助消费者在维权时获得足够证据。

---

① 房雪. 数字经济背景下电子商务与物流企业协同发展研究［J］. 商场现代化，2023（24）：36-38.

第五章"电子商务促进"在以往政策基础上，通过法律形式固定了推动电子商务绿色发展、标准体系建设、电子签名和电子身份国际互认等关键措施，旨在优化政策法律环境，引领全球电子商务法律发展。

第六章"法律责任"明确了民事责任（损害赔偿）和行政责任（如罚款、停业整顿、信用处罚等）。这些责任条款与前述义务规定相呼应，确保法律的执行力与协调性。

全国人大常委会认为，《中华人民共和国电子商务法》是推动电子商务健康发展的促进法，保护消费者和平台经营者的权益，维护市场秩序和公平竞争。依法落实此法，将推动电子商务的持续健康发展。①

四、把握数字经济背景下电商直播带货的营销动因与关键问题

在数字经济蓬勃发展的今天，电商直播带货作为一种新兴的商业模式，正以前所未有的速度改变着传统零售业的格局。这一模式不仅融合了电子商务的便捷性与直播媒体的互动性，还通过实时互动、即时购买等特性，极大地提升了消费者的购物体验。本书旨在深入探讨数字经济背景下电商直播带货的本质、营销动因以及面临的关键问题，以期为相关企业和从业者提供有益的参考。

（一）数字经济背景下电商直播带货的本质

电商直播带货，简而言之，是指在电子商务平台上，通过直播形式展示商品、解答疑问、促进销售的一种新型零售方式。其核心在于利用直播技术，将商品展示、销售与娱乐互动融为一体，为消费者创造沉浸式的购物体验。与传统电商相比，直播带货更加注重实时互动与情感连接，使得消费者在购买过程中能够获得更多的参与感和信任感。在数字经济背景下，电商直播带货的本质在于利用大数据、人工智能等先进技术，实现精准营销与个性化推

---

① 张宝山. 电子商务法：拥抱数字经济新时代［J］. 中国人大，2019（2）：13.

荐。平台通过收集用户的浏览记录、购买历史等数据，分析用户的消费偏好与需求，进而为其推送符合其兴趣与需求的商品直播。同时，主播作为连接商家与消费者的桥梁，通过其个人魅力与专业知识，引导消费者做出购买决策，实现销售转化。

（二）数字经济背景下电商直播带货的营销动因

电商直播带货之所以能够在短时间内迅速崛起，并在数字经济时代占据一席之地，其背后有着深刻的营销动因。这些动因不仅推动了直播带货模式的快速发展，也为其未来的持续优化与创新提供了方向。

1. 流量营销模式下的进阶发展

在数字经济时代，流量是电商直播带货的核心资源。通过直播带货，商家能够有效吸引并转化潜在用户，实现销售增长。具体而言，流量营销模式下的进阶发展主要体现在以下几个方面：

（1）直播带货的流量获取

直播带货通过多元化渠道获取流量，包括社交媒体、搜索引擎、短视频平台等。商家通过与知名主播合作、投放广告以及开展联合营销等方式吸引大量用户进入直播间。同时，平台利用算法推荐机制，将直播间推送给感兴趣的潜在用户，进一步提高流量获取效率。

（2）直播带货的个性化推荐

借助大数据与人工智能技术，电商平台根据用户浏览记录、购买历史等信息，为用户精准推送个性化商品直播。这种精准推荐不仅提升了用户观看兴趣和购买意愿，还显著提高了直播间的转化效率。通过优化推荐算法，平台能够更准确地捕捉用户需求，实现高效的销售转化。

（3）直播带货的社交属性

直播带货具有显著的社交属性，主播与观众之间，以及观众与观众之间能够实时互动与分享心得。这种社交互动增强了用户参与感与归属感，同时促进了商品信息的传播与扩散。通过构建社群和开展粉丝运营，商家能够进一步巩固与用户的关系，提升用户忠诚度与复购率。

2. 营销要素下的业态发展

电商直播带货的快速发展离不开多种营销要素的协同作用。这些要素共同构成直播带货的核心竞争力，推动业态持续优化与创新。

（1）直播内容创意

直播内容是吸引用户关注并提升其购买意愿的关键因素。商家与主播需要不断创新直播形式与主题，以满足用户的多样化需求。例如，可通过情景剧、挑战赛、互动问答等形式增强直播趣味性与互动性；通过邀请行业专家或明星嘉宾，提升直播的专业性与权威性。此外，商家应注重直播内容的原创性与差异化，避免同质化竞争，这样才有可能在激烈的市场环境中脱颖而出。

（2）主播素质与形象

主播作为直播带货的核心角色，其专业素养和形象直接影响用户的观看体验和购买决策。一名优秀的主播应具备丰富的产品知识、良好的沟通能力以及灵活的应变能力，能够根据用户需求和反馈及时调整直播策略。同时，主播的形象和风格需与品牌形象及产品定位保持一致，从而树立统一的品牌价值观。通过持续的培训和学习，不断提升主播的专业素质和综合能力，以更高质量的内容服务用户并传递品牌价值。

（3）直播间的布置

直播间的设计对提升用户观看体验和激发用户购买欲望至关重要。商家需注重直播间场景的设计与氛围的营造。例如，精心挑选布置背景、灯光效果和道具搭配，打造符合品牌形象和产品特点的直播环境。同时，直播间应注重功能性和互动性的结合，可设立商品展示区、互动问答区等专属区域，以提升用户的参与感和购物体验。在视觉优化上，需合理利用空间，突出商品陈列，确保观众可以清晰地查看商品细节。在互动增强上，可以通过问答区、弹幕反馈和虚拟展示台，激发用户讨论兴趣，并让用户能够即时提出问题或评论，增加对产品的信任感与认同感。

（三）数字经济背景下电商直播带货的关键问题

1. 关键因素的干预问题

直播带货因其强互动性和即时性受到热捧，但同时也面临许多挑战，特别是在商品质量和售后服务保障方面。商品质量是决定消费者购买信心的核心因素，由于消费者无法亲自触摸或试用商品，他们完全依赖于主播的介绍与视频展示。对此，商家需建立严格的商品筛选体系，确保上架商品符合各项安全标准，并及时下架过期或不合格商品，从源头保障消费者权益。此外，完善的售后服务体系也是提升消费者购物体验的关键，这不仅有助于增强品牌信任，还能培养客户忠诚度。商家应提供全天候客服支持，让消费者能够随时反馈问题或提出诉求。同时，应革新订单管理系统，例如引入订单追踪模块，让消费者实时掌握物流动态。这不仅能提升订单的安全性，还能让消费者感受到被尊重与便利。

在硬件设施完善的同时，商家也需加强"软实力"建设。商户应具备诚信与公平的意识，并不断提升专业能力，同时注重对客服、主播等与消费者直接关联岗位的培训，确保服务水平的稳步提升。

2. 过度消费现象严重

直播带货行业的快速发展在推动经济发展的同时，也带来了潜在的过度消费问题。通过营造"机会难得"或"限量优惠"的紧迫氛围，直播间容易让消费者在心理压力和时间限制下作出冲动消费的决定。这不仅扰乱了消费者的日常消费计划，还可能导致财务压力。部分商家通过"限时折扣""秒杀"等策略人为制造紧张感，引导非理性消费，这种依赖价格战的方式若长期持续，可能导致商品质量参差不齐，加剧行业的不健康竞争。为此，商家应加强营销策略的道德自律，避免诱导性消费行为，同时应通过合理的宣传与教育，强化消费者的理性消费意识，从而促进行业的长期健康发展。此外，直播带货中的过度消费现象还反映出消费者自我防范意识的薄弱。很多人因盲目跟风、追求新鲜感或过度信任主播，忽视了价格的合理性。监管部门与行业组织应加强消费者权益保护的宣传，引导理性消费行为，通过普及金融管理与消费规划知识，提升公众的消费素养。

任何行业想要实现健康发展，离不开多方共同努力。监管机构需强化行业准入制度的监督，严格执行标准，对不合规企业进行惩处并取消其经营资格；电子商务平台应完善服务流程，督促商家提供优质服务；主播也应承担社会责任，避免传播虚假或夸大信息；而消费者则需提高辨别能力，理性规划自己的消费行为。通过各方的协同努力，才能实现直播带货行业的健康有序发展。

3. 营销本末倒置

当前的直播带货模式常因过度追求短期销售，而忽视了消费者的需求和购物体验。这种营销模式亟须改进。销售增长与消费者满意度并非对立，二者的平衡会对行业发展前景产生很大影响，也决定了品牌的生命力是否旺盛和持久。直播带货不同于线下卖货，主播要更加重视与消费者互动的效果，尽可能让消费者产生情感共鸣。消费者进入直播间后，会对商品功能价值进行审视，也会对主播表现做出判断，如果不符合自身审美或者主播话语中含有太多"功利化"的内容，往往会及时退出直播间。平心而论，主播想要提升销售量，势必会在直播话语中呈现"功利化"内容，但只要控制好程度，就不会破坏这一平衡状态。可是实际情况中，很多主播却没能掌握好"度"，造成消费者产生抵触心理。

（四）电商直播带货行业的健康发展对策

1. 提高行业准入门槛

提高行业准入门槛是保障电商直播带货质量的重要举措。当前，部分直播带货主播缺乏必要的专业知识和职业道德，导致直播内容质量参差不齐，甚至存在虚假宣传和欺诈行为。因此，应建立严格的资质审核机制，要求主播具备基本的商业知识、良好的职业操守以及对产品有深入的了解。对于涉及食品、药品等特殊商品的直播，还需强制要求主播具备相关专业资格并进行认证，以确保直播内容的合法性和专业性，最大限度保障消费者权益。

2. 建立行业准入制度

除了个人主播，还需从整体行业层面建立全面的准入制度。建议制定统一的行业标准与规范，明确直播带货的操作流程、责任划分及违规处罚措施。可通过设立行业协会或专业监管机构，对直播平台及主播进行定期审核与评估，确保其运营行为符合法律法规及行业规范。此外，应完善消费者投诉举报机制，建立便捷高效的监督通道，鼓励公众参与监督，共同推动行业规范化发展。

3. 加强技术创新

技术创新是推动电商直播带货行业健康发展的关键动力。一方面，应鼓励直播平台运用大数据、人工智能等先进技术，提高用户体验和直播效果。例如，通过精准算法推送用户感兴趣的产品，或利用虚拟现实和增强现实（AR）技术打造沉浸式购物场景。另一方面，应注重直播内容监管技术的研发，如开发智能识别系统，自动过滤虚假宣传、低俗内容等不良信息，确保直播内容健康合规。同时，技术创新还应聚焦于供应链效率与产品质量管控。例如，建立智能化供应链管理系统，实现库存、物流、销售等环节的实时监控与优化，减少中间环节以降低成本，提升整体运营效率。此外，通过区块链技术追溯产品来源，可提高消费者对商品质量的信任度。[①]

① 王佳佳. 数字经济背景下电商直播带货的营销动因与关键问题探析 ［J］. 现代商业，2024
（16）：16-19.

第三章　数字经济下农村电子商务发展研究

在数字经济的推动下，农村电子商务成为促进农村经济发展的关键力量。它不仅为农村消费者提供了更多选择，还在农产品销售、就业增加和精准扶贫等方面起到了重要作用。本章将分析农村电子商务的发展模式、现状及面临的问题，探讨优化发展的策略，重点阐述其如何借助数字经济实现突破和提升，并应对相关挑战，展示其在数字时代的发展全貌。

第一节　农村电子商务发展的意义、要素

一、农村电子商务发展的意义

（一）为农村消费者提供多样化选择

我国农村人口众多，随着生活水平的提高，农村消费者对日用商品的需求不断增加，但长期以来，这些需求未能得到充分满足。主要原因在于农村地区实体店铺稀缺，消费者选择有限，无法充分释放消费潜力。农村建立电子商务平台后，可以拓展"店铺"数量，让消费者在购买时拥有更大选择空间，并且能够根据自身个性需求选择商品。

（二）农产品信息公开化，降低农民种植盲目性

在传统交易模式下，农产品往往需要经过批发商、零售商等多个中间环

节，导致农民无法直接与市场对接，缺乏有效的市场信息。这使得他们通常根据经验或邻里种植情况决定作物种类，造成市场过度饱和，农产品滞销。同时，消费者抱怨价格过高，形成了"农民卖难、消费者买难"的困境。通过农村电子商务，农民能够直接与消费者交易，减少了中间环节，降低了交易成本，并能及时掌握市场需求变化，从而避免盲目种植，降低滞销风险。

（三）扩大农产品市场规模

传统的农产品交易模式是以"现货交易"，即"一手交钱，一手交货"为基础的，交易市场虽然多，但规模小且分散，并且时空限制十分明显。相比之下，电子商务打破了这些限制，农产品交易不再受时空约束，消费者可以随时随地进行购买，极大提升了交易效率，也推动了农产品市场占有率的不断增加。

（四）增加农村就业机会

由于农村基础设施落后和就业机会匮乏，许多外出人员不愿返乡，导致劳动力短缺。然而，农村电子商务的发展吸引了越来越多的人回乡，他们通过开设网店等参与电子商务行业，创造了更多就业机会，改善了当地经济。

（五）助推精准扶贫

在十八届五中全会中，习近平总书记提出，到 2020 年，我国将全面建成小康社会，实现 7000 多万农村贫困人口全部脱贫。农村电子商务为精准扶贫提供了有效途径。通过加强贫困地区的电子商务宣传、发展与培训，借助电子商务平台，将当地特色农产品推向市场，打造区域品牌，推动经济增长，助力脱贫攻坚。①

二、农村电子商务发展的要素

农村电子商务想要更好发展，离不开两类要素的支撑，分别是核心要素

---

① 程艺苑. 农村电子商务发展意义及问题探究 [J]. 太原城市职业技术学院学报，2018（1）：37-39.

和外围要素。前者地位更为重要，如果这一方面缺失，几乎不可能获得成功；后者主要发挥外在推动作用，虽不是决定性因素，但也不容忽视。

（一）农村电子商务发展的核心要素

政府努力和农民电子商务能力共同构成农村电子商务核心要素的两个方面：

1. 政府努力是农村电子商务发展的核心驱动力

发展农村电子商务是一项大事业，需要有力的领导者引领前行。领导者能力越强，电子商务启动的保障越大。我国很多地区取得了成功，如通榆模式、遂昌模式、丽水模式等典型案例，分析后可以看出当地政府对电商给予了极大的支持。领导者有信心、有动力，农民也会积极响应，并在电子商务发展中投入更多精力。

2. 农民电子商务能力是农村电子商务发展的另一个核心驱动力

农民要投身电子商务，首先需要有迫切改变生活现状的愿望。在这种内在动力的驱动下，他们才可能积极参与到电子商务创业中。我国一些农民已经通过电商取得了成功，积累了宝贵的经验。例如，清河利用羊绒产业的优势、桐庐凭借独特的地理资源、沙集通过第三方平台销售简易家具等模式，均依托当地特色产业和资源取得了成效。如果农村电商想要进一步做大做强，仍需继续巩固原有优势。

（二）农村电子商务发展的外围要素

1. 农村电子商务硬件要素分析

农村电子商务的发展依赖于硬件要素，如互联网设备、电力供应和土地使用。电力的稳定性直接影响农村经济的健康发展，尤其在偏远地区，电力供应状况往往反映了政府对农村经济支持的程度。互联网设备的完善也是关键，目前我国多数农村地区仍缺乏足够的互联网基础设施，农民的互联网知识普遍匮乏，这限制了电子商务的成长。尽管在初期土地因素的影响较小，但随着电子商务规模的扩大，土地问题逐渐成为发展的重要制约因素。

2. 农村电子商务平台要素分析

农村电子商务的成功依赖于财力、信息、信用和物力等要素的支持，尤其是由第三方机构或政府搭建的电子商务平台。资金流、信息流、信用控制和物流的有效整合是平台发展的基础，且对农村电子商务的推广至关重要。这些平台通常具备流程化、易得性和常规化特点。在信息流方面，平台应确保市场信息的及时、准确传递，这有助于促进农村电子商务的成长与发展。当信息能够持续不断地传达至农村各个信息节点时，电商业务便能顺利启动。资金流转则是确保双方顺利交易的关键，尤其在农村电商中，资金流转的安全性至关重要。此外，控制物流成本是农村电子商务面临的重要挑战，尤其是在广阔的农村地区，物流费用高于城市，甚至成为经营成本中的大头。降低物流成本将成为农村电商竞争力的关键优势。

3. 农村社会政治、人员和社会环境要素分析

农村参与电子商务的人员将对电子商务发展质量产生影响。具体来说，除了农村商户外，农产品生产者、物流人员、网络培训师、公司管理者等也都各具作用。当地的社会经济和政治环境对农村电子商务，尤其是其后期发展至关重要。地方政府应准确定位，发挥服务作用，而非过度干预市场经济的自然发展。只有在为电商提供保障的前提下，才能有效推动农村电商的可持续发展。①

第二节　数字经济下农村电子商务发展模式

一、农村电子商务与数字经济和实体经济融合的创新模式

（一）农村电子商务和实体经济融合的必要性

1. 数字经济赋能农村电子商务发展

在信息技术飞速发展的今天，数字经济已成为推动社会经济发展的重要

---

① 王刚. 基于我国农村电子商务发展的关键要素解析［J］. 现代商业，2017（22）：90-91.

力量。作为数字经济的重要组成部分，农村电子商务的发展离不开数字经济的赋能。数字经济通过大数据、云计算、物联网等先进技术，为农村电子商务提供了强大的技术支持和数据处理能力，使其能够更加精准地把握市场需求，优化供应链管理，提升运营效率。一方面，数字经济为农村电子商务提供了丰富的数据源。通过大数据分析，农村电子商务可以深入了解消费者的购买行为、偏好和需求，从而进行精准营销和个性化推荐，提高销售转化率。同时，数字经济有助于优化库存管理，减少库存积压和浪费，提高资金周转率。另一方面，数字经济为农村电子商务提供了便捷的交易平台。借助云计算和物联网技术，农村电子商务能够实现商品的快速上架、下架及物流追踪，提升交易效率和用户体验。此外，数字经济还推动了农村电子商务支付体系的创新，使农民能够更加便捷地进行在线支付和结算，降低交易成本和时间成本。

2. 农村电子商务带动实体经济发展

农村电子商务的发展不仅促进了农产品的销售和农民增收，还带动了实体经济的发展。通过电子商务平台，农产品可以突破地域限制，销往全国各地乃至全球市场，为农民提供了更广阔的销售渠道和增收途径。同时，农村电子商务还促进了农村物流、仓储、包装等相关产业的发展，为农村经济注入了新的活力。农村电子商务的发展还带动了农村旅游业和文化创意产业的蓬勃发展。许多农村地区凭借其独特的自然风光和民俗文化，通过电子商务平台进行宣传和推广，吸引了大量游客前来观光旅游和体验当地文化。这不仅促进了农村旅游业的繁荣，还带动了餐饮、住宿、交通等相关产业的发展，为农村经济的多元化提供了有力支撑。此外，农村电子商务还促进了农村小微企业和个体工商户的发展。通过电子商务平台，这些企业和个体工商户能够更加便捷地获取市场信息、拓展销售渠道和降低运营成本，从而增强市场竞争力和盈利能力。

（二）农村电子商务与实体经济融合的创新模式与实践

1. 完善农村数字基础设施建设

完善农村数字基础设施建设是推动农村电子商务与实体经济融合发展的

重要前提。当前，我国农村地区在数字基础设施建设方面仍存在较大差距，制约了农村电子商务的发展。因此，需要加大投入，完善农村宽带网络、移动通信、数据中心等基础设施建设，提高网络覆盖率和传输速度，降低上网成本，为农村电商的发展提供坚实的网络基础。同时，还应加强农村物流配送体系建设。农村物流配送是农村电子商务发展的关键环节之一。然而，目前农村地区物流配送体系尚不完善，存在配送成本高、效率低等问题。因此，需要整合物流资源，优化配送网络布局，提高配送效率和服务质量。可以鼓励和支持物流企业在农村地区建立配送站点和仓储设施，加强与电子商务平台的合作，实现资源共享和优势互补。

2. 培育农村电子商务人才队伍

人才是推动农村电子商务与实体经济融合发展的关键要素。当前，我国农村地区在电子商务人才方面存在较大缺口，制约了农村电子商务的发展。因此，需要加大人才培养力度，培育一支高素质、专业化的农村电子商务人才队伍。一方面，可以通过开展电商培训、讲座、研讨会等形式，提高农民的电子商务意识和操作技能。例如，邀请电子商务专家、成功创业者等为农民传授电子商务知识和经验，帮助他们了解电子商务发展趋势和市场需求，掌握电子商务运营与管理技能。另一方面，可以鼓励和支持高校、中职等教育机构开设电子商务相关专业和课程，培养电子商务专业人才。同时，还可以加强与企业的合作，建立实训基地和创业孵化中心等平台，为学生提供实践锻炼和创业的机会。

3. 创新农村电子商务商业模式

创新农村电子商务商业模式是推动农村电子商务与实体经济融合发展的重要途径。当前，农村电子商务在商业模式上仍存在单一、同质化等问题，难以满足市场的多元化需求。因此，需要积极探索并创新农村电子商务商业模式，推动农村电子商务向多元化、个性化、品牌化方向发展。一方面，可以发展农产品直播电子商务、社区团购等新型电子商务模式。通过直播展示农产品的生长环境、种植过程等信息，增强消费者对产品的信任感和购买意愿。同时，可以利用社区团购模式整合社区资源，降低物流和时间成本，提高配送效率和服务质量。另一方面，可以推动农村电子商务与旅游业、文化创意产业等融合发展。通过电子商务平台宣传和推广农村旅游资源及文化创意产品，吸引游客前来观光旅游和体验当地文化。同时，还可以将农产品与旅游、文化等产业相结合，打造具有地方特色的品牌产品和文化旅游产品，提升产品附加值和市场竞争力。

4. 加强农村电子商务企业与实体企业的合作

加强农村电子商务企业与实体企业的合作是推动农村电子商务与实体经济融合发展的重要举措。当前，农村电子商务企业与实体企业之间仍存在信息不对称、合作不紧密等问题，制约了双方的发展。因此，需要建立健全合作机制，加强双方的合作与交流。一方面，可以建立信息共享平台，实现农村电子商务企业与实体企业之间的信息共享与资源整合。通过平台发布市场信息、产品信息、物流信息等数据资源，帮助双方更好地了解市场需求和供应链情况，优化资源配置和生产计划。另一方面，可以开展联合营销和推广活动。农村电子商务企业可以利用自身在营销和推广方面的优势，帮助实体企业拓展销售渠道和市场范围；实体企业则可以利用其在产品质量、品牌信誉等方面的优势，为农村电子商务企业提供优质的产品和服务支持。两者通过联合营销和推广活动，实现双方的互利共赢和共同发展。此外，还可以鼓励和支持农村电子商务企业与实体企业开展深度合作与创新。例如，可以共同开发新产品、新服务和新模式等创新项目；共同投资建设物流配送、仓储设施等基础设施项目；共同开展品牌建设、市场推广等营销项目。通过深度合作与创新，推动双方实现优势互补和资源共享，提升整体竞争力和盈利能力。①

二、农村电子商务"一体两翼"发展模式演变

我国农村电子商务发展历经"自发涌现—集群发展—生态体系形成"三个阶段，并逐步构建了具有中国特色的"一体两翼"发展模式，即以"创业

---

① 杨博. 农村电商与数字经济和实体经济融合的创新模式与实践研究 [J]. 上海商业，2024（3）：41-43.

农民"为核心，依托"电商平台赋能"和"政府帮扶支持"两大翼，推动农村电子商务发展。具体而言，"创业农民"应主动挖掘农村特色产业与电子商务的结合点；"政府，推动农村电子商务发展支持"则应提供完善的公共产品，推动农村数字经济和网络经济发展；而"电商平台赋能"则需注重技术创新和应用，发挥平台的连接与支持作用。

（一）"一体两翼"模式原理

农村电子商务的"一体两翼"模式是一种兼具创新性和战略性的综合发展路径，旨在通过资源整合与结构优化，推动农村电子商务的高质量发展。"一体"指的是以邮政窗口资源为基础，构建线上线下综合便民服务平台。该平台不仅包含传统的邮政服务，还融入了现代电子商务元素，形成了商流、物流、信息流三位一体的综合服务体系。通过这一平台，农民可以便捷地获取市场信息、销售农产品、金融服务，从而大幅提升农村经济的活力和效率。"两翼"分别为金融翼和寄递翼。金融翼专注于为农村电子商务提供全面的金融服务支持，包括支付结算、信用贷款、保险等，解决了农村电子商务发展中的资金瓶颈问题。金融服务的深入介入，不仅促进了农村电子商务的快速发展，还提升了农民的金融素养和信用意识。寄递翼则着力优化农村物流配送体系，确保农产品能够快速、安全地送达消费者手中。通过加强仓储、分拣、配送等环节的建设与管理，寄递翼有效降低了物流成本，提高了物流效率，为农村电子商务的可持续发展提供了有力保障。"一体两翼"模式的实施不仅促进了农村电子商务与实体经济的深度融合，还推动了相关产业的协同发展。通过资源整合和结构优化，农村电商的基础更加稳固，发展动力更加充沛，为乡村振兴战略的深入实施注入了新的活力。

（二）"一体两翼"模式演变

1. 早期"一体两翼"模式

早期的"一体两翼"模式核心在于将"创业农民"作为主体，以"电商平台赋能"和"政府帮扶支持"为两翼，推动农村电子商务的初步发展。在这个时期，农村电子商务的发展处于自发涌现阶段，创业农民成为农村电子商务的主力军。凭借对当地农产品和市场需求的深刻理解，创业农民积极利用电子商务平台将农产品推向全国市场。电子商务平台通过技术支持帮助农民解决运营中的技术难题，提高销售效率。同时，政府通过出台一系列扶持政策，如税收优惠、资金补贴等，为电商发展提供支持。然而，早期模式也存在技术支持有限、政府政策执行不到位等问题。

2. 中期"一体两翼"模式

随着农村电子商务的快速发展，中期"一体两翼"模式逐渐形成，并在继承早期模式的基础上，增强了电子商务平台的技术支持与服务能力，更加注重政府与电子商务平台、创业农民之间的协同合作。在这个时期，电商平台加大了技术创新投入，通过大数据分析、物联网技术等，为农民提供精准的市场预测、营销策略以及全程追溯服务，提升了农产品的附加值和竞争力。此外，电子商务平台与金融机构的合作也为农民提供了便捷的融资服务，解决了资金瓶颈问题。政府方面，加强了政策的落地和执行，并推动了农村电子商务与实体经济的深度融合，进一步完善了产业生态系统。中期模式有效推动了农村电子商务的快速发展，提升了电子商务平台的服务能力，提高了农民的电子商务运营水平。

3. 当前"一体两翼"模式

当前模式在继承和发展前期模式的基础上，注重创新和可持续发展。随着数字经济的快速发展和农村电子商务市场的成熟，"一体"与"两翼"方面均进行了全面优化升级。在"一体"方面，创业农民的角色更加多元化，他们不仅是农产品的生产和销售者，还积极参与品牌建设、营销推广等环节，推动农村电子商务向品牌化、专业化方向发展。同时，越来越多具备专业知识和技能的年轻人加入农村电子商务，为其注入了新的活力。在"两翼"方面，电子商务平台引入人工智能、区块链等前沿技术，实现了智能化和个性化服务。通过人工智能提升销售转化率，通过区块链技术保证农产品的全程追溯和防伪验证。同时，电子商务平台与物流、金融等行业合作，构建更加完善的农村电子商务生态系统。政府则更加注重政策创新与可持续性，推动政策灵活多样，以更好地适应市场需求并支持乡村振兴战略。当前模式推动了农村电子商务的高质量发展，并促进了农村经济的全面振兴，成为乡村振兴的重要推动力。[①]

三、数字经济下"社交+电商"模式

在数字经济背景下，我国农村电子商务主要依托"社交+电商"模式与主流平台合作，但受限于市场利润分配、基础设施建设和电商人才资源，农村电子商务平台发展仍较为滞后。为促进其稳健可持续发展，需要探索创新发展路径，抓住数字经济发展机遇。

（一）农村电子商务平台发展模式的创新思考

1. 创新农村电子商务平台 B2B 模式

传统农村电商平台多聚焦于 B2C 模式，即直接向消费者销售农产品。然而，随着农村电商市场的不断发展，B2B 模式逐渐成为新的创新方向。在 B2B 模式下，农村电商平台作为中介，连接农产品生产者与大型采购商或餐饮企业，实现批量采购与销售。这种模式不仅有助于提升农产品的销售规模，还能通过减少中间环节，降低交易成本，提高供应链效率。同时，B2B 模式还能促进农产品标准化和品牌化建设，提升农产品附加值，为农村电商平台的可持续发展奠定坚实基础。

2. 创新农村电子商务平台金融服务模式

农村电商平台在金融服务领域的创新，为解决农村金融服务不足问题提供了新的思路。通过整合金融资源，农村电商平台可为农户提供贷款、保险等多元化的金融服务。例如，平台可根据农户的交易数据和信用记录，为其提供定制化的融资方案，解决资金短缺问题。此外，电商平台还可引入第三方金融机构，共同开发适合农村市场的金融产品，如农产品供应链金融等，进一步提升金融服务的覆盖面和便捷性。这种金融服务模式的创新，不仅有

---

① 张丽群，顾云帆，高越. 农村电子商务"一体两翼"发展模式演变［J］. 商业经济研究，2020（21）：143-145.

助于缓解农户的资金压力，还能促进农村电商平台的生态化发展，形成良性循环。

3. 创新农村电子商务平台物流服务模式

尽管生鲜农产品是农村电商的主要卖点，但由于保质期短，要求高效物流服务，所以创新物流模式至关重要。当前，我国农村电商物流主要依赖于主流平台的第三方物流，但受限于经济区位和市场价格，难以完全满足农村地区需求。为了促进发展，农村电商应探索更多物流模式，如自营物流、自提物流和众包物流等。自营物流能保证质量，但成本高；自提物流适用于短途，节省人力且加快交付；众包物流能解决"最后一公里"问题，但存在诚信和质量保障的风险。终端消费者可根据需求选择合适的配送模式。

（二）数字经济背景下农村电子商务平台的发展策略

1. 加强农村物流基础配套设施建设

在数字经济背景下，农村电子商务平台的发展离不开完善的物流基础设施。当前，农村地区物流设施相对薄弱，配送成本高、效率低，严重制约了农村电商的发展。因此，加强农村物流基础配套设施建设成为当务之急。具体而言，应加大对农村物流基础设施的投资力度，完善农村公路网，提高乡村道路等级，确保物流车辆能够顺畅通行。同时，积极推动农村物流站点建设，合理规划布局，确保每个行政村至少有一个物流站点，实现"村村通快递"。此外，还应鼓励物流企业采用先进技术和设备，提高物流作业效率，降低物流成本，为农村电子商务的发展提供有力支撑。

2. 构建农村电子商务平台的产业化标准

农村电子商务平台要实现可持续发展，必须构建完善的产业化标准。这包括产品质量标准、交易流程标准、售后服务标准等多个方面。在产品质量方面，应建立严格的农产品质量检验体系，确保上线的农产品符合国家相关标准和消费者需求。同时，鼓励农户采用绿色、有机种植技术，提高农产品的品质和附加值。在交易流程方面，应优化交易流程，简化操作步骤，提高交易效率。同时，加强交易安全监管，保障交易双方的合法权益。在售后服务方面，应建立完善的售后服务体系，及时解决消费者在使用过程中遇到的问题，提高消费者满意度和忠诚度。

3. 加大国家政策的扶持力度

农村电子商务平台的发展离不开国家政策的支持。政府应加大对农村电子商务平台的扶持力度，制定更加优惠的税收政策、财政补贴政策等，降低农村电子商务平台的运营成本。同时，政府还应加强与其他部门的沟通协调，形成政策合力，共同推动农村电子商务平台的发展。此外，政府还应加强对农村电子商务平台的监管和指导，确保其合规经营。通过建立健全监管机制，规范市场秩序，打击假冒伪劣等违法行为，保护消费者合法权益。同时，政府还应加强对农村电子商务平台的业务指导和技术支持，帮助其提升运营水平和服务质量。

4. 加强农村电子商务领域人才培养

农村电子商务领域的发展需要大量专业人才的支持。因此，加强农村电子商务领域人才培养成为推动农村电子商务平台发展的重要举措。一方面，应鼓励高校和职业培训机构开设农村电子商务相关专业和课程，培养具有专业技能和实践经验的人才。通过校企合作、产教融合等方式，将理论知识与实践操作相结合，提高学生的综合素质和就业竞争力。另一方面，应加强对现有从业人员的培训和教育，提升其专业素养和服务能力。通过定期举办培训班、研讨会等活动，传授先进的运营理念和技术手段，帮助从业人员适应市场变化和技术更新。同时，还应鼓励返乡创业青年、大学生村官等群体投身农村电子商务事业，发挥其熟悉农村、了解市场的优势，推动农村电子商务平台的创新发展。通过政策引导和资金扶持等措施，激发其创业热情和创新能力，为农村电子商务平台的发展注入新的活力。[①]

---

① 马天娥. 数字经济背景下农村电商平台的创新与发展策略［J］. 投资与合作，2023（7）：98-100.

第三节 数字经济下农村电子商务发展现状

电子商务下沉至农村，显著推动了农村经济的增长。如今，电商购物已成为常态，甚至一些偏远农村也已建立了物流网络。数据显示，2020 年我国农村电商零售额达到 1.79 万亿元，同比增长显著。农产品网络销售额的增加表明农村电子商务呈现增长趋势，且发展前景广阔。然而，尽管农产品电商销售额不断上升，大部分销售份额仍掌握在农产品加工企业手中，而非农民自主生产的销售渠道。这意味着，虽然电子商务平台的农产品销售额较大，但利润更多流向了生产企业，农民从中获得的经济效益依然有限，仍未真正掌握农村电子商务的主导权。

一、电子商务意识尚未觉醒

在数字经济蓬勃发展的背景下，农村地区的网购逐渐成为日常，民众对网购的态度也从最初的质疑转变为如今的积极参与。然而，这一转变主要体现在消费端，农村居民仍主要以购物者的身份存在，缺乏主动投身电子商务发展的意识。在农产品生产环节，农户依旧困于传统的集中收购模式，习惯性地等待收购商上门，缺乏通过电子商务开拓销售渠道和提升产品价值的创新思维。尽管部分农户了解电子商务平台，但仍主要通过企业出售农产品，由企业通过电商渠道获利，而农户仅获得微薄利润。这种模式极大地限制了农户收入的增长，也延缓了农村经济向电商化转型的进程。目前，农户自发开展电子商务业务的意识普遍薄弱，成为农村电子商务深入发展的最大障碍。

二、电子商务人才严重匮乏

随着数字技术的飞速发展，大数据和智能化技术已广泛渗透各个领域，尤其是在农村电子商务行业，专业人才的需求愈加迫切。电子商务格局经历了深刻变革，除了阿里巴巴、京东等传统电商平台外，抖音、快手等短视频带货平台的崛起，为电商带来了更多形式和内涵。这些新兴平台不仅拓宽了销售渠道，还通过内容创作和粉丝互动提高了用户黏性和忠诚度，从而提高了产品销售转化率。然而，这也对从业者提出了更高的要求。对于多数农户来说，文化程度较低且对新兴技术的接受能力较弱，从认知到熟练使用电子商务平台进行销售，往往需要较长的学习和实践过程。此外，农村经济现状和青壮年劳动力外流，导致许多农村地区的劳动力主要为老年人和儿童，造成了严重的人才短缺问题，尤其是在运营管理、营销推广、数据分析等专业领域。这一人才缺口，严重制约了农村电子商务的发展与壮大。

三、资金投入捉襟见肘

在数字经济时代，农村电子商务的扩展需要充足的资金支持。开展电子商务业务需购买设备和网络设施，为农产品提供线上展示平台。同时，还需投入资金进行营销推广，以提高产品的市场认知度。然而，许多农户对电子商务的投资回报缺乏清晰认识，难以决定投入资金，尤其在偏远地区，因经济条件限制，他们难以承担电子商务运营中的各项费用，导致电子商务发展受阻，难以实现可持续增长。

四、物流网络疏而不畅

在互联网技术驱动的电子商务体系中，完善的物流网络是确保产品顺畅流通的关键。电子商务依赖于快速流转和精准配送，这要求物流体系能及时将农产品从农村输送到全国各地，以满足消费者需求。然而，农村地区交通基础设施滞后，物流企业不愿进驻，导致网点稀少，物流成本居高不下。由于农村订单量较少，物流费用无法摊薄，显著降低了农产品的竞争力。此外，物流配送网络的下沉深度不足，许多偏远地区仅有乡镇级物流驿站，无法保障配送效率，"最后一公里"问题依然未解决，严重制约了农村电商的发展和农产品的流通。[①]

---

① 舒晟. 数字经济时代农村电子商务发展现状与建议［J］. 现代商业，2022（20）：36-38.

第四节 数字经济下农村电子商务优化发展的策略

一、数字经济加速农村电子商务的生态建设

(一) 推动农村信息化建设

农村信息化建设是数字经济时代农村电子商务发展的基石。通过加强农村地区的网络基础设施建设，提升信息通信技术的普及率，可以有效缩小城乡之间的信息鸿沟，为农村电子商务的发展奠定坚实基础。一方面，政府应加大对农村网络基础设施的投资力度，推动光纤网络、4G/5G 移动网络向农村地区延伸，确保每个行政村都能享受到高速、稳定的网络服务。同时，鼓励电信运营商降低农村地区的网络使用费用，提高农民上网的积极性和便利性。另一方面，应积极推广智能终端设备在农村地区的应用，如智能手机、平板计算机等，让农民能够便捷地获取和发布信息。此外，还应加强农村地区的信息化教育和培训，提升农民的信息素养和电商应用能力，使其能够更好地利用电商平台进行创业和增收。

(二) 完善农村物流运输机制

物流运输是农村电子商务发展的关键环节。在数字经济背景下，完善农村物流运输机制，提高物流效率和服务质量，对于推动农村电子商务的快速发展具有重要意义。首先，应构建覆盖城乡的物流配送网络。通过整合现有的物流资源，建立县、乡、村三级物流服务体系，实现快递进村、入户。同时，鼓励物流企业与电商平台合作，开展共同配送、智能配送等业务，降低物流成本，提高配送效率。其次，应加强农村物流基础设施建设。加大对农村道路、仓储、分拣等基础设施的投入力度，改善农村物流条件。同时，推动冷链物流技术在农村地区的应用，确保生鲜农产品在运输过程中的品质和安全。最后，应提升农村物流信息化水平。通过引入物联网、大数据等现代

信息技术，实现物流信息的实时监控和智能调度。同时，建立农村物流信息平台，为农民提供便捷的物流查询和跟踪服务，提升物流服务的透明度和可信度。

（三）提升农产品标准化生产能力

农产品标准化生产是农村电子商务发展的重要支撑。在数字经济时代，通过提升农产品标准化生产能力，可以确保农产品的品质和安全，提高农产品的市场竞争力。一方面，应加强农产品生产过程的标准化管理，推动农民采用科学的种植和养殖技术，按照标准化的生产流程进行操作。同时，加强对农药、化肥等农业投入品的使用监管，确保农产品的绿色、有机生产。另一方面，应建立农产品质量追溯体系。通过引入区块链、物联网等现代信息技术，实现农产品从生产到销售的全链条追溯。消费者可以通过扫描二维码等方式，了解农产品的产地、生产时间、检测报告等信息，增强对农产品的信任度。此外，还应加强农产品标准化生产的技术培训和推广。通过举办培训班、现场示范等方式，向农民传授标准化生产技术和知识，提高其标准化生产意识和能力。

（四）重视农产品品牌建设工作

品牌是农产品市场竞争力的核心要素。在数字经济时代，通过加强农产品品牌建设工作，可以提升农产品的知名度和美誉度，推动农村电商的快速发展。一方面，应挖掘和培育具有地方特色的农产品品牌。结合当地的自然资源和文化特色，打造具有独特卖点的农产品品牌。同时，加大对农产品品牌的宣传和推广力度，提高品牌的知名度和影响力。另一方面，应注重农产品品牌的品质保障。通过建立严格的质量管理体系和检测标准，确保农产品的品质和安全。同时，加强与消费者的互动和沟通，及时了解消费者的需求和反馈，不断提升品牌的服务质量和满意度。此外，还应鼓励农民和农业企业加强品牌合作和资源共享。通过组建品牌联盟、开展联合营销等方式，共同提升农产品的品牌价值和市场竞争力。

（五）培育农村电子商务实用型人才

人才是农村电子商务发展的关键因素。在数字经济时代，通过培育农村电子商务实用型人才，可以为农村电子商务的发展提供有力的人才保障。一方面，应加强农村电子商务人才的培养和引进。通过举办培训班、开展远程教育等方式，向农民传授电子商务知识和技能。同时，鼓励大学生、返乡创业青年等群体投身于农村电子商务事业，为农村电子商务的发展注入新的活力。另一方面，应注重农村电子商务人才的实践锻炼和创新创业。通过建立农村电子商务创业孵化基地、开展电子商务创业大赛等方式，为农村电子商务人才提供实践锻炼和创新创业的平台。同时，加强对农村电子商务人才的政策扶持和资金支持，降低其创业风险和成本。此外，还应加强农村电子商务人才的交流与合作。通过建立农村电子商务人才交流平台、举办电子商务论坛等方式，促进农村电子商务人才之间的经验分享和合作发展。通过加强交流与合作，不断提升农村电子商务人才的综合素质和创新能力，为农村电子子商务的发展提供强有力的人才支撑。[①]

二、数字经济引领农村电商集群的形成发展

（一）数字经济时代农村电商集群的发展现状

1. 农村电商集群的介绍

在数字经济的推动下，农村电商打破了传统发展瓶颈，改变了生产和生活方式，帮助地方特色农产品获得了更广阔的发展空间。江苏沭阳的花卉、安徽砀山的酥梨、福建武夷山的茶叶等，都凭借其独特优势脱颖而出，推动了地方经济的增长。此外，农村电商平台的迅猛发展也促进了产业的扩展。截至 2022 年，全国农产品电商平台已突破 3000 家，其中包括淘宝、拼多多、京东等大型平台，以及每日优鲜、叮咚买菜等生鲜电商平台，还有专注于农

---

① 杨玉新，张妍. 数字经济引领农村电商生态建设的现实困境与推进策略［J］. 农业经济，2024（9）：140-142.

村市场的一亩田、惠农网等平台，为农产品开辟了多样化的销售渠道。

农村电商集群的发展带来了规模化经营的优势，逐步从单一经营转向集群化发展。各地涌现出"淘宝村""淘宝镇""孵化基地""电商产业园"等集群形式，成功将地方资源转化为经济优势，提升了区域经济水平。然而，农产品同质化严重，且农村电商面临基础设施滞后、物流网络薄弱等挑战。在数字经济的背景下，需要推动农产品创新，打造具有地域特色的产品，解决分布不均的问题，并完善交通和物流基础设施。此外，借助数字经济的机遇，需加强电商集群人才的培养。一方面，通过提升人才知识储备，培养专业型人才；另一方面，招聘专业人才，组建电商团队，发挥示范作用，推动产业持续发展。

2. 数字经济时代农村电商集群的发展现状

首先，农村电商集群面临的主要问题之一是品牌影响力不足。尽管电商在全国范围内蓬勃发展，但许多电商平台的产品种类单一、模式单调、同质化严重，缺乏具有竞争力的品牌。无论是天猫、淘宝还是京东，尽管商品种类繁多，但品牌化程度低，店铺缺乏辨识度。造成这种现象的原因在于农村电商从业者的数字化素养较低、品牌意识淡薄，以及在品牌设计和创新方面的欠缺。

其次，农村电商行业面临严重的人才短缺问题。根据《2020中国农村电商人才现状与发展报告》，预计未来五年农村电商人才缺口将达到350万人。农村居民普遍受教育程度较低，网络应用能力差，短期内难以熟练掌握现代电商技术。同时，农村教育、医疗、就业等基础条件薄弱，难以吸引和留住人才，导致人才流失严重。

最后，农村电商的产品标准化程度较低。我国大部分地区农业生产规模化程度不高，产品品质参差不齐，深加工水平低，许多农产品依然是非标准化的经验性产品，难以与外部市场对接，这制约了农村电商的发展。此外，农村电商产业链较短，缺乏大型龙头企业，产品多为小农生产，标准化程度和科技含量不足，难以保证质量和提高附加值。

（二）农村电商集群的可持续发展路径建议

1. 重视新时代数字经济发展，加快农村数字化转型

数字经济对国民经济和资源配置至关重要，尤其在西部等经济较弱的农村地区。通过推广信息技术和大数据思维，推动农村电商集群的发展，响应国家数字化战略，实现新技术与新产业的融合，推动农村电商的持续发展。因此，加速农村数字化转型是关键。

2. 培养农村电商专业人才，普及数字化电商发展理念

在数字经济背景下，为提升农村电商的数字素养并推广电商集群模式（如"淘宝村""淘宝镇""电商产业园"等），必须加大投资力度引进电商专业人才，吸引大学生返乡创业。培养具备高数字素养的"新农人"，此举措不仅能够推动产业创新，还能促进乡村建设，激发集群经济效应。因此，培养电商人才并普及数字化发展理念对于农村电商集群的成长至关重要。

3. 数字赋能产业转型，推动农村电商集群经济高速增长

根据中西部地区的资源优势和产业特点，应因地制宜发展农村电商集群，解决地区经济发展不平衡、资源分配不均等问题。通过推广数字信息技术，提升电商从业者的数字素养，促进农村电商集群的产业升级和规模化发展，解决产品同质化和信息不对称问题，提高核心竞争力，推动电商产业的数字化和智能化转型。这将为农村电商集群的可持续发展提供动力，实现经济的高速增长。

4. 关注农村电商集群发展环境，数字赋能集群持续发展

联合国可持续发展目标强调经济、社会、资源和环境的协调发展。在数字经济背景下，政府应支持农村电商集群的数字化转型，同时避免片面追求高速发展，忽视生态环境的做法。应强化电商从业者的可持续发展理念，推动数字经济与环境的协同发展，构建绿色治理体系，从创新、环保、经济效益等方面加速数字赋能。因此，在数字经济时代推动农村电商集群发展时，必须关注与环境的协同发展，确保集群的持续性和可持续发展。[①]

---

① 吴怡. 数字经济时代农村电商集群的发展路径研究 [J]. 市场周刊, 2023, 36 (1): 79-82.

三、数字经济助推农村电商产业的转型升级

农村电商产业能够带领农村在数字经济领域耕耘与收获，帮助农村在新时代获得更好的发展，进而巩固全面建成小康社会成果。数字经济通过重塑农村经济发展模式、优化资源配置和颠覆传统产业运作，推动了农村电商产业的升级、提高发展质量，并促进了模式创新。

（一）数字经济推动农村电商高质量发展的机理

数字经济发展步伐不断加快，乡村振兴因此开启了新的产业模式，其中电商产业是重点发展对象。乡村传统产业运作方式被彻底颠覆，在积极升级电商产业和资源配置体系的基础上，农村电商逐步走上了高质量发展的道路。

1. 数字经济重塑农村经济发展模式，推动农村电商产业升级

数字经济发展离不开互联网技术的支撑，而该技术在农村电商产业的变革中发挥了核心作用。首先，数字技术具有强大的渗透性，能够涵盖农村供应链的各个环节，提升生产效率、优化资源配置，并降低信息传递成本。其次，数字技术促进了农村电商商业模式的创新，打破了产业边界，推动了产业上下游的深度融合，提升了产业的整体竞争力。最后，数字经济通过加速信息流动，促使消费需求更快、更精准地引领生产方向，助力农村电商高质量转型。

2. 数字经济优化要素配置，促进农村电商产业高质量发展

在数字经济的浪潮下，农村电商得以迅猛发展，其关键在于数字经济优化了要素配置。传统农村电商面临信息不对称、物流成本高、销售渠道有限等挑战，而数字技术的应用，如大数据和云计算，有效解决了这些问题。通过大数据分析，农村电商平台能够精准把握市场需求，指导农民合理安排生产计划，避免出现产品过剩或短缺现象，从而提升供应链响应速度。同时，云计算技术降低了数据存储和处理成本，使得电商平台能够处理更多交易数据，为农民提供更精准的市场信息。此外，数字经济还促进了农村电商与金

融、物流等行业的深度融合，形成了完整的产业链条，提升了整体运营效率。

3. 数字经济颠覆产业运作方式，促进农村电商产业模式创新

数字经济不仅优化了要素配置，还颠覆了传统农村电商的产业运作方式，推动了产业模式的创新。一方面，电商平台通过直播、短视频等新媒体形式，直观展示农产品的生长环境和种植过程，增强了消费者对产品的信任感，并拓宽了销售渠道。另一方面，数字技术的应用使得农产品预售和定制化服务等新型商业模式成为可能。通过预售模式，电商平台能够提前锁定销售渠道和消费者需求，降低农产品滞销风险，为农民提供稳定的收入来源。定制化服务则满足了消费者对个性化、高品质农产品的需求，提升了农产品的附加值和市场竞争力。此外，数字经济还推动了农村电商与乡村旅游、文化创意等产业的融合，为农村经济发展注入了新的活力。例如，一些地区通过电商平台推广乡村民宿、体验式农业等新型服务，吸引了大量游客前来体验，带动了当地经济的发展。

（二）数字经济模式下农村电商发展机遇和挑战

数字经济不再是一个抽象的概念，而是已成为现实。农村电商产业便是数字经济下的产物，一经兴起，便在改变农村面貌方面发挥了重要作用，如推动乡村产业结构升级、增强乡村经济活力等。国家也对此大力支持，为农村电商的成熟与深化提供了重要帮助。然而，挑战也随之而来。

1. 数字经济模式下农村电商发展机遇

（1）推进农业现代化与标准化生产，增加农产品附加值

数字经济为农业现代化提供了强大的技术支撑。通过引入物联网、大数据、云计算等现代信息技术，农业生产实现了智能化、精准化管理。农民可以依据实时数据调整种植结构，优化灌溉、施肥等生产环节，从而提高农产品的产量和质量。同时，标准化生产流程的推广，确保了农产品的一致性和安全性，增强了市场竞争力。此外，电商平台上的消费者反馈机制为农产品改进提供了直接的市场导向，促使农民不断提升产品品质，进一步增加了农产品的附加值。

（2）促进农村信息流通，拓展电商销售渠道

传统农产品销售往往受限于地域和渠道，导致信息闭塞、销售不畅。而农村电商的兴起打破了这一瓶颈。电商平台成为农产品信息流通的重要渠道，农民可以通过网络发布产品信息，吸引全国各地乃至全球的消费者。同时，电商平台上的直播带货、短视频营销等新兴模式，为农产品销售开辟了新路径。这些创新方式不仅提升了农产品的知名度，还增强了消费者的购买意愿，有效拓展了销售渠道。

（3）乡村数字化政策利好农村电商模式创新

近年来，国家高度重视乡村数字化建设，出台了一系列扶持政策，为农村电商的发展提供了有力保障。这些政策不仅涵盖了网络基础设施建设、物流配送体系完善等方面，还鼓励农村电商模式创新。在政策引导下，各地积极探索适合本地特色的农村电商发展模式，如"电商+合作社""电商+基地"等。这些模式不仅促进了农产品的规模化、品牌化经营，还带动了乡村旅游、文化创意等相关产业的发展，形成了多元化的农村经济结构。

（4）创造农村就业岗位，安置农村剩余劳动力

农村电商的蓬勃发展，为农村地区创造了大量就业岗位。一方面，电商平台的运营、客服、物流等岗位直接吸纳了农村剩余劳动力；另一方面，随着农村电商产业链的延伸，如农产品加工、包装、设计等环节也催生了新的就业机会。这些岗位不仅为农民提供了稳定的收入来源，还提升了他们的职业技能和综合素质。同时，农村电商的发展还吸引了部分外出务工人员返乡创业，进一步推动了乡村经济的繁荣。

2. 数字经济模式下农村电商发展挑战

（1）新型基础设施建设有待加强

农村电商的发展离不开完善的基础设施支持，特别是网络和物流等新型基础设施的建设。然而，当前农村地区的新型基础设施建设仍显滞后。一方面，部分偏远地区的网络覆盖不足，导致农民无法顺畅进行在线交易和信息获取；另一方面，农村物流体系尚不完善，物流配送成本高、效率低，难以满足电商快速发展的需求。因此，加强新型基础设施建设，提升农村地区的

网络覆盖率和物流效率，是农村电商持续健康发展的基础。

（2）农村电商产业与数字技术融合程度有待加深

尽管电商产业近年来取得了显著进展，但与数字技术的融合程度仍有待提高。目前，许多农村电商企业仍停留在传统的电商销售模式上，缺乏大数据、人工智能等先进技术的应用。这使得农村电商在精准营销、库存管理、客户服务等方面存在不足，难以充分发挥数字技术的优势。因此，推动农村电商产业与数字技术的深度融合，提升智能化水平，是增强竞争力的关键。

（3）农村数字经济发展配套机制有待完善

农村数字经济的发展需要完善的配套机制作为支撑。然而，当前在政策支持、法律法规、标准规范等方面仍存在不足。例如，一些农村地区在电商税收、知识产权保护、消费者权益保护等方面缺乏明确的政策指导，导致市场秩序混乱，制约了农村电商的健康发展。因此，建立健全农村数字经济发展的配套机制，为农村电商提供有力的制度保障，是推动其持续发展的重要环节。

（4）基层治理方式亟待创新

农村电商的发展不仅涉及经济领域，还与基层治理密切相关。然而，当前基层治理方式在面对农村电商这一新兴业态时显得力不从心。一方面，基层政府在农村电商发展规划、政策支持、市场监管等方面缺乏有效手段；另一方面，农村电商企业在与基层政府沟通协作、参与社会治理等方面也存在困难。因此，创新基层治理方式，构建政府、企业、社会多方参与的治理体系，是推动农村电商健康发展的必要保障。

（三）推动农村电商产业高质量发展的政策

在数字经济快速发展的今天，农村电商已成为推动乡村振兴的重要力量。为促进农村电商产业的高质量发展，需要从政策扶持、基础设施建设、人才培养、产业集群打造等多方面入手，形成全方位、多层次的政策支持体系。

1. 加强政策扶持力度

政策扶持是推动农村电商产业发展的关键。政府应出台一系列优惠政策，为农村电商企业提供税收减免、资金补贴等支持，降低其运营成本，增强市场竞争力。同时，设立农村电商发展专项基金，用于支持农村电商项目的研发、推广和运营。此外，政府还应加强对农村电商企业的监管和引导，确保其合规经营，维护市场秩序。

2. 加强农村基础设施建设

完善的基础设施是农村电商发展的基石。政府应加大对农村网络、物流等基础设施的投入，提高农村地区的网络覆盖率和物流效率。一方面，加快农村宽带网络建设，确保农民能够便捷地接入互联网，享受电商服务；另一方面，优化农村物流配送体系，建立覆盖广泛、高效便捷的农村物流网络，降低物流成本，提升配送速度。此外，还应加强农村电子商务服务站点建设，为农民提供电商培训、代买代卖和特色旅游产品等服务。

3. 培养高质量农村电商人才

人才是农村电商发展的核心要素。政府应加强与高校、职业院校等教育机构的合作，开设农村电商相关课程，培养具有电商运营、营销推广、数据分析等技能的专业人才。同时，鼓励和支持农村青年、返乡农民工等群体参与电商培训，提升其电商创业和就业能力。此外，还可以通过举办电商创业大赛、交流会等活动，激发农村电商人才的创新活力，促进人才间的交流与合作。

4. 打造农村电商产业集群

产业集群是推动农村电商产业高质量发展的重要途径。政府应引导和支持农村电商企业集聚发展，形成具有区域特色的电商产业集群。通过建设电商产业园、创业孵化器等服务平台，为农村电商企业提供集办公、仓储、物流、展示等功能于一体的综合性服务。同时，鼓励和支持农村电商企业与农业、制造业等产业深度融合，拓展产业链条，提升产品附加值。此外，还可以通过举办电商博览会、展销会等活动，展示和推广农村电商产品，扩大品牌影响力。[①]

---

① 申姝红，郭晶. 数字经济模式下农村电商产业高质量发展研究 [J]. 农业经济，2023（8）：122−125.

四、数字经济推动乡村旅游与农村电商的融合

2023 年，我国发布的《关于做好 2023 年全面推进乡村振兴重点工作的意见》和《关于恢复和扩大消费措施的通知》均强调了推动农村电商和乡村旅游发展的重要性，旨在加快乡村振兴与农业现代化的步伐。在"数字中国"战略框架下，数字经济正深刻影响各行各业，成为推动旅游业质量提升和供给侧结构性改革的重要力量。乡村旅游与农村电商作为农村经济增长的两大引擎，在数字经济时代展现出无限潜力，但也面临诸多挑战。如何推动乡村旅游与农村电商的融合发展，成为当前农村经济发展的关键课题。

（一）乡村旅游与农村电商融合发展的必要性

1. 拓展乡村旅游市场

乡村旅游作为新兴的旅游业态，以其独特的自然风光和民俗文化等吸引着越来越多的城市游客。通过农村电商平台的推广，可以将乡村旅游产品推向更广阔的市场，吸引更多潜在游客，从而拓展乡村旅游市场。

2. 整合农村旅游资源

农村拥有丰富的自然和人文资源，但因信息不对称、宣传不足等，常未得到充分开发。农村电商可整合这些资源，通过线上展示与线下体验相结合的方式，提升乡村旅游的吸引力和竞争力。

3. 提高乡村产业的运行效率

乡村旅游与农村电商的融合有助于优化乡村产业结构，提高产业运行效率。通过电商平台，乡村旅游产品可以实现快速流通和高效匹配，减少中间环节，降低成本，提升整体效益。

4. 推动城乡交流与融合

乡村旅游与农村电商的融合有助于打破城乡壁垒，促进城乡之间的交流与融合。城市居民可以通过电商平台了解乡村文化和旅游资源，进一步促进城乡经济和文化的互动。

5. 促进乡村文化传承与发展

乡村旅游的发展离不开乡村文化的支撑。可以通过农村电商平台的推广，深入挖掘并传承乡村文化，提升其知名度和影响力，促进乡村文化的传承与发展。

6. 促进相关产业的发展

乡村旅游与农村电商的融合能够带动相关产业发展，如餐饮、住宿、交通等。这些产业的发展不仅为乡村经济注入了新活力，还为当地居民提供了更多就业机会，促进农民增收。

（二）乡村旅游与农村电商融合发展的可行性

1. 市场潜力巨大

随着人们生活水平的提高和旅游消费观念的转变，乡村旅游市场呈现出蓬勃发展的态势。同时，农村电商市场的快速增长也为乡村旅游与农村电商的融合提供了广阔的市场空间。

2. 乡村资源丰富

乡村地区拥有丰富的自然和人文资源，如田园风光、民俗文化、特色美食等，这些资源为乡村旅游与农村电商的融合提供了坚实的基础。

3. 数字技术支持

数字技术的发展为乡村旅游与农村电商的融合提供了有力支持。通过大数据、云计算等技术手段，可以实现旅游资源的精准匹配和高效管理，从而提升用户体验和服务质量。

4. 国家政策支持

国家高度重视乡村旅游与农村电商的发展，已出台了一系列扶持政策。这些政策为乡村旅游与农村电商的融合提供了有力的制度保障和资金支持。

5. 产业价值的拓展

乡村旅游与农村电商的融合能够拓展产业价值链，实现资源共享与优势互补。通过整合上下游产业链资源，可以形成完整的产业生态体系，从而提升整体竞争力。

6. 风险评估体系完善

随着乡村旅游与农村电商市场的不断发展，风险评估体系也在逐步完善。通过建立健全的风险评估机制，可以有效降低市场风险，保障乡村旅游与农村电商的融合发展。

（三）乡村旅游与农村电商融合发展的影响因素

1. 政策因素

政策环境对乡村旅游与农村电商的融合发展具有重要影响。政府出台的支持政策和监管措施将直接影响乡村旅游与农村电商的发展速度与方向。

2. 技术因素

数字技术的发展水平直接决定了乡村旅游与农村电商的融合效果。先进的技术手段能够提升用户体验与服务质量，并推动产业创新与持续发展。

3. 市场因素

市场需求和竞争态势是决定乡村旅游与农村电商融合发展前景的关键。随着市场需求不断变化和竞争日益激烈，乡村旅游与农村电商需不断创新并调整策略，以适应市场的动态变化。

4. 人才因素

专业人才是推动乡村旅游与农村电商融合发展的核心力量。具备专业技能与创新能力的人才将为乡村旅游与农村电商的持续发展提供智力支持和强大动力。

（四）乡村旅游与农村电商融合发展的路径

1. 政府引导，整体推进

政府应在乡村旅游与农村电商的融合发展中发挥引导作用，制定全面的发展规划和政策措施，推动相关部门协同合作，形成工作合力。同时，政府应加大对乡村旅游和农村电商的支持力度，提供必要的资金保障和政策优惠。

2. 资源共享，打造品牌

乡村旅游与农村电商应充分实现资源共享、优势互补，共同打造具有地方特色的旅游品牌。通过整合乡村旅游资源与农村电商平台资源，形成完善的产业链条和市场体系，提升品牌影响力和市场竞争力。

3. 产业联动，创新模式

乡村旅游与农村电商应注重产业联动与创新发展。可以探索"互联网+乡村旅游"的商业模式，通过互联网平台推广乡村旅游产品；或采用"电商+农产品销售"的模式，将农产品通过电商平台销往全国，实现深度融合与协同发展。

4. 创新渠道，拓展市场

乡村旅游与农村电商应不断创新营销渠道和推广方式，拓展市场空间。可以利用社交媒体、短视频平台等新兴渠道进行宣传推广，或与知名旅游企业和电商平台合作，共同推广乡村旅游产品。此外，还可以开发定制化、个性化的旅游产品，以满足游客多样化需求。

5. 生态保护，绿色低碳

在乡村旅游与农村电商的融合发展过程中，应注重生态保护和环境可持续性。通过推广绿色低碳的旅游方式和生产模式，减少对环境的影响与破坏。同时，可利用生态旅游资源开发生态旅游活动，增强游客的环保意识和参与度。

6. 人才培养，智力支持

乡村旅游与农村电商的融合发展离不开专业人才的支持。应通过强化教育培训和引进优秀人才，提升人才素质与能力水平。同时，应完善人才激励机制和评价体系，为人才提供更好的发展机会与待遇保障。[①]

五、促进农村电商物流网络建设与数字经济的协同发展

在数字经济蓬勃发展的背景下，农村电商物流网络建设与数字经济的协同发展已成为推动农村经济转型升级、实现乡村振兴的重要途径。以下将从农村电商物流网络建设与数字经济协同发展的意义、面临的问题及对策等方

---

① 孙建竹. 数字经济背景下乡村旅游与农村电商融合发展路径研究 [J]. 辽宁科技学院学报，2024，26（1）：80-83.

面进行探讨。

（一）农村电商物流网络建设与数字经济协同发展的意义

1. 农村电商物流网络建设的重要性

农村电商物流网络是农村电商发展的基石。农产品上行和工业品下行已成为常态，高效、便捷的物流网络不仅能够确保农产品及时进入市场，还可满足农村居民对工业品的需求，并带动相关产业发展（如仓储、包装、运输等），创造更多就业机会。

2. 数字经济对农村发展的推动作用

数字经济以其高效性和创新性，正成为推动农村发展的新引擎。数字技术可优化农业生产流程、提升生产效率；电商平台拓宽了农产品销售渠道，增加了农民收入；大数据分析可精准把握市场需求，指导农业生产。此外，数字经济还助力农村社会治理现代化，提高公共服务水平。

（二）当前农村电商物流网络建设与数字经济协同发展面临的问题

1. 农村物流配送体系不健全

农村物流基础设施薄弱，配送网络覆盖不全，物流成本高、效率低。此外，专业物流人才短缺，技能不足，难以满足农村电商的快速发展需求。

2. 农村数字基础设施建设滞后

虽然近年来我国农村数字基础设施建设取得了显著进展，但与城市相比仍存在较大差距。农村地区的网络覆盖率、网络速度等方面仍有待提升。此外，农村居民的数字素养相对较低，对数字技术的接受和应用能力有限，这也制约了农村电商物流网络建设与数字经济的协同发展。

（三）促进农村电商物流网络建设与数字经济协同发展的对策

1. 加强农村物流基础设施建设

（1）扩充农村配送网络

要促进农村电商物流网络建设与数字经济的协同发展，必须首先扩充农村配送网络。政府应加大对农村物流基础设施的投资力度，鼓励社会资本参与农村物流建设。通过新建和改造农村物流节点，完善农村物流网络布局，提高物流覆盖率和配送效率。同时，加强与电商平台的合作，推动农村物流配送与电商平台的深度融合。

（2）提升冷链物流运输能力

农产品对冷链物流要求较高，因此提升冷链物流运输能力是农村电商物流网络建设的关键。应加大对冷链物流设施的投资和改造力度，引进先进的冷链物流技术和设备。同时，建立冷链物流标准体系和质量监管机制，确保农产品在运输过程中的新鲜度和安全性。此外，还应加强与农产品生产企业和电商平台的合作，推动冷链物流服务的专业化、标准化和规模化发展。

2. 推进农村数字化进程

（1）加快农村网络建设步伐

农村数字基础设施建设是推进农村数字化进程的基础。应加大对农村网络建设的投入力度，提高农村地区的网络覆盖率和网络速度。通过实施"宽带乡村"等工程，推动光纤宽带和4G/5G网络向农村地区延伸。同时，加强与电信运营商的合作，推动农村网络资费的下调和服务质量的提升。

（2）开展农村数字技能培训

提高农村居民的数字素养是推进农村数字化进程的重要保障。应通过开展农村数字技能培训，提高农村居民对数字技术的认知和应用能力。培训内容可以涵盖计算机基础操作、电商平台使用、网络营销等方面。同时，可以依托农村电商服务平台、农民合作社等组织，开展实地培训和交流活动，让农村居民在实践中学习和掌握数字技能。[①]

数字经济为农村电商发展提供了丰富的机会与挑战，推动了商品选择多样化、农产品销售增长、就业增加和精准扶贫。但农村电商的发展过程仍面临意识不足、人才短缺、资金投入不足和物流滞后等问题。为加快进程，需

---

① 杨博. 农村电商物流网络建设与数字经济的协同发展研究 ［J］. 中国储运，2024（7）：92-93.

数字经济下电子商务模式的创新与发展

要加强基础设施建设，推动信息化、标准化及品牌建设，提升农民的电商能力，并培养专业人才。发展模式需创新，推动数字经济与实体经济融合，打造集群化发展模式。政策支持、物流完善和数字化进程是关键。同时，乡村旅游与电商融合及电商物流协同发展，也应成为推动乡村振兴的重要路径。

第四章　数字经济下跨境电子商务发展研究

在全球数字经济快速发展的背景下，跨境电商作为国际贸易的新兴力量，正经历深刻变革与挑战。随着信息技术的进步，跨境电商打破了地理界限，使各国贸易变得更加便捷高效。然而，其发展仍面临诸多难题，如不完善的物流体系、电子技术安全隐患、法律法规滞后、国际市场壁垒以及人才短缺等。深入分析跨境电商的现状、发展趋势、数字经济带来的影响及发展策略，对推动其健康可持续发展、提升我国在全球贸易中的竞争力至关重要。

第一节　跨境电子商务的现状、发展趋势

一、跨境电子商务的现状

（一）缺少全面的物流管理体系

在全球化浪潮汹涌的时代背景下，跨境电子商务正迎来前所未有的高速发展，成为连接全球市场的桥梁，使各国商品打破地域限制，得以自由流通。然而，这一蓬勃发展的背后，物流管理体系的滞后却成为制约其进一步发展的关键瓶颈。

跨境电商的核心在于实现商品在不同国家和地区之间的高效流通与交付。只有商品在物流运输过程中能够安全、快捷、准确地送达客户手中，整个交

易才算圆满完成。尽管近年来我国跨境电商在交易规模、平台数量以及参与企业和消费者数量等方面取得了显著增长，已成为对外贸易的新兴力量，但物流管理体系的建设和优化依然滞后于技术发展和市场需求。

跨境物流与国内物流相比，复杂性更高且要求更为严苛。由于涉及多个国家和地区，跨越距离长，跨境物流面临海关政策、文化差异等多重挑战。跨境运输需要通过多种运输方式的转换，如海运、空运和陆运等，因此物流企业必须拥有现代化的仓储设施、先进的运输工具以及高效的装卸设备，才能确保货物在运输过程中的安全与顺畅。此外，还需建立高效的物流管理体系，涵盖规划、调度、库存和质量监控等各个环节，以实现精准控制和精细化管理。

然而，许多跨境物流公司仍面临基础设施短缺、资金不足和管理落后等问题。这导致仓储设施简陋，缺乏必要的安全与温控措施；运输工具老化，效率低下，使得跨境物流的运输过程更加复杂。尤其是在长途运输和多国交接中，容易发生物流延误、货物损坏甚至丢失。物流环节的混乱和信息不畅进一步增加了风险，不仅给客户带来不良体验，还导致投诉增加和高额的额外成本。

跨境物流的特殊性，如运输时间长和手续烦琐，进一步放大了这些问题的负面影响。恶劣天气、政治变动或设备故障等因素可能导致意外延误，而复杂的海关和检疫手续则增加了管理难度。一旦某环节出现失误，就可能造成货物丢失、损坏或超时交付，从而增加企业成本。

此外，尽管信息化技术在全球范围内已经广泛应用，但我国跨境物流在这一领域仍处于起步阶段。由于跨境物流中多个环节依赖人工操作，如分拣和包装环节频繁出错，造成货物误分类或损坏，不仅影响物流效率，还进一步增加了企业成本，削弱了我国跨境电商在全球市场中的竞争力。

（二）跨境电子技术的安全问题

随着信息技术的迅猛发展与广泛应用，跨境电子商务在全球范围内如火如荼地发展。通过先进的网络技术，它构建了一个全球化的交易平台，使世界各地的买卖双方突破时空限制，能够方便快捷地进行沟通与交易。然而，随着这一便利的普及，跨境电子商务也面临诸多安全挑战，尤其是跨境电子交易的安全问题，已成为制约其可持续发展的关键瓶颈之一。

跨境电子商务的整个交易过程大多依托虚拟平台完成。从最初的商品展示、信息查询，到订单生成、支付处理，再到物流信息跟踪等环节，均涉及大量商品详情及买卖双方的敏感信息。这些信息，包括商品的名称、规格、价格、生产厂家，以及买家的姓名、地址、支付信息，卖家的经营资质、财务状况等，既是交易顺利进行的保障，也是黑客和不法分子觊觎的目标。

在跨境电子商务中，保障信息的安全与隐私至关重要。这不仅需要采用先进的加密技术，确保信息在传输和存储过程中不被非法访问或篡改，还需建立完善的安全防护体系，保障支付过程的安全，防止支付信息泄露或被恶意利用，从而降低资金损失的风险。然而，与信息技术发展较为成熟的发达国家相比，我国信息技术起步较晚，技术积累相对不足。尽管近年来我国在信息技术领域取得了显著进步，并在部分技术领域达到国际先进水平，但跨境电子商务中的某些专业技术仍存在短板，亟须进一步提升和完善。

在实际运营中，部分跨国企业为了满足自身业务需求和优化管理模式，选择自主研发跨境电商平台。这些平台旨在更好地协调功能与运营，并实现与内部业务系统的整合，提高运营效率和竞争力。然而，由于技术水平有限，自研平台往往存在较大的安全漏洞，易被黑客利用。这些漏洞可能导致不法分子侵入平台，窃取交易信息（如账号、支付信息、订单详情），或通过攻击篡改交易数据、破坏平台功能，给企业和客户带来巨大的经济损失及信誉风险。

例如，一家知名跨境电商公司因自研平台在用户认证、数据加密和漏洞修复等方面存在缺陷，遭遇黑客攻击。黑客窃取了大量用户账号信息并进行非法交易，导致企业面临用户经济损失赔偿和信誉危机。客户信任急剧下降，业务量大幅下滑。为修复平台漏洞和补偿损失，企业投入了大量资源。类似安全事件并非孤例，频发的漏洞问题严重影响我国跨境电商的创新与发展，给企业带来巨大的资金风险。企业不仅需承担直接经济损失，还可能遭遇声誉损害、客户流失，甚至引发法律纠纷和监管处罚，最终陷入经营困境。①

（三）跨境电子商务法律法规尚待进一步完善

在全球经济一体化与数字化进程加速的背景下，跨境电子商务迅速崛起，成为国际贸易的重要组成部分。我国政府日益重视跨境电商的监管，深知科学、合理且高效的监管措施是确保其健康有序发展的关键，能够维护国家经济利益、保障公平竞争并保护消费者权益。然而，目前我国在跨境电商法律法规的建设上，仍有不少亟待完善之处。

在企业行为规范方面，税收征管与知识产权保护是亟待解决的关键问题。由于跨境电商交易的复杂性和多样性，传统税收规则难以适应。我国在不同贸易模式（如 B2B、B2C 等）下的税收界定、征收标准及流程缺乏明确法律规范，导致一些企业通过不合理定价或转移定价等手段逃避税收。这不仅造成税收流失，也扰乱了公平竞争的市场环境。例如，一些跨境电商企业通过低价申报高附加值商品，逃避应缴的进口税费，严重影响了国际税收秩序。在知识产权保护方面，跨境电子商务的全球性与便捷性使侵权行为愈加泛滥，且难以有效遏制。由于缺乏完善的法律框架和严格的制裁机制，一些不法商家在平台上售卖假冒伪劣商品，侵害知名品牌的商标、专利及著作权等。这些侵权行为不仅造成知识产权持有者的经济损失和品牌声誉受损，还降低了消费者对平台的信任。例如，一些假冒名牌商品通过低价吸引消费者，挤占正版品牌的市场份额却因质量低劣，严重影响消费者的购物体验。

此外，跨境电商市场监管技术的滞后也是一大挑战。随着业务规模的迅速增长和交易模式的创新，传统监管手段已难以满足新需求。尽管大数据和人工智能等技术的应用有助于提升交易效率，但监管部门在数据收集、分析与监控方面仍面临困难。跨境电商的交易数据量庞大且分散，难以实时共享和整合，导致违法行为难以及时发现。尤其是对于社交电商、直播带货等新兴模式，监管技术尚未跟上，存在空白和漏洞。因此，提升监管技术、增强

---

① 于米. 中国跨境电子商务发展现状与实施路径［J］. 上海商业，2023（8）：38-40.

对市场的全流程监管能力，成为当前亟待解决的问题。这不仅需要加大技术研发和人才培养的投入，还要加强国际监管合作与信息共享，共同应对跨境电商的技术挑战。

（四）国际市场阻力愈加严峻

随着跨境电子商务的快速发展，近年来国际市场环境发生了显著变化，我国跨境电商企业面临的国际市场阻力也愈加严峻。

一方面，越来越多的进口企业通过"化整为零"的方式，利用跨境电商平台、独立站和社交媒体等多元渠道，迅速扩展进口业务。这种策略帮助企业规避传统贸易中严格的监管要求和高额关税，从而获得更大的价格优势。例如，某些企业将高价值商品拆分为小额包裹，以个人自用物品的名义通过跨境电商进口，既降低了关税，也加快了商品的配送。然而，这种做法不仅扰乱了国际贸易秩序，也对进口国的监管体系构成了严峻挑战。

随着跨境电商业务量的急剧增长，违法违规行为也愈加猖獗。假冒品牌、偷税漏税、产品侵权及知识产权滥用等问题层出不穷。这些问题不仅带来严重的安全隐患和产品质量风险，还对进口国零售行业及整个社会经济秩序造成了冲击。例如，假冒品牌商品通常质量低劣，无法满足消费者需求，且存在安全隐患。假冒电子产品可能引发漏电、起火等危险，假冒食品和药品则可能危及健康。一旦这些问题产品大量涌入市场，必然引发消费者对零售行业的信任危机，降低购买意愿，进而影响销售和利润。

跨境电商发展的初期，许多国家对这一新兴行业的监管意识不足，措施相对宽松，导致一系列安全问题的滋生与蔓延。然而，随着时间的推移，各国逐渐认识到跨境电商带来的问题已严重威胁经济安全、消费者权益和市场秩序，纷纷开始加强监管，出台更严格的法律法规和政策，以保障国家主权、企业利益和民众福祉。在这一背景下，作为全球最大跨境电商出口国之一的中国，由于出口商品种类繁多且数量庞大，加上一些企业存在不规范经营行为，成为各国重点监管的对象。

在跨境电商扩展过程中，我国部分企业严重缺乏知识产权保护意识，对产品定位模糊，过度追求短期利润和热销商品，忽视了质量与品牌建设。这种短视行为导致低质量、低附加值商品泛滥，甚至假冒伪劣商品肆虐，频繁侵犯他人知识产权。例如，一些企业未经授权生产并销售带有知名品牌标识的商品，或抄袭知名品牌的设计与包装，误导消费者购买。这些侵权行为不仅损害了海外品牌的合法权益，引发大量知识产权纠纷，也对中国跨境电商的整体形象造成负面影响。更为严重的是，这种现象削弱了"中国产品"的信誉，给我国企业开拓国际市场带来了极大阻力。

（五）末端物流的发展水平还需提升

在我国跨境电商快速发展的背景下，国内大型跨境电商企业的国际物流面临两大主要挑战，这些问题严重制约了业务的拓展与升级。

其一，跨境电商对物流速度的要求极为严格，尤其在当今快节奏的消费环境下，消费者对商品交付时效的期望日益提高，快速交付已成为跨境购物的关键需求。因此，跨境电商主要依赖国际快递服务，这种方式虽能在较短时间内将商品送达目的地，但运输成本高昂。在中国跨境电商初期，企业主要以价格优势吸引客户，但运输时间通常需 7 至 15 天，这一周期对时效要求较高的商品（如时尚服装、新款电子产品等）形成挑战。消费者可能因等待时间过长而选择物流更快的平台，导致我国跨境电商产品竞争力下降。尤其是末端物流的不足，已成为制约跨境电商发展的关键因素，若不解决，企业将面临国际市场竞争的不利局面。

尽管一些大型外贸公司已开始通过建设海外仓库、优化物流和仓储来提升运输效率和客户体验，例如，某中国跨境电商企业在欧美地区设立了海外仓库，消费者下单后商品可在 1 至 3 天内从当地发货，显著缩短了配送时间，提升了客户满意度。然而，建立和运营海外仓库需要巨额资金投入，包括仓库建设、租赁、库存管理和人员配备等，这对中小企业构成巨大压力。大多数资源有限的中小微企业缺乏强大的供应链管理能力和物流运营经验，难以承担这些高成本。因此，虽然海外仓库有助于提升物流效率，但受中小企业规模和成本限制，其应用尚未全面满足市场需求。

其二，我国跨境物流在通关环节面临诸多困境。尽管国内运输相对顺畅，可是一旦进入海关环节，常因手续复杂和费用高昂而受阻。企业在办理海关手续时需提交大量文件（如报关单、商业发票和原产地证书），海关审核严格且耗时长。这一过程不仅延长了运输时间，还增加了报关费、查验费等成本，给企业带来巨大经济负担。部分跨境电商企业反映，由于通关不畅，货物可能滞留海关数天甚至数周，导致交付延误、客户投诉和退款风险，严重影响企业信誉和收益。海关环节的复杂性已成为制约我国跨境电商发展的瓶颈，亟须优化。海关部门应简化手续、提高效率，并加强信息化建设。同时，跨境电商企业需强化合规管理，与海关紧密合作，推动物流通关顺畅进行。

当前跨境物流服务还面临后期跟进难、速度慢及偏远地区配送困难等问题。跨境运输涉及多个国家和地区的物流服务商，物流信息共享滞后，企业难以实时跟踪货物状态。一旦发生问题，如丢失、损坏或延误，企业难以及时应对，影响客户服务和售后。此外，偏远地区物流服务覆盖不足或配送成本过高，导致消费者无法及时收到商品，限制市场扩展。跨境仓库建设和运营也因高额投资和管理成本而未达预期，难以提升物流效率。为解决这些问题，大数据和人工智能等技术的应用尤为关键。大数据可实时采集、分析、共享物流信息，提高管理效率；人工智能能优化配送路径，降低成本并提高准确性；物联网技术可实现仓库货物的智能化管理，提高库存周转率和空间利用率。通过提升信息化、智能化水平，我国跨境物流的末端服务问题有望得到有效解决，推动跨境电商持续健康发展。

（六）有关的专业化人才不足

在我国跨境电商快速发展的背景下，技术和管理人才的短缺已成为行业发展的瓶颈之一。尤其是中小型外贸企业，由于规模小、资金不足、发展空间有限，在人才竞争中处于劣势，难以吸引具备高科技素养和丰富跨境电商经验的专业人才。这些企业缺乏完善的薪酬福利、职业发展规划及舒适的工作环境，难以满足人才的期望。例如，小型跨境电商企业无法提供与大型企业相媲美的薪资待遇，也难以提供培训机会和晋升空间，导致优秀人才更倾向于选择大企业或外资公司。这使得中小外贸企业在电商平台建设、市场营销、供应链管理等方面难以达到行业先进水平，严重制约了业务发展和市场竞争力提升。

跨境电商行业高级人才的短缺，除了中小企业吸引力不足这一原因，还与人才培养体系的滞后密切相关。相较于行业的快速发展，人才培养体系建设明显滞后，尤其在高等院校和职业院校的相关专业设置、课程设计、教学方法和实践教学方面存在诸多不足。许多高校的跨境电商课程设置偏重理论，缺乏与实际业务紧密结合的实践环节，导致毕业生难以迅速适应企业需求。例如，一些院校过多强调国际贸易理论和电子商务基础知识，而对跨境电商平台操作、跨境支付、国际物流、海外市场营销等实际技能的培训较为薄弱。加之人才培养机构与企业之间缺乏有效的产学研合作机制，导致企业所需的技能型人才难以获得，学生也难以顺利进入企业，造成了人才培养与市场需求之间的脱节，进一步加剧了跨境电商行业的人才短缺问题。

随着跨境电商行业的快速发展，人才供给远远滞后于企业需求，导致企业在招聘过程中不断降低门槛，并采取非正规手段吸引人才。为了争夺优秀人才，许多企业通过提供更高的薪酬和更多的晋升机会，从同行企业挖掘人才。这种现象不仅普遍，而且频繁发生，涉及从核心管理层到基层员工，导致人才跳槽现象严重。虽然人才流动有助于经验和知识的传播，但频繁跳槽也带来了许多负面影响，如增加了招聘和培训成本，破坏了团队稳定性和业务连续性，进而提高了企业运营风险和管理成本。

此外，过度的人才竞争可能引发行业内恶性竞争，扰乱市场秩序，影响整个行业的健康发展。因此，跨境电商行业的人才短缺问题已成为亟待解决的关键课题。加强跨境电商专业人才培养体系建设，提升人才培养质量与数量，促进人才合理流动和稳定就业，需要政府、企业和人才培养机构的共同努力。三方通过加大投入，深化合作，建立健全的人才培养、引进和留用机制，为跨境电商行业的可持续发展提供坚实的人才支撑。[①]

---

① 余伟. 中国跨境电子商务发展现状、问题及对策研究［J］. 湖北经济学院学报（人文社会科学版），2024，21（6）：54-57.

二、跨境电子商务的发展趋势

传统外贸已形成成熟的生态链，而跨境电商仍处于初创阶段，缺乏完善的"互联网+"生态链。未来，中国跨境电商将迎来平台整合、个性化需求、全球扩展、政策强化、技术创新、品牌提升和可持续发展等趋势。

（一）政府政策将以规范线上外贸、协调线上线下外贸为主

跨境电商已在各个国家扎根，政府的高度关注和推动是关键因素。在这样的剧变下，外贸模式也会发生变化，但旧模式根深蒂固，因此寻找新旧模式之间的平衡点至关重要，目的是确保两类模式的公平竞争。我国跨境电商取得了显著成绩，但问题也不少，想要更好地解决这些问题，离不开政府的政策支持和引导。

1. 建立跨境电商侵权假冒商品追溯制

跨境电商的上架产品可能存在假货、侵权等问题，这要求全球各国政府加大知识产权保护力度，制定相关法律法规并加强监管。具体措施包括三方面。

①政企合作：政府应与平台紧密合作，打击侵权现象，建立统一的数据与线索平台，实现数据共享。

②平台自律：电商平台应明确自身义务并积极履行，如卖家身份审查和事后补救措施。

③加强监管：实施常态化的随机抽查和严格责任追究制度，提升知识产权保护水平。例如，eBay 对假冒商品实施严格监管，通过 VeRO 计划让知识产权持有者报告侵权商品，并迅速删除假货。与之相比，国内平台在处理侵权产品时较为宽松，未来可以借鉴国际经验，提升监管严格度。

2. 建立在线纠纷解决机制

缺乏有效的在线纠纷解决机制将限制跨境电商的持续发展。高昂的法律诉讼费用使受害方望而却步，现有平台调解机制缺乏法律效力，无法有效应对争议。为此，需要重塑调解机制，政府或国际组织应参与其中，增强其权威性和法律效力，从而更有效地解决纠纷。目前，经济合作与发展组织

（OECD）、国际商会（ICC）和国际消费者协会（CI）已参与其中。这一机制简便、公正且高效，对增强消费者对跨境电商的信任至关重要。欧洲委员会于 2016 年发布了一个平台，旨在帮助消费者在无须支付高额法律费用的情况下对电子商务平台进行投诉。预计各国政府将逐步建立类似机制，进一步提高跨境电商交易的安全性。

3. 税制公平

价格低廉是跨境电商发展的关键因素，这不仅源于供应链的缩短，也受到税收漏洞的影响。税收漏洞导致进口国税收流失，使市场竞争不公平。例如，澳大利亚对 1000 美元以下的商品免征 10% 的商品及服务税，而巴西则面临 60% 的税率，许多跨境电商通过小包邮递方式避税，导致当地零售商抱怨该政策使他们处于不利竞争地位。为了平衡国际支出、规范市场竞争并防止逃税，预计各国将加紧出台跨境网购的管制政策。许多国家，尤其是新西兰、澳大利亚及一些新兴市场国家，已经在着手对跨境电商征税。例如，阿根廷设定了 15 美元的免税额度，一旦超过则征收关税，最高能达到 50%。2016年，欧盟也对增值税法案进行了调整，要求跨境电商每三个月缴纳一次增值税，并取消了免税制度。

（二）跨境电商平台与企业将积极布局海外仓

随着全球电子商务市场的蓬勃发展，跨境电商平台和企业正积极布局海外仓，以应对日益增长的跨境购物需求。作为跨境电商物流体系中的重要组成部分，海外仓的战略意义日益凸显。像亚马逊、eBay、速卖通等跨境电商平台，早已在全球范围内建立了多个海外仓，以缩短配送时间、提升客户体验。例如，亚马逊在全球拥有数十个运营中心，覆盖北美、欧洲、亚洲等多个地区，以确保商品能够快速、准确地送达全球消费者手中。与此同时，一些新兴电商平台，如 Temu，也在积极扩展其海外仓网络，以适应业务的快速增长。通过布局海外仓，跨境电商企业不仅能够有效降低物流成本，还能提升商品配送的时效性和准确性。此外，海外仓还帮助企业更好地了解当地市场需求，优化库存管理，减少滞销风险。例如，通过数据分析，企业可以预测某地区对特定商品的需求趋势，从而提前备货，以确保供应充足。海外仓的布局还促进了跨境电商企业与国际物流公司的深度合作。通过与航运公司、航空公司等建立长期合作关系，跨境电商企业能够确保物流渠道的稳定畅通，进一步提升跨境物流效率。此外，海外仓还为企业提供了更加灵活的仓储和配送方案，使其能够根据市场变化迅速调整策略。然而，值得注意的是，海外仓的布局并非一蹴而就，而是需要企业在市场调研、选址规划、仓储管理、物流配送等多个环节进行精细化操作。例如，在选址方面，企业需要综合考虑地理位置、交通便利性、人工成本等因素；在仓储管理方面，则需要借助先进的仓储管理系统，实现库存的实时监控和动态调整。

（三）跨境电商企业将重点创建自有品牌

在跨境电商领域，创建自有品牌已成为众多企业的重要战略选择。自有品牌的建立不仅能够提升企业的品牌影响力和市场竞争力，还能够帮助企业实现更高的利润空间。创建自有品牌需要企业从市场调研、产品设计、生产制造、营销推广等多个环节进行全面布局。首先，企业需要通过市场调研了解目标市场的消费习惯、需求特点以及竞争态势，为自有品牌的定位和发展方向提供有力支持。其次，在产品设计和生产制造方面，企业需注重产品的创新性和差异化，以满足消费者的个性化需求。例如，通过引入新技术、新材料或新工艺，提升产品的性能和品质；或通过独特的设计风格和包装形式，增强产品的吸引力和辨识度。在营销推广方面，跨境电商企业应充分利用社交媒体、搜索引擎优化、内容营销等多种渠道，提升自有品牌的知名度和美誉度。例如，发布高质量内容吸引目标客户的关注，或与网红、博主等合作，借助他们的影响力推广自有品牌。同时，企业还可以利用跨境电商平台的广告投放、促销活动等功能，提升品牌曝光度和销售量。创建自有品牌要求企业具备敏锐的市场洞察力和强大的执行力。在激烈的市场竞争中，企业需不断优化产品结构、提升服务质量、加强品牌建设，以赢得消费者的信任和忠诚。同时，企业还需注重知识产权的保护和管理，避免侵权行为的发生，维护自有品牌的合法权益。随着跨境电商市场的不断发展和消费者需求的日益多样化，跨境电商平台与企业将积极布局海外仓，重点创建自有品牌，以适应市场变化并迎接挑战。这些举措将有助于提升企业的竞争力和盈利能力，推动跨境电商行业的持续健康发展。[①]

第二节　数字经济对跨境电子商务的影响

一、对跨境物流要求更严格

在数字经济蓬勃发展的背景下，跨境物流面临前所未有的挑战。我国跨境电商交易具有明显的特点，尤其是货物运输时间较长，涉及国内运输、国际运输及清关等多个环节，较传统线下物流更为复杂。例如，从中国发往欧洲的货物，需经过国内陆运或海运集运，再进行海上航行，抵达目的港后还需清关和内陆转运。每个环节的延误都可能大幅延长运输时间，这使得跨境电商对物流保障的需求远高于传统物流。

从信息化程度来看，跨境电商产业链如同一个庞大复杂的网络，涵盖电商平台、买卖双方、物流服务商及相关监管机构等多方参与者。在交易过程中，买卖双方希望实时追踪货物运输状态、清关进度等信息，而电商平台需要与物流服务商紧密对接，确保数据的实时共享与交互。消费者购买商品后，期望像查询国内快递一样，随时了解运输进程、清关情况及预计送达时间。为此，跨境电商物流服务必须具备高水平的信息化，通过物联网、大数据、云计算等技术，构建高效、透明的物流信息管理系统，实现各环节的数据整合与分析，以满足精准、实时的物流信息需求。

二、高质量人才是跨境电商企业发展的重要力量

随着数字经济的全球兴起，我国对外贸易市场持续扩展，多边合作机制稳步建立。在这一背景下，跨境电商作为新兴贸易形式，其高质量和稳定发

---

① 温珺，阎志军. 中国跨境电子商务发展：新特点、新问题和新趋势［J］. 国际经济合作，2017（11）：29-35.

展离不开专业化人才的支撑。数据显示，截至 2021 年，我国跨境电商领域的人才缺口已超过 600 万，预计未来五年这一缺口将进一步攀升至 985 万。这一庞大的人才缺口严重制约了跨境电商行业的发展与升级。

目前，我国跨境电商从业人员的主要来源之一是高校，但岗位对人才的要求极为复杂。从业者不仅需具备扎实的外语能力，便于与境外客户沟通，还需了解不同国家的贸易文化和商业习惯，以避免文化冲突和业务失误。例如，在与中东客户谈判时，需考虑宗教信仰、节假日等因素。除此之外，熟悉国际贸易法律、政策及跨境支付方式至关重要，这有助于合规运营与规避风险。高端人才还应掌握跨境电商平台的全流程操作，包括网络营销、客户引流及售后服务等，以提升企业的竞争力与市场影响力。

三、品牌成为主要竞争力

在数字经济的推动下，跨境电商行业呈现出独特的发展态势，但低准入门槛也导致了产品同质化问题的加剧。在激烈竞争中，品牌成为企业脱颖而出的核心要素。

跨境电商企业应借助数字化平台的优势，加强品牌战略的规划与实施。首先，要加快打造具有独特魅力和差异化的品牌。利用大数据、人工智能等技术，深入挖掘客户数据，精准分析不同群体的消费需求、偏好和购买习惯，从而明确品牌定位和核心价值。例如，通过分析消费者的搜索关键词、浏览历史和购买记录，将消费者细分为时尚爱好者、科技迷等群体，有针对性地打造符合他们需求的品牌形象和产品系列。

其次，企业应围绕市场需求，从多样化产品中挑选出受消费者广泛青睐的产品，并将数字化和差异化理念渗透到生产与服务环节。在生产环节，利用数字化技术优化生产流程，确保产品质量稳定，融入独特设计和创新功能，在外观和性能上与竞争对手区分开；在服务环节，提供全方位、个性化的客户体验，如快速响应咨询与投诉、多语言支持、定制化售后方案等。通过卓越的产品和优质的品牌服务，塑造国际化知名品牌，从而在全球竞争中占据优势；不断提升品牌的知名度、美誉度和忠诚度，为企业的可持续发展注入强劲动力。

四、数字经济下跨境电商经营分析

在数字经济的推动下，贸易全球化与数据全球化相互融合，催生了跨境电子商务这一新型交易模式。凭借低成本和高效率的优势，跨境电商推动了国际贸易的变革，加深了全球经济交流与合作，并优化了国际贸易结构。

一方面，信用在跨境电子商务交易中至关重要，主要通过有效获取和精准运用交易数据来建立。由于交易多在虚拟平台上进行，买卖双方无法面对面交流或实物检查，导致信息不对称，买方处于劣势。例如，买方只能依赖于平台提供的产品图片、描述和用户评价了解商品信息，而这些信息可能存在虚假或夸大的情况。此外，文化差异、语言障碍和价值观的不同也增加了交易的不确定性。例如，某些文化中颜色、图案或数字带有特殊寓意，若卖家不了解，可能会导致设计或推广上的失误，从而影响交易的顺利进行。

另一方面，在数字经济背景下，跨境电子商务的开放性和匿名性使得许多中小企业面临更多挑战。由于资源和能力的限制，许多企业对不同国家复杂的法律体系缺乏深入了解，导致在遇到跨境纠纷时处于被动地位，难以有效维护自身权益。这使得企业必须承担高昂的纠纷解决成本，包括法律诉讼费用、赔偿费用、时间成本以及因纠纷造成的商业信誉损失恢复成本等。这些费用不仅直接削减了企业的利润空间，还可能影响其长期发展，制约了企业在跨境电商领域的扩张和增长。[①]

第三节　数字经济下跨境电子商务发展模式

一、数字经济背景下我国跨境电子商务物流运作模式

跨境电商的快速发展离不开物流行业的支持。物流服务的质量直接影响交易的顺利进行。随着社会和技术的进步，跨境物流也在发生变革。物流行

---

① 李文博. 数字经济对跨境电子商务的影响分析［J］. 对外经贸，2024（1）：50-53.

业需创新运作模式、优化供应链、提高效率、降低成本，并运用大数据与物联网等技术，提升管理和追踪能力，以适应电商需求，推动双方共同发展。

（一）跨境电商概述

1. 跨境电商的内涵

跨境电商是电子商务的进阶版，借助互联网技术和数字化平台，连接全球消费者，满足多样化需求。通过电商平台如亚马逊、AliExpress 和 Wish，跨境电商促进了全球商品与经济交流，推动国际贸易的全球化发展。这种贸易形式已成为时代的主流趋势，区别于普通电商，跨境电商面向全球市场，通过信息技术和国际物流完成交易。

2. 跨境电商的重要性

在经济全球化背景下，数字经济推动跨境电商成为全球性经济活动，增强了我国与其他国家的联系。跨境电商不仅打开了国际市场，还促进了与国际社会的交流。我国丰富的商品种类为国际消费者提供了更多选择，对我国经济发展起到了重要作用。如今，跨境电商已成为推动我国国际贸易发展的关键因素。

（二）我国跨境电商物流运作模式

目前，跨境电商物流主要有两种运作模式：直营仓和海外仓。直营仓通过国际快递、跨境专线和邮政小包等方式进行物流配送；海外仓则依据仓储资源，分为平台自建仓、品牌自营仓和第三方物流提供的海外仓。

1. 聚集后规模化运输模式

聚集后规模化运输有三种主要模式，卖家应根据产品特点选择合适的方式。首先，外贸企业联盟集货模式适合中小企业，它通过合作降低物流成本，优化信息流系统，减轻资金压力。其次，自建集货模式适用于综合实力较强的电商企业，通过完善的销售链条扩大调配空间，提升经济效益。最后，第三方物流仓储集运适用于交通便利、交易频繁的地区，能节省成本并提高运输效率。

2. 邮政小包运输模式

邮政小包运输模式主要有三种：首先是中国内地的邮政快递包裹，其运费统一，成本相对较低，适合电商企业；其次是来自香港、澳门地区的邮政小包，这些地区因运输成本低且统一价格，成为跨境电商常用的选择；最后是新加坡邮政小包，由于地理优势，海陆空运输便利，能够快速覆盖全球。邮政小包普遍快捷，跨境电商企业需根据不同地区的价格政策和需求作出合理选择。

3. 海外仓存储模式

近年来，海外仓存储模式成为我国跨境电商企业常用的物流方式。随着行业发展，海外仓不断优化，提升了商品贸易质量和售后服务。这种模式通过设置境外仓库，提高运输效率，减少高峰期物流成本，并使退换货更加便捷。跨境电商企业还可借此与第三方电商平台合作，实现高效运输。然而，建立海外仓的风险较高，受市场和政策因素影响大，企业需根据当地政策采取相应的风险应对措施。

4. 国际快递模式

在国际快递领域，国外物流技术普遍领先，许多知名的外国物流公司在全球市场中享有良好口碑，并拥有较高的知名度，这些企业通常成立较早，具备较强的行业影响力。它们的配送速度较快，并提供基于重量的折扣机制，具有显著的竞争优势。随着跨境电商的崛起，我国物流行业也在积极向国际化发展，顺丰、圆通、邮政、中通等公司已开始接受国际订单派送。因此，在国际快递模式的发展背景下，我国跨境电商企业可以享有更多优化配送的选择，不再受限于单一国家的物流模式。

（三）数字经济背景下我国跨境电商物流面临的问题

1. 跨境电商物流缺乏充足性

随着跨境电商的快速增长，交易规模持续扩大，导致物流运输行业面临日益增长的快件需求。然而，现阶段我国的物流行业尚难以满足跨境电商对物流服务的高需求。虽然一些国内企业，如顺丰和邮政，已经根据电子物流发展趋势增设了国际快递服务，但整体而言，参与跨境物流的企业较少，难以满足跨境电商企业的多样化需求。单一依赖外国快递公司可能导致商品积压、爆仓等问题，进而影响跨境电商的顺利发展。

2. 跨境电商物流缺乏政策支持

随着跨境电商的快速发展，我国对跨境电商物流的重视逐渐增强，中央及地方政府纷纷出台政策，旨在推动物流行业的健康发展。然而，目前的政策多倾向于出口零售企业，虽然能够促进其跨境电商物流的发展，但对其他类型企业的支持仍显不足，缺乏有效的出口贸易政策指导。与其他国家相比，我国在跨境电商物流行业的政策支持仍显薄弱，这在一定程度上影响了跨境电商的运营和进一步发展。

3. 跨境电商物流体系不完善、信息水平低

目前，我国部分跨境电商物流仍停留在传统模式，忽视了物流行业信息化的发展。信息化物流能够实时跟踪物流数据，确保买卖双方准确了解货物位置。然而，当跨境电商卖家与第三方物流公司合作时，若信息传递出现错误，可能导致物流衔接不畅，进而影响双方形象，破坏合作关系，降低消费者信任，最终阻碍跨境电商物流在数字经济时代的发展。

4. 跨境电商物流运输中易发生破损

随着我国电子商务的快速发展，消费者对商品的需求日益多样化，购买的商品不仅包括衣物、电子设备，还包括奢侈品和生鲜水果。然而，跨境电商物流在运输过程中常遇到如商品破损和生鲜水果变质等问题，导致经济损失。此外，易碎品在运输过程中若未得到适当保护，也可能造成严重损坏，尤其是对于高价值商品，损失往往是不可挽回的。

（四）数字经济背景下我国跨境电商物流运作模式的创新

1. 加强跨国物流与跨境电商之间的配合

在数字经济的背景下，创新我国跨境电商物流模式，关键在于加强物流企业与跨境电商企业的合作。两者相互促进，信息交流与配合至关重要。为了实现共赢，双方需加强信息共享，推动大数据分析与技术协同共享。随着互联网技术的普及，物流企业应顺应这一发展趋势，优化跨境物流运输和服

务模式。具体来说，物流路径优化、客户投诉处理和产品检测等环节，都可以通过信息技术的支持实现更高效的协调。通过加强跨境电商与物流的合作，减少物流成本，提高服务质量，确保商品准确及时地送达消费者手中，同时降低物流交换成本，提升整体运输效率。

2. 构建物流发展体系，重视与第三方物流企业合作

目前，我国大多数中小型物流企业面临资源匮乏、国际物流能力不足等问题，尤其在物流质量上难以与大型企业竞争，常出现商品破损和时效问题。为了解决这些问题，物流企业应构建完善的物流发展体系，并加强与第三方物流企业的合作。通过减少中转环节，可以有效降低商品破损和生鲜食品变质的风险，从而提升客户满意度。完善的物流体系不仅有助于支持跨境电商的发展，还能提升产品服务质量和用户体验。同时，通过在不同地区设立海外仓，物流企业能够为跨境电商提供更多选择，赢得行业口碑，促进可持续发展。

3. 加强物流本土化发展

在数字经济背景下，我国跨境电商物流要实现可持续发展，必须深入了解海外市场并推进物流本土化。物流本土化是跨境电商发展的关键，通过与当地市场接轨，解决海外扩张、存储和货币结算等问题，从而提升服务效率和客户满意度。为此，跨境电商企业应建立与境外合作伙伴的友好关系，通过与当地媒体和客户的互动，加强市场反馈，调整物流营销策略，优化服务体系。同时，跨境物流的外汇结算也需依托本土化仓储和物流运营，根据不同地区的实际情况调整运营方式，确保物流流程高效顺畅，并提供高质量的客户服务。

（五）跨境电商物流运作未来展望

1. 跨境电商物流多样化发展

在数字经济的背景下，跨境电商不仅促进了商品和资金的全球流通，还加强了政治和文化的交流。因此，跨境电商物流模式应顺应社会发展趋势，创新并多样化物流运营模式。物流运输的信息化、商品质量监管及运输环节的技术创新至关重要。通过加强信息化管理和智能化监管，物流企业能够减少人工成本、降低失误、提升效率，从而推动物流工作朝数字化和智能化发展。

此外，物流企业应加强信息技术应用，提升跨境电商企业商品管理的质量与运输效率，从而提高买卖双方的满意度，促进全球电商生态的进一步发展。

2. 跨境电商物流协同发展，加强跨境交流

在数字经济的背景下，跨境电商物流不仅包括国内和国际快递，还涉及入境海关、商检等多重审查，运输过程复杂且周期较长。与本土电商物流相比，跨境电商物流需要应对更长的运输距离、较长的运输时间以及更复杂的配送服务。由于跨境电商的服务范围遍及全球，国家间的物流政策和运输标准差异使得跨境电商物流面临更多挑战。此外，跨境电商涉及的商品种类繁多，部分商品对物流运输要求较高，需要采取灵活的物流模式。跨境电商物流并非依靠单一的运输方式，而是根据买方市场、当地物流情况以及商品特点，选择最合适的物流服务模式。随着跨境电商的不断发展，物流模式日益多样化，需要各物流公司间的合作，优势互补，以确保商品能够顺利到达消费者手中。因此，加强跨境电商物流的协同发展，推动跨国交流，尤其在网络技术、硬件资源及供应链整合方面，至关重要。

随着计算机网络技术的进步，跨境电商与物流的关系愈加紧密。跨境电商推动物流行业的发展，并在运输服务中满足销售需求，从源头上加强合作，提升服务质量。综上所述，跨境电商物流要实现长远发展，需要不断创新运作模式，加强跨国物流与电商的合作，构建完善的物流发展体系，推动本土化发展，并从多角度推动物流模式的转型，助力物流行业进步。[1]

二、基于数字经济崛起的跨境电商物流模式

（一）数字经济背景下跨境电商物流模式的发展现状和特点

1. 跨境电商物流模式的概念和分类

跨境电商主要通过直邮模式、海外仓模式、转运模式和合作物流商模式实现商品运输目标。直邮模式主要服务于小件商品，并能实现送货上门；海

---

[1] 笙婷婷. 数字经济背景下我国跨境电子商务物流运作模式研究 [J]. 商场现代化，2024（11）：38-40.

外仓模式是在目的地建立仓库，通过该仓库实现货物运送，具备更高的物流效率，并且因不经过海关，可以避免关税；转运模式涉及货物中转，因此需要与转运公司合作，主要应用于无法直接发货的地区；合作物流商模式是一种外包模式，即卖家将货物运送业务完全交由物流公司处理。

2. 数字经济背景下跨境电商物流模式的发展现状

跨境电商物流模式正处于不断创新的过程中，科技力量发挥了重要作用，物联网、云计算、大数据等技术驱动物流模式向智能化发展，确保物流过程的透明与高效。平台如亚马逊和阿里巴巴通过整合物流服务，构建全球物流网络，提升了物流便捷性和效率。同时，供应链优化使物流信息可追溯，通过管理系统实时监控和调整物流环节，降低了成本并提升了客户服务。

3. 数字经济背景下跨境电商物流模式的特点

跨境电商物流模式具有以下特点：一是线上线下紧密融合。线上平台与线下物流环节紧密合作，确保信息传递更准确，从而提高物流效率和便捷性。二是形成全球化供应链。跨境电商需要与各国供应商和物流服务商合作，拓展市场并增加商品选择。三是数据驱动决策。利用大数据和人工智能，跨境电商可以优化物流规划、订单管理和库存控制。四是跨境通关挑战。跨境物流发生在不同国家之间，不同国家的法律法规、关税政策等存在差异。为了确保物流过程顺利，跨境电商需要提前与海关等相关机构沟通和合作。

（二）数字经济对跨境电商物流模式的影响

1. 数字经济对跨境电商物流模式的促进作用

一是提高效率。互联网和移动技术的不断完善，支撑跨境电商平台在全球范围内提供便捷的下单、支付、物流追踪等服务，像在国内一样方便。同时，供应商也能及时处理消费者反馈，推动物流效率达到更高层次。二是扩大市场和商品选择。跨境电商打破了国与国之间的商品交易壁垒，让消费者能够购买到国外产品，本土商家也能拓展海外市场。三是数据驱动决策。大数据、人工智能等技术运用于物流领域后，能够帮助跨境电商及时获取物流信息，并相应调整物流方案。

2. 数字经济对跨境电商物流模式的挑战

一是跨境通关挑战。由于各国法律法规存在差异，关税政策也不相同，跨境商品进入目的国时，商户需要深入了解目的国的关税政策，确保手续准备无误。而一旦目的国改变政策，这一过程将需要重新进行，这无疑会增加物流成本和时间。二是数据安全与隐私保护挑战。跨境电商在收集大量消费者和物流数据时，必须保障数据的安全与隐私。企业需建立严格的数据管理体系，采用加密和防护措施，同时，各国政府也应加强数据保护法规的执行，确保消费者权益。三是物流服务质量与可靠性挑战。跨境物流涉及多个环节，物流服务的质量直接影响电商的成功。企业需选择可靠的物流合作伙伴，确保运输能力、时效性和服务质量的稳定性，从而提升客户满意度。

（三）数字经济背景下跨境电商物流模式的发展建议

1. 加强跨境电商与物流企业的合作

跨境电商物流的优化可通过以下几个方面实现：

一是选择合适的物流合作伙伴。跨境电商企业应对物流企业进行深入调研，选择能力强、口碑好的合作伙伴。虽然成本因素需要考虑，但由于跨境物流复杂且风险较大，企业可以在成本上适度让步，只要商品能够稳定送达目的地，就能在持续盈利中不断壮大。

二是加强信息共享。在数字时代，物流模式发生了翻天覆地的变化。跨境电商应及时了解和掌握最新的物流模式，并在与物流企业的合作中提出更高的要求。信息共享尤为重要，即跨境电商与物流企业应共享订单、物流、库存等相关信息。

三是探索创新物流模式。传统物流模式存在诸多短板，难以满足跨境电商的新需求。要打造新的物流模式，引入新技术至关重要，物联网、大数据、人工智能等技术应成为重点引入对象，从而帮助优化物流流程。例如，借助物联网技术，物流状态可以实现实时监控，帮助电商和物流企业随时掌握物流进展。

2. 推动创新技术在跨境电商物流中的应用

物联网、大数据等技术在跨境电商物流中发挥着重要作用，显著提高了物流效率和质量。一是物联网应用。通过物联网，跨境电商能够实时监控货物的位置信息和环境数据，借助传感器和云平台，及时发现潜在问题，确保货物安全到达。此外，物联网还能应用于仓储管理，提升配货效率和精确度，使管理达到更高水平。二是大数据应用。跨境电商物流产生大量数据，通过大数据分析，企业能够洞察物流趋势，进而优化流程。例如，企业可以基于大数据对市场需求进行提前预测，进而有针对性地调整生产与库存，确保货物既不积压也不短缺，从而提升资源利用率和运输效率。①

第四节　数字经济下跨境电子商务发展的策略

一、精准定位跨境电商人才培养需求，创新培养模式

（一）数字经济时代跨境电商人才素质要求

跨境电商人才应具备以下几方面的能力。一是法律法规与网络素养：跨境电商人才需遵守国家信息和互联网相关法律法规，具备良好的网络文化素养和文明的网络行为习惯，同时具备信息安全和保密意识。此外，他们应拥有较高的思想品德、科学素养、专业素养以及网络沟通能力。二是专业技能：跨境电商人才需精通外语，具备与国际客户交流的能力，并掌握电商平台的管理技巧，如平台建设、网络推广、产品发布与订单处理等。此外，了解国际贸易法规、关税等相关知识对于与国外客户的沟通至关重要。同时，数据分析技能是必备的，能够根据平台数据挖掘市场需求，并制定有效的市场策略。三是综合能力：跨境电商人才需具备市场分析能力，能够准确把握市场需求与发展趋势，并据此进行产品定位和制定营销策略。他们需熟练运用搜

---

① 李桦，刘若彤，苏欣悦. 基于数字经济崛起的跨境电商物流模式研究 [J]. 中国航务周刊，2024（8）：66-68.

索引擎优化、社交媒体营销、电子邮件营销等手段提高品牌知名度。此外，熟悉跨境电商平台的运作流程，能够有效地进行产品推广、销售、订单处理和售后服务。

(二) 数字经济时代跨境电商人才培养存在的问题

1. 人才培养目标定位模糊

在跨境电商快速发展的背景下，人才培养面临目标不明确和定位不清晰等问题。首先，许多学校在设立跨境电商专业时，课程设计不够精准，仍以传统电子商务框架为基础，未能充分体现跨境电商的独特需求和行业动态，导致学生所学知识与企业实际需求脱节。其次，教学实习缺乏针对性，许多院校只注重形式上的实习，而忽视了与跨境电商行业实际操作的联系，导致学生无法深入理解行业运营模式和业务流程，缺乏有针对性的实践经验。最后，培养复合型跨境电商人才的目标尚不明确。跨境电商人才不仅需要专业知识和技能，还要具备跨文化沟通、市场营销和数据分析等综合能力，但很多院校仍然侧重于专业知识教学，忽视了综合能力的培养，导致学生在复杂的跨境电商环境中缺乏应对能力和创新意识，难以满足行业发展需求。

2. 人才培养模式有待创新

跨境电商行业对复合型人才的需求日益增长，但当前的人才培养模式难以满足行业对高素质人才的要求。一方面，传统教学方式存在局限。许多院校仍以理论授课为主，忽视了学生实践能力和创新精神的培养。跨境电商是一个动态发展的行业，市场需求不断变化，从业人员需具备持续学习和应变能力。然而，传统模式缺乏足够的实习机会，学生的实际操作能力不足，无法满足企业需求。另一方面，人才培养方式过于单一。部分院校的人才培养依然局限于课堂教学，缺乏多元化和个性化的训练方式。跨境电商作为全球化产业，要求从业者具备国际视野和跨文化沟通能力，但许多专业课程缺乏国际化元素，导致学生的跨文化沟通能力和国际视野不足。此外，专业教学与行业的联系不紧密，学生未能及时掌握产业趋势和市场需求，缺乏跨领域合作和创新能力。

（三）数字经济时代跨境电商人才培养策略

1. 精准定位跨境电商人才培养需求

在数字经济时代，精准定位跨境电商人才的培养需求至关重要。为了培养适应未来市场的专业人才，不仅要加强数字化技术训练，还需深化职业技术教育，确保学生具备必要的技能与素质。首先，课程设置需优化。学校应将"跨境电子商务理论与实务"与"国际商务函电"等核心课程纳入专业课程体系，并新增"在线广交会电子商务"和"电子商务案例"等课程。这些课程应与传统课程相结合，构建一门全面的"跨境电商"课程，以确保学生掌握实用的跨境电商知识与技能。其次，教学材料要与时俱进。教材应结合学校特色和行业需求，既涵盖基础知识，又融入地域特色和实际案例，提升学生的操作能力与市场敏感度。最后，实习安排应紧密结合企业需求。考虑到企业需要应对不同规模的订单，学校可开设专门课程，培养学生的商业协商能力，使其能够更好地应对多样化的订单和客户需求，从而在实习中提升实际操作能力。

2. 创新跨境电商人才培养模式

①加快推动高职院校的产教融合，对提升跨境电商人才培养质量至关重要。产教融合是国家教育改革的重点，其核心在于加强学校与企业的合作，实现教育资源的优化配置，为跨境电商行业培养具备实践能力和创新精神的高素质人才。通过产教融合，学生能够将理论与实践相结合，增强专业认知和职业素养，同时提升职业技能和适应能力。

通过校企合作，学生可以在理论学习后直接参与企业运营和项目实践，迅速适应工作环境并提高工作效率。在跨境电商人才培养过程中，需深入了解企业用人需求，明确所需的专业能力和技能。课程设置应重点培养跨境电商的核心能力，如市场推广、沟通技巧和外语能力等，课程体系可包括基础课程、专业拓展课程和选修课，同时结合行业需求，开设针对性强的专业课程，提升学生的综合能力和岗位适应能力。此外，为提高学生的跨境交流和创新创业能力，课程设计应深入分析企业生产和运营岗位，明确所需的专业能力点。通过理论与实践结合的课程安排，帮助学生逐步提升职业素养和技能。在课程评估中，应融入实践环节，如跨境电商项目实战、店铺经营汇报和电商直播等，让学生在实际操作中提升专业技能，更好地满足跨境电商行业的人才需求。

②在构建"双融"跨境电商人才培养模式时，将竞赛与教学紧密结合至关重要。这不仅能激发学生的学习主动性，还能加深他们对跨境电商专业知识与实践的理解，从而全面提升职业素养。因此，学校应充分利用职业技能大赛这一平台，组织具有行业针对性的竞赛，内容要紧贴产业规范与科技前沿，确保实用性与前瞻性。更重要的是，要将竞赛成果转化为教学资源，通过有效整合，提升教学质量。例如，学校可从跨境电商技能大赛、电商技能大赛及"互联网+"创新创业大赛中提炼出关键知识点与技能要求，并将其纳入教学内容。结合这些元素，开发校本教材，使教材更加贴近行业实际，激发学生兴趣与创新思维。通过"赛促教""赛促学"的方式，提升学生的学习热情，培养他们的团队协作与问题解决能力。在实践中，可以组织校内、校外以及更高层次的竞赛，如省级、国家级跨境电商职业技能大赛，并与相关课程如跨境电商、海外营销等相结合。通过竞赛，学生能更好地理解理论知识并提升实践能力，实现学习与竞赛的无缝对接。此外，组建"合创"团队，鼓励学生在"赛"与"学"的结合中，探索创新与创业的新路径，不仅能提高参与度，也能培养创新思维，为未来职业发展打下坚实基础。总之，竞赛与教学的结合为跨境电商人才培养注入了新的活力，帮助学生在实践中提升技能、激发创新，培养更多具备综合能力的高素质人才。

③在学校教育中，加强课证融合至关重要。通过这一模式，学生不仅能深化对专业知识和技能的认知，还能激发对相关职业技能证书的兴趣和研究热情。具体来说，应将跨境电商 B2C 数据运营认证、跨境电商 B2B 数据运营认证等专业资格与课程体系精准对接，确保人才培养标准与产业需求相符。以"1+X"网上商店经营推广认证为例，针对跨境电商行业对技能的需求，教学内容应与中级职业资格认证中的新技术、新趋势相结合。课程设计要注重证书能力测试，确保学生掌握并能够应用所学知识，成功获得"跨境电子

商务 B2B 数据运营"等技术认证。此外，可以创建班级小组指导系统，鼓励学生相互协作、互帮互评，甚至对教师的教学方法提供反馈建议。通过团队竞赛等活动，不仅能提高学生的学习兴趣和实践能力，还能增强其知识储备和应对挑战的能力。这种互动式学习方式，大大提升了学生获取证书的热情，也更好地满足了跨境电商行业对高素质人才的需求。①

二、紧抓时代机遇，迎接挑战，推动跨境电商高质量发展

（一）数字经济背景下跨境电商高质量发展的机遇与挑战

1. 发展机遇

一是国家政策扶持奠定了坚实基础。在数字经济浪潮中，跨境电商作为国际贸易的新形态，得到了国家层面的高度关注与支持。政府出台了一系列优惠政策，包括税收优惠、资金扶持和简化通关流程等，为跨境电商企业创造了更加宽松的经营环境。这些政策不仅降低了企业的运营成本，还提高了其市场竞争力，为跨境电商的高质量发展提供了坚实的政策保障。二是市场需求持续增加，开辟了广阔空间。随着全球消费者购买力的提升和跨境电商平台的日益成熟，市场对高品质、特色化产品的需求不断增长。跨境电商凭借其打破地域限制、丰富商品选择的优势，满足了消费者多元化的购物需求。这一趋势预示着，跨境电商市场将持续扩大，为行业的高质量发展提供广阔的市场空间。三是全新技术引入，驱动创新升级。数字技术的飞速发展，如大数据、人工智能、区块链等，为跨境电商带来了前所未有的创新机遇。这些技术的应用不仅提升了交易效率，还增强了数据安全性，优化了用户体验。通过精准营销、智能物流、供应链金融等创新模式，跨境电商企业能够实现业务流程的数字化转型，从而推动整个行业向更高质量、更高效率的方向发展。

---

① 张军成. 论数字经济时代跨境电商人才素质要求与培养策略［J］. 中国经贸导刊，2024（12）：193-195.

2. 面临的挑战

数字经济赋能跨境电商，加速了其发展，同时也不断涌现新理念，助力跨境电商改变传统模式并持续创新。然而，挑战也不可忽视。首先，物流体系仍存在短板，无法完全适应复杂的国际物流环境，导致配送时效长、成本高，退换货流程烦琐，影响消费者体验，并制约企业市场拓展。其次，品牌建设难度大，文化差异和市场隔阂使得品牌信息难以精准传达，且缺乏足够投入，导致品牌塑造进程缓慢。再次，专业人才短缺，国际贸易、电子商务等领域的高素质人才不足，限制了企业的创新与发展。最后，平台售后服务不完善，智能化和知识管理缺乏有效应用，数据安全风险高，导致消费者满意度下降，并损害企业形象。因此，跨境电商需要解决这些问题，优化物流体系、加强品牌建设、培养专业人才，并完善售后服务体系，以提升整体竞争力。

（二）数字经济背景下跨境电商高质量发展的对策

1. 建立完善的物流体系

在数字经济背景下，跨境电商的快速发展对物流体系提出了更高要求。为了解决跨境物流中存在的时效长、成本高、信息不透明等问题，建立完善的物流体系成为推动跨境电商高质量发展的关键对策。一方面，应加大对跨境物流基础设施的投资与建设，包括海外仓、智能分拣中心、跨境物流专线等，以提升物流效率和降低物流成本。通过布局全球物流网络，跨境电商企业能够实现货物的快速集散和高效配送，缩短配送时间，提高客户满意度。另一方面，应利用大数据、云计算、物联网等数字技术，提升物流体系的智能化水平。通过实时监控物流动态、优化运输路线、预测配送时间等手段，跨境电商企业能够实现物流信息的透明化和可追溯性，增强物流服务的可靠性和稳定性。同时，数字化物流体系还能帮助企业实现库存精准管理，降低库存成本，提高资金周转率。此外，跨境电商企业还应与物流服务商建立紧密合作关系，共同制定物流解决方案，提升物流服务质量和效率。通过共享物流资源、优化物流流程、协同应对物流风险等方式，跨境电商企业与物流服务商能够实现互利共赢，共同推动跨境电商物流体系的发展与完善。

2. 打造"数字化+品牌"模式

在数字经济背景下，品牌已成为跨境电商企业提升市场竞争力的关键因素。为应对激烈的市场竞争和消费者日益增长的品质需求，打造"数字化+品牌"模式成为跨境电商高质量发展的另一重要对策。一方面，跨境电商企业应充分利用数字技术，提升品牌建设和营销效率。通过大数据分析消费者需求和行为，跨境电商企业能够实现精准营销，提高品牌曝光率和转化率。同时，利用社交媒体、短视频、直播等新兴媒体渠道，跨境电商企业能够增强与消费者的互动与沟通，提升品牌认知度与忠诚度。另一方面，跨境电商企业应注重品牌内涵与品质的提升，以打造具有差异化竞争优势的品牌形象。通过优化产品设计、提升产品质量、完善售后服务等方式，跨境电商企业能够实现品牌价值提升，增强品牌市场竞争力。同时，跨境电商企业还应注重品牌文化的传播和塑造，以独特的品牌故事和文化内涵吸引消费者，增强品牌的情感共鸣与认同感。在打造"数字化+品牌"模式的过程中，跨境电商企业还应注重品牌保护与管理。通过加强知识产权保护、打击假冒伪劣产品等方式，跨境电商企业能够维护品牌声誉与形象，保障消费者权益。同时，跨境电商企业应建立品牌危机应对机制，及时应对品牌危机事件，降低品牌损失与风险。

3. 建立长效的人才培养机制

人才是任何行业不断向前的关键。目前，许多跨境电商企业存在人才短缺问题，这影响了其发展。为此，需建立长效的人才培养机制，确保企业能够持续获得高素质人才。首先，推动校企合作。企业可与学校合作，参与人才培养方案和课程制定，确保学校培养出满足企业需求的人才。同时，企业要为学生提供实习和就业机会，让他们得到切实锻炼。其次，加强内部培训。企业内部应重视员工培训工作，制定完善的培训制度，确保定期举办培训班、研讨会等，满足员工提升自我的需求，以适应企业发展。再次，利用在线教育平台提供灵活的学习资源，满足员工个性化学习需求，提升综合素质。最后，建立有竞争力的薪酬和激励机制。企业应基于岗位价值和绩效等出台薪酬制度，让岗位优秀者能"多劳多得"；同时，优化晋升体系，让有能力的人在更重要的位置发光发热。

4. 通过精准定位提高平台售后服务能力

售后服务质量越高，消费者对商家便越满意。商家可将售后服务融入品牌建设中，既提升品牌影响力，又增强市场竞争力。跨境电商企业可借助数字化手段来优化售后服务。首先，运用大数据技术进行市场调研，通过了解消费者需求来构建个性化售后服务体系。其次，基于互联网通信技术构建客户服务体系，确保消费者能够快速获得帮助。再次，定期培训售后服务团队，提升其专业技能和沟通能力，缩短响应时间，提高服务质量。最后，建立用户反馈机制，及时收集和分析消费者意见，持续优化售后服务流程，提升购物体验，增强市场竞争力。[①]

三、实现跨境电商生态系统建设的高质量可持续发展

（一）数字经济中跨境电商生态系统存在的主要问题

1. 跨境电商服务平台存在缺陷

在数字经济的浪潮下，跨境电商服务平台作为连接全球买家与卖家的桥梁，其重要性不言而喻。然而，当前平台在功能设计、用户体验及安全保障方面仍存在显著缺陷。一方面，平台功能单一，缺乏对供应链、金融、物流等关键环节的深度整合能力，导致交易效率低下，用户需要在不同系统间频繁切换以完成整个交易流程。另一方面，平台的数据安全与隐私保护机制不健全，数据泄露风险较高，影响了用户的信任度和平台的长远发展。此外，平台对跨境交易的合规性审核不严，假冒伪劣商品时有出现，不仅损害了消费者权益，也破坏了市场的公平竞争环境。

2. 跨境电商物流系统有待完善

物流是跨境电商生态系统的关键环节，其效率与成本直接影响跨境交易

---

① 胡缪甜. 数字经济背景下跨境电商高质量发展的对策研究 [J]. 商场现代化，2024（23）：23-25.

的可行性与盈利空间。当前，跨境电商物流面临的主要挑战包括配送时间长、成本高、追踪难度大以及退换货流程复杂等问题。一方面，国际物流网络尚未形成高效协同，不同国家间的物流标准和清关流程差异较大，导致货物在途时间长且不确定性高。另一方面，跨境物流成本高昂，尤其是对于小批量、多频次的 B2C 交易而言，高昂的运费往往成为制约交易达成的关键因素。同时，物流信息不透明，消费者难以实时获取包裹状态，降低了购物体验。

3. 海关流程仍旧处于模糊监管

海关监管是跨境电商合法合规运营的重要保障，但现阶段海关流程的不透明和监管标准的不统一，给跨境电商企业带来了诸多困扰。不同国家和地区对进口商品的税收政策、报关要求各不相同，且频繁变动，导致企业难以准确预测成本，增加了经营的不确定性。此外，海关清关流程烦琐，效率低下，尤其是在高峰期，货物滞留现象严重，影响了交付时效。模糊监管还可能导致部分企业通过灰色地带逃税漏税，破坏了市场秩序，损害了合法经营企业的利益。

4. 跨境电商经营理念陈旧

跨境电商企业作为生态系统中的核心，陈旧的经营理念，阻碍了其进一步发展。首先，供应链风险较大。跨境电商产业链长，经营风险难以控制，存在上游商品虚假宣传、下游退货流程烦琐等问题。其次，资本流转风险较高。跨境支付方式面临诸多挑战，尤其是外汇管制使人民币难以自由兑换，跨境公司依赖第三方支付，可能面临账户盗窃、资金冻结等风险，威胁消费者资金安全，并增加支付安全隐患。最后，缺乏数字思维。跨境电商的管理模式较为简单，主要集中在库存和供应链管理，导致库存预测与实际销售差异较大，库存成本控制不当。由于缺乏数字管理思维，跨境电商的供应链管理和库存管理未能与数字经济发展同步，影响了企业的长远发展。

5. 跨境电商生态系统不平衡

跨境电商生态系统的健康发展依赖于各环节间的紧密协作与平衡发展。然而，现实中，这一系统呈现出明显的不平衡状态。一方面，大型电商平台与中小企业之间资源分配不均，大型平台凭借规模优势垄断市场，中小企业难以获得足够的曝光与流量支持，生存空间受限。另一方面，供应链上下游协同不足，生产商、物流商、支付服务商等参与方缺乏有效沟通与信息共享机制，导致资源浪费与效率低下。此外，跨境电商人才短缺，尤其是具备国际视野、熟悉国际贸易规则与数字技术的复合型人才，成为制约生态系统升级的关键因素。这种不平衡不仅限制了跨境电商行业的整体发展潜力，也影响了其在全球经济一体化进程中的作用发挥。

（二）数字经济下跨境电商生态系统的发展策略

1. 专注于平台服务

在数字经济背景下，提升跨境电商平台的服务质量是构建健康生态系统的基石。平台应从技术创新、用户体验优化和合规性建设三方面着手。技术创新方面，应利用大数据、人工智能等先进技术，实现智能推荐、个性化搜索等功能，提升交易匹配效率。同时，开发集成化的供应链管理系统，将采购、仓储、物流等环节紧密衔接，为商家提供一站式服务。用户体验优化要求平台简化操作流程，增强界面友好性，确保用户在跨境交易中的每一步都能顺畅进行。此外，平台应加强数据保护措施，采用加密技术保障用户信息安全，建立透明的隐私政策，增强用户信任。合规性建设方面，平台需严格遵守各国法律法规，建立健全的商品审核机制，杜绝假冒伪劣产品，维护市场秩序，并提供清晰的合规指导，帮助商家规避法律风险。

2. 完善物流体系

物流体系的优化是提升跨境电商竞争力的关键。首先，需构建全球化的物流网络，通过与国际物流巨头合作或自建海外仓，缩短配送距离，提高响应速度。海外仓不仅能作为商品的中转站，还能提供本地化服务，如退换货处理和售后支持，显著提升客户体验。其次，应用物联网、区块链等技术，实现物流信息全程可视化，让商家和消费者实时追踪包裹位置，增强物流透明度。同时，探索多元化物流模式，如集运、直邮、空运等，满足不同商品类型和消费者需求，降低物流成本。此外，加强与海关的协作，简化清关流程，利用电子化单证减少纸质作业，提高通关效率。

3. 完善海关作业设备和流程

海关监管部门在做好监管工作的同时，也要优化通关流程，解决流程复杂和等待时间过长等问题。对于不同信用等级的跨境电商，海关应实施差异化监管，依据诚信和信誉级别对企业进行不同管理。同时，海关管理系统应优化业务流程，明确部门职责，避免监管空白和重叠，提升通关灵活性和审批便利性。各业务监管部门应积极合作，避免重复管理现象，确保在货物出现问题时，能迅速解决问题，加快通关速度。

4. 采用先进的经营理念

跨境电商生态系统的发展还需引入先进的经营理念，促进整体升级。一是推行共享经济与平台合作模式，鼓励商家、物流企业、金融机构等参与方共享资源，形成互利共赢的生态链。通过平台的数据分析能力，为商家提供市场趋势预测、消费者行为分析等增值服务，帮助其精准营销，提高运营效率。二是注重可持续发展，倡导绿色跨境交易，推广环保包装材料，优化物流路径以减少碳排放，提升品牌形象的同时响应全球环保号召。三是强化品牌建设和国际化战略，鼓励企业树立自有品牌，提升产品质量和服务水平，利用跨境电商平台拓展国际市场，参与全球竞争。同时，加强对目标市场文化、消费习惯的研究，实施本土化营销策略，增强国际竞争力。

5. 优化生态环境

首先，要优化政治制度环境。政府应积极优化与跨境电商相关的政策，提供税费优惠和财政补贴，降低企业经济压力，并引导企业规范运营。对外方面，本国政府应积极与其他国家沟通，弱化贸易壁垒。其次，要培养数字人才。跨境电商企业应加大对数字人才的吸引力，通过校企合作和产教融合培养人才，并定期为现有员工提供数字技术培训。同时，建立数字人才评价体系，建设专业团队，确保数字化管理思想的贯彻和人才优势的充分发挥。这将推动数字化转型，提升中国跨境电商的竞争力。[①]

跨境电商在快速发展的过程中面临多重挑战，包括物流体系不健全、电

---

① 蒲新蓉. 数字经济时代跨境电商生态系统建设与发展策略 [J]. 质量与市场，2022（8）：160-162.

子技术安全问题、法规滞后、国际市场壁垒高、末端物流效率低和人才短缺等。未来，政府将加强线上外贸规范，推动线上线下结合，促进跨境电商平台布局海外仓，并提升自主品牌建设。数字经济的崛起要求跨境电商更加重视人才与品牌，并增加物流管理要求，这也带来了新的经营挑战。各类物流运作模式有其优势与局限，普遍存在资源不足、政策支持缺乏、体系不完善等问题，未来亟须通过创新与合作来解决。企业需精准识别人才需求，创新跨境电商人才培养模式，抓住机遇应对挑战。同时，平台、物流、海关等方面的生态失衡问题，也需要进一步解决，以推动跨境电商的可持续发展。

第五章　数字经济下电子商务企业管理模式研究

数字经济下，电子商务企业管理迎来了新机遇与挑战。电商的兴起重塑了企业的采购、财务、营销和人力资源管理，深刻影响了经营理念和策略。然而，电商企业在税务管理、财务控制和项目实施上仍暴露出诸多问题。因此，深入分析电商对企业管理的影响，解决现存问题，并探索适应数字经济的管理模式，对企业在竞争中实现可持续发展至关重要。

第一节　电子商务对企业管理的重要性

一、电子商务对企业管理的影响深远

（一）电子商务对企业采购管理的影响

在电子商务快速发展的背景下，企业的采购管理方式发生了显著变化。为此，企业需要深入分析电子商务带来的影响，并制定相应的采购策略，以提高采购管理的效率和质量。在电商模式下，企业可以通过互联网平台实现电子化采购，并借助计算机技术进行科学化管理。这种方式不仅拓宽了供应商的选择范围，还帮助企业更高效地筛选合适的合作伙伴，从而获得性价比更高的原材料和零部件。通过这一创新采购方式，企业优化了管理流程，有

效降低了交易成本，进一步推动了整体发展。

（二）电子商务对企业财务管理的影响

过去，企业的财务管理通常是单向的，主要关注企业内部事务。然而，随着电子商务的蓬勃发展，企业财务管理需要更广泛的视野，不仅要考虑本企业的财务状况，还需关注与之合作的其他企业。此外，财务管理逐渐与其他业务实现了紧密联动，不再是各自为战的孤立状态。这种转变要求财务管理者具备更综合的能力，以适应电子商务时代的需求。

（三）电子商务对企业内部组织管理的影响

电子商务的兴起对企业内部的组织管理模式产生了深远影响。传统的垂直管理模式虽然注重岗位责任和明确分工，但在电子商务环境下，往往显得效率低下且灵活性不足。因此，企业在发展电子商务时，应逐步向扁平化管理转变。特别是无纸化办公和高效化的信息处理，不仅能提升工作效率，还能兼顾环保需求。基于这一点，企业应灵活运用现代办公软件和优化的工作流程，调整管理模式，以适应电子商务带来的变革和挑战。

（四）电子商务对企业库存管理的影响

电子商务的发展对企业库存管理产生了深远影响，主要体现在以下几个方面：首先，电子商务依托互联网平台，要求企业建立数字化的库存管理系统。消费者下单后，库存数量能够实时更新，因此，库存数据必须与实际库存精准匹配，以提高管理效率，确保企业的稳定运营。其次，随着电子商务平台的不断发展，库存管理所涉及的数据来源更加广泛，同时这些数据还可传递至网络商城，从而使库存管理更加合理和灵活，增强企业应对市场变化和抗风险的能力。

（五）电子商务对企业人力资源管理的影响

在电子商务时代，人力资源管理更加注重人才的知识储备与技能培养。

随着行业需求的不断变化，企业必须紧跟电子商务的发展趋势，培养具备专业知识和创新能力的高素质人才。因此，企业在优化人力资源管理时，需要积极对接电子商务产业的人才需求，完善人才挖掘与培养机制，以支持企业实现高质量发展。①

二、电子商务对企业管理的作用重大

（一）促进企业管理理念的转变

电子商务的兴起已成为不可逆转的趋势，并对企业发展产生了深远影响。在此背景下，企业必须及时调整传统管理模式，构建适应电子商务环境的新管理体系，以确保业务流程能够与电子商务实现顺畅对接和高效融合。只有这样，企业才能在激烈的市场竞争中保持优势，否则将面临被市场淘汰的风险。此外，电子商务的快速发展也迫使企业管理者进行深入反思，主动推动变革，为管理创新提供更有力的支持。

（二）促进企业组织结构的创新

电子商务的发展要求企业具备更快的响应速度和更灵活的决策机制。传统的金字塔式组织结构由于信息传递效率低、决策流程冗长，已难以适应这一需求。在电子商务的推动下，企业开始向扁平化和网络化方向转型，打破部门壁垒，实现跨部门协作。借助电子商务平台，信息得以即时共享，决策层可以直接获取一线数据，减少中间环节，加快决策效率。同时，项目制、小组制等灵活的组织形式逐渐成为常态，鼓励员工跨部门、跨职能合作，激发组织创新活力。此外，电子商务还推动企业向平台化和生态化发展，构建以用户为中心的服务体系，整合内外部资源，实现资源的高效优化配置。

（三）促进企业营销渠道的拓展

传统销售模式中，营销人员依赖推销手段和个人判断，但这种"跑断腿、

---

①　魏忠岚. 论电子商务对企业管理的影响与创新性 [J]. 市场瞭望，2023（24）：104-106.

磨破嘴"的方式既耗时又低效，且容易错失商机。而电子商务的兴起彻底改变了这一局面，它为企业提供了更加广泛的营销渠道和多样化的营销方式。通过互联网，企业不再需要奔波各地，仅凭线上工具便可完成市场调研，与远隔万里的合作伙伴洽谈业务。同时，电子商务大幅拓展了销售渠道，使企业能够接触更广泛的客户群体，不仅显著提高了总销量，还为国际市场的开拓提供了有力支持。

（四）促进企业生产经营成本的降低

企业应重视成本核算，力求通过降低成本扩大盈利空间。在核算过程中，原材料采购和设备耗材是重要内容。随着电子商务的广泛应用，企业在选择原材料供应商时拥有的选择空间更大，可以优先选择质优价廉的供应商，从而有效降低成本投入。此外，借助互联网技术，企业间的沟通更加高效，这有助于提升协作效率。具体而言，生产企业、物流公司、代理商和经销商等各环节通过线上渠道实现无缝交流，可以对关键流程达成共识。这种方式不仅提升了物流效率，还显著降低了物流成本。同时，电子商务还为资金筹措带来了变革，通过网络银行和在线融资平台，企业能够简化贷款流程，减少中介费用，以更低的成本筹集资金，从而进一步降低整体运营成本。

（五）促进企业结算方式的升级

电子商务的发展极大地丰富了企业的交易方式，推动了结算方式的现代化革新。在线支付、移动支付和数字货币等新兴支付手段的普及，显著提升了交易效率，降低了交易成本。企业可以实时监控资金流动，优化现金流管理，从而有效减少财务风险。同时，电子商务平台提供的信用评估和融资服务，为中小企业拓宽了融资渠道，降低了融资门槛。电子发票和电子合同等数字化工具的普及，也进一步简化了交易流程，提高了合同执行效率，增强了交易的透明度和安全性。这些技术变革不仅加速了企业资金周转，还为企业的财务管理带来了前所未有的便捷性和高效性。

（六）促进企业人力资源管理的优化

电子商务的快速发展对企业人才结构提出了更高要求。一方面，企业需要引进具备电子商务技能和数据分析能力的复合型人才，以适应数字化转型的需求。另一方面，电子商务平台为企业提供了更加广泛的人才招聘渠道，降低了招聘成本，提升了招聘效率。在员工管理方面，电子商务技术的应用使绩效考核更加客观、公正。通过数据分析，企业能够精准评估员工工作表现，制定个性化激励措施，从而提升员工满意度和忠诚度。此外，电子商务还促进了远程办公和灵活工作等新型工作模式的兴起，为员工提供了更多选择，同时增强了团队的适应性和灵活性。这种以人为本的管理理念不仅有助于构建积极向上的企业文化，还能吸引并留住更多优秀人才。[①]

三、电子商务对企业管理的优势巨大

电子商务在企业经营管理中的应用，已成为现代企业发展的重要趋势。它不仅是将企业业务线上化，更重塑了企业的经营管理模式。借助电子商务，企业能够构建并获得以下竞争优势：

（一）优化企业管理过程的效率优势

在电子商务环境下，互联网为企业搭建了一个复杂且高效的多层次网络平台，使营销、服务和支付等环节实现了高度集成化。营销方面，企业能够精准投放广告，快速触达目标客户；服务方面，在线客服系统实现了即时响应，提升了用户满意度；支付方面，电子支付手段加快了资金流转，提高了财务运作效率。此外，信息的快速传递使企业内部协作更加顺畅。例如，市场部反馈的客户需求能够迅速传递至研发和生产部门，从而促进产品的及时优化升级。与此同时，企业与供应商及合作伙伴之间的沟通成本显著降低，信息共享更加高效。通过自动化工具和电子数据交换技术，审批流程和订单

---

① 薛志岭. 论电子商务对企业管理的促进［J］. 河北企业，2018（9）：51-52.

处理大大提速，从而节省了宝贵的时间与资源。综上所述，电子商务帮助企业显著提升整体运营效率，为在激烈的市场竞争中赢得时间优势奠定了基础。

（二）提高企业市场响应能力的信息优势

电子商务依托先进的网络技术，大幅增强了企业的信息传播能力和市场调研能力。通过官方网站和社交媒体等多渠道平台，企业可以迅速更新产品信息，与消费者进行高效互动。例如，当科技公司发布新款手机时，可以在官网展示详细参数及演示视频，同时通过社交平台推广，快速吸引全球用户的关注。此外，电子商务平台还赋予企业强大的数据分析能力。借助大数据和舆情监测工具，企业可以实时掌握市场动态，并从电商平台的搜索关键词和用户评价中获取有价值的市场反馈。这些数据为产品优化和策略调整提供了精准依据。当市场需求发生变化时，企业能够迅速调整产品和服务；面对竞争对手的动作，也能及时评估影响并制定应对方案，始终确保市场敏锐度和竞争优势。

（三）与客户直接接触的沟通优势

通过电子商务，企业能够在互联网上搭建专属平台，实现与全球客户的直接接触。结合智能客服与人工服务，企业可以即时响应客户需求并提供全天候服务。例如，电商服装企业的客服团队可以根据客户提供的身材信息推荐合适的尺码和款式，提升购物体验。此外，企业还能够通过电子邮件推送个性化的产品推荐和优惠信息，增加客户黏性。同时，借助视频会议等工具，企业可以与重要客户远程洽谈合作，直观展示产品的应用场景和优势。这种高效且成本较低的沟通方式，不仅拉近了企业与客户的距离，还帮助企业建立起稳固的信任关系，显著提升客户忠诚度，为品牌建设和市场拓展奠定了坚实的基础。

（四）拓展企业市场延伸的时空优势

电子商务突破了传统商业模式的时空限制，使企业能够跨越地域和国界开展业务。在空间层面，电商平台帮助企业覆盖全球市场。例如，一家小型手工作坊的特色饰品，通过电商平台即可销往世界各地，吸引不同文化背景的消费者购买，而无须在全球各地开设实体店铺。在时间层面，电商平台 24 小时开放，消费者随时可以下单，而企业借助自动化订单处理系统，即使在非工作时段也能完成订单管理、生产和配送安排。例如，深夜下单的书籍可由系统自动接单并通知仓库发货，确保快速送达。这种突破时空限制的能力，大幅提升了企业的服务范围与响应速度，增强了市场影响力与竞争力。

（五）减少企业费用支出的服务优势

电子商务为企业带来了显著的成本节约。传统办公中大量使用的纸质文件已被电子文档取代，减少了存储和传输成本。企业内部沟通和协作借助即时通信软件和云存储进行，显著降低了会议和差旅费用。例如，通过视频会议进行项目讨论和培训，企业不再需要安排员工跨地区集中开会，从而降低了运营成本。在电商运营中，电子支付手段减少了现金管理和结算的风险与成本，自动化库存管理系统减少了人工盘点工作量和库存浪费。此外，外勤员工可以通过移动办公应用远程访问企业资源，如查询库存和价格，实时为客户提供精准服务。这不仅提高了服务效率，还进一步降低了企业的运营成本，增强了资源利用率和盈利能力。①

第二节　数字经济下电子商务企业管理存在的问题

一、电商企业税收征管存在的问题

（一）纳税主体较为分散

数字经济具有"虚拟化"特征，其运作过程主要在线上完成，而传统税收方式主要针对实体交易，对"虚拟"交易适应性较差，导致税收征管难度

---

① 戈日慧. 电子商务推动企业管理创新［J］. 农村经济与科技，2017，28（16）：128.

增加。目前，数字经济的主要形式包括信息传输、在线交易、支付等。在我国，北京、广东、上海、浙江等地区的数字经济发展尤为繁荣，这背后依托于众多大数据公司的支持。虽然这些公司规模小、员工数量有限，但凭借灵活性和创新能力为市场带来了新机遇。然而，数字经济的税收征管面临巨大挑战。纳税主体分布分散，身份难以明确，数字市场中生产者、供应者、购买者之间的界限模糊，再加上交易地点与纳税地点的界定不清，使税务部门难以准确追踪交易的时间和地点。此外，数字产品和服务的无形性，以及交易过程中 IP 地址或网站可能被篡改等问题，进一步增加了税务监管的难度，削弱了传统税收规则和利润分配制度的有效性。因此，针对数字经济的新特点制定科学合理的税收政策，已成为全球各国亟待解决的问题。

（二）业务边界逐渐模糊

数字经济与传统经济差异显著，其经营范围具有高度模糊性，税收来源跨行业且多元化。作为一种新型经济模式，数字经济能够与多个行业深度融合，并依赖大数据、云计算、物联网等技术支持。尽管数字经济依托于数字基础设施，但其价值分配的不明确性使税收来源难以精准界定，给税务机关确定纳税主体和征税金额带来困难。例如，人工智能和机器人是否应被视为"纳税主体"而进行征税，仍存在法律和道德上的争议。此外，数字经济中的虚拟供需关系进一步加剧了税收主体界定的复杂性。传统的征税标准难以适应跨国交易和用户定位问题，从而对税收制度提出了新的挑战。

（三）收入定性难以明确

数字经济推动了交易模式的深刻变革，税务机关在征税过程中，面临着交易本质难以准确区分的问题。在线交易的类型往往不够明确，交易金额的性质也难以精准界定。例如，要将营业所得、劳务报酬、特许经营所得、转让所得等收入类别进行清晰区分，才能按规定正确征税。然而，在电子商务环境下，这些收入类别的界限变得模糊，导致大量收益未能及时纳入税收体系，从而造成税收流失。

（四）涉税信息获取难度较大

与传统经济相比，数字经济在涉税信息获取上存在诸多挑战。在传统商业模式中，交易双方通常通过现金或信用卡完成交易，税务机关可以通过查询账簿或银行记录轻松掌握交易信息。而在数字经济中，随着支付方式的革新，支付宝、微信支付等数字支付工具逐步取代传统支付方式，导致税务机关难以追踪资金流动。同时，社会对个人数据保护的重视程度日益提高，信息保护手段不断升级，而现有税务信息化水平尚无法满足数字经济环境下的需求。税务机关在应对数字化挑战时措施不足，加之对不诚信纳税人的监管不力，进一步增加了税款流失的风险，也难以有效保障政府的税收利益。①

二、电商企业财务管理的主要问题

（一）管理观念落后

部分电商企业在运营中未能认识到其业务性质与传统集权式财务管理模式的不匹配，导致财务管理缺乏系统性和全面性。信息化建设未得到足够重视，企业未积极投入资源以推动管理软件升级，导致现有管理工具难以发挥应有的效能。此外，电商企业的财务管理内容较为狭隘，过于关注实体财产，而对无形资产的管理重视不足。与此同时，企业对数字经济环境下的投融资管理了解有限，导致资金管理手段相对滞后。最后，由于企业未能及时更新信息系统，外部数据与内部数据标准不统一的现象时有发生，阻碍了信息流转，影响了信息整合与共享的效率。

（二）业财融合存在不足

尽管网络与信息技术的发展为电商企业的财务与业务协调创造了条件，提高了交易效率、减少了中间环节，从而在成本上有所降低并为企业带来更

---

① 周于岚，陈雯婷. 数字经济背景下电商企业税收管理存在的问题及防范研究 [J]. 商场现代化，2023（1）：5-7.

多收益。然而，实际情况中，许多企业在业财融合方面的表现不尽如人意。分析原因可发现，不少企业仍沿用传统的财务管理模式，未能明确财务部门与其他业务部门的职责划分，导致工作中出现职能混淆、责任落实不到位等问题，进而影响了业财协同的整体效果。

（三）管理手段不完善

电商企业的商业运作和管理模式与传统企业存在显著差异，传统财务管理方法已难以满足其需求，需要进行全面调整。然而，许多电商企业在管控手段上与自身特点仍不匹配。首先，预算管理缺乏精准性。尽管电商企业的预算具有一定灵活性，但由于未结合实际需求进行科学规划，常出现预算不准确的问题。其次，绩效考核体系设计不合理，未能全面衡量各项关键指标，导致考核结果无法真实反映企业经营效果。最后，资金管理不到位。在互联网交易模式下，资金确认过程变得复杂，收入来源多样化，使得资金流动的清晰梳理需要投入更多资源与精力。这些问题严重制约了电商企业的管理效率与财务管理水平。[①]

三、电商企业项目管理的核心问题

（一）项目管理数字化程度低

许多企业尚未建立完善的项目管理系统或风险分析工具，导致数据处理效率低下且易出现错误，难以有效应对大数据带来的挑战。部分企业仍依赖传统文档形式，而非采用可视化或交互式报告工具，使得项目管理信息的传递和理解效率低下。在数字化时代，尽管许多领域已广泛采用线上工具，部分项目管理环节（如数据分析和报告审批）仍依赖手工操作，未实现全面线上化，进一步降低了效率并增加了数据泄露的风险。尽管部分企业已借助新技术优化了产品和服务，项目管理信息化的滞后仍可能导致关键风险监控的遗漏，进而对企业声誉和盈利能力造成负面影响。

---

① 王月兴. 大数据驱动下电商企业财务管理创新策略 [J]. 中国科技投资，2024（17）：30-32.

（二）项目管理计划制订依据单一

在电商企业项目管理中，计划制订过程依赖单一信息来源，这是一个显著问题。项目计划通常仅基于初步的市场调研或高层管理者的主观判断，缺乏多维度数据的支撑。这种单一化的依据容易导致计划难以全面反映市场需求、技术可行性和资源约束等实际情况。在执行过程中，这种问题可能引发目标偏离、资源分配不合理等情况，从而影响项目的整体进度和成果。为解决这一问题，企业需引入多元化的信息来源，例如客户反馈、行业报告、专家咨询等，构建更加全面、科学的项目管理计划，从而提高计划的可行性和有效性。

（三）项目管理质量缺乏有效监督

在电商企业项目管理中，质量监控的缺失或不足是另一个关键问题。在项目执行阶段，由于缺乏系统化的监督机制，容易出现质量偏差，如产品功能不符合预期、服务标准下降等问题。这不仅损害客户体验，还可能对企业的品牌形象和市场竞争力造成不良影响。为提升项目管理的质量，企业应建立健全的质量管理体系，明确质量标准，定期开展质量审查和评估，并对发现的问题及时进行纠正，确保项目成果符合既定要求，从而为企业的可持续发展奠定坚实基础。[①]

第三节　数字经济下电子商务企业管理的模式与策略

一、大数据时代电商企业的财务管理模式

（一）电商企业财务管理的特点

电商企业的财务管理相较于传统企业呈现以下特点：

---

① 甘露璐. 大数据时代电商企业项目管理变革研究［J］. 商场现代化，2024（17）：41-43.

1. 数据驱动

通过数据分析指导决策是核心。电子单据的网络化传递，实现了与全球生产商、销售商及消费者的快速交流，使企业精准掌握市场动态，优化资源配置，提高管理效率。

2. 信息化程度高

借助大数据和云计算等技术，财务管理实现了远程处理和实时传递，提升效率与精度，同时增强信息透明度和可追溯性，助力内部控制和风险管理。

3. 实时性强

实时监控财务状况，快速调整策略，缩短传统会计的时间与空间距离，实现会计信息的实时跟踪，降低财务风险，提升运营效率。

4. 管理复杂度高

涉及多渠道、多平台的数据整合与分析，格式不统一、业务多样化、活动频繁及费用体系复杂，增加了管理难度，要求企业具备先进的数据处理能力与高效管理流程应对挑战。

（二）大数据时代电商企业加强财务管理的策略

1. 重视大数据技术的应用

大数据技术为电商企业财务管理提供了强大支持，帮助优化以下方面。在实时监控与风险管理方面，通过大数据分析实时监控财务状况，发现潜在风险并及时应对，降低财务风险。在精确预算与成本控制方面，大数据分析帮助制定精准预算，识别不必要开支，优化成本控制。在决策支持与绩效评估方面，通过大数据分析提供决策依据，支持财务策略和绩效评估。在智能化与自动化方面，借助人工智能和机器学习，财务管理逐步实现自动化和智能化，提高效率和准确性。

2. 培养专业人才队伍

电商企业需培养具备数据分析和预测能力的财务人才。在加强培训层面，定期培训财务人员，提高数据分析和应用能力。在引进人才层面，招聘具备大数据技术和财务经验的专业人才，推动财务管理水平提升。在建立激励机制层面，通过薪酬激励、职业发展等措施激发人才积极性和创造力。

3. 制定完善的管理制度

科学有效的管理制度是财务管理的保障。在责任制度方面，明确职责和权限，建立责任追究机制，确保财务管理顺利进行。在流程制度方面，优化财务管理流程，提升效率，降低财务风险。在风险防范制度方面，建立健全风险防范机制，预警和应对财务风险，保障财务安全。

4. 强化财务信息化建设

信息化建设是提升财务管理水平的关键。一是建立大数据平台，整合数据资源，提供数据分析支持，帮助理解市场动态。二是推进财务系统升级，引入先进的财务管理软件，提高自动化和智能化水平。三是加强信息安全保障，加强数据安全管理，确保财务数据的安全性和完整性。[①]

二、大数据时代电商企业管理模式

（一）电商企业管理模式存在的主要问题

电商企业在管理模式中面临多个问题。首先，数据安全和隐私保护不足，随着数据挖掘技术的进步，个人信息泄露和滥用风险增加，企业需要加强数据保护并引入新技术以保障用户隐私和信誉。其次，行业数据尚需进一步完善，虽然一些大企业通过大量用户数据优化决策，但电商企业应更加重视内外部数据的整合，以提升决策精准度和市场竞争力。最后，尽管大数据提供了海量信息，但许多企业未能有效将数据转化为实际价值，导致决策缺乏全面性，难以形成有效的反馈和促进。

（二）大数据时代电商企业管理模式的创新路径

在大数据时代，电商企业通过大数据技术实现低成本管理，显著提高信息处理效率。通过大数据的应用，企业能够在短时间内快速收集和精准分析

---

① 尹玉凤. 大数据时代电商企业的财务管理模式［J］. 纳税，2023，17（25）：103-105.

海量用户数据，减少人工干预和失误，从而大幅降低人工成本，并提升决策的科学性和市场拓展的效果。与此同时，大数据技术为精细化管理提供了强有力的支持。它帮助电商企业高效处理和分析海量数据，避免传统抽样分析中可能产生的误差，从而更精准地掌握用户行为和需求，制订更具针对性的营销计划。这种精确的管理模式使得企业在面对复杂的市场环境时，能够灵活应对并做出高效决策。通过精准营销，电商企业能够深入挖掘用户信息，并实时追踪用户的浏览、购买记录等，制定个性化的营销策略。通过分析用户的兴趣、偏好和需求，企业能够满足客户的具体需求，同时提升产品或服务的经济效益，增强市场竞争力。①

三、迎合数字经济浪潮，构建电商企业文化

随着数字技术的迅速发展，电商行业正面临前所未有的变革。作为企业的核心竞争力和灵魂，企业文化的构建与优化对于电商企业在数字经济时代的可持续发展至关重要。

（一）数字经济浪潮下电商企业文化构建的机遇

在数字经济的推动下，电商企业文化建设迎来了前所未有的机遇，这不仅为文化创新开辟了广阔空间，也为提升企业核心竞争力提供了坚实保障。随着大数据技术的进步，电商企业能够精准分析消费者行为、员工反馈及市场动态，为优化企业文化提供数据支持。通过分析员工的偏好与价值观，企业可以定制符合员工需求的文化活动，增强团队凝聚力；同时，结合消费者反馈，调整对外展示的文化形象，提升品牌亲和力与透明度。这一过程依托于数据驱动，避免主观臆断，确保企业文化内外兼修。数字技术，如移动互联网、社交媒体和云计算，进一步推动企业文化传播，打破物理空间限制，建立互动性文化平台，并通过 VR、AR 等技术创造沉浸式体验，提升品牌认知和客户忠诚度。跨界合作也是文化创新的重要途径，电商企业通过与时尚、

---

① 徐俪凤. 大数据时代电商企业管理模式创新路径研究［J］. 中国管理信息化，2021，24（17）：118-119.

艺术或公益组织的合作，拓宽业务范围并注入新鲜血液，提升社会影响力和文化层次，进一步增强企业文化的吸引力与社会价值。

（二）数字经济浪潮下电商企业文化构建面临的挑战

在数字经济的快速发展下，电商企业在构建企业文化方面面临诸多挑战，主要涉及传统与现代文化的融合、文化认同感的建立以及文化持续性的保持，每一项都考验着企业的智慧与决心。

1. 传统与现代文化融合的挑战

电商企业通常具有鲜明的现代性和互联网特征，但在追求创新和效率的同时，如何与传统文化中的诚信、匠心、协作等价值观相融合，成为一大难题。传统文化对增强企业凝聚力和品牌形象至关重要，因此，企业必须在数字化和全球化浪潮中，找到传承与创新的平衡，避免文化断层或同质化。

2. 文化认同感建立的难题

电商企业员工通常来自不同地区、文化背景和教育体系，如何在这种多样性中建立共同的文化认同感是一个复杂的过程。企业需要通过有效沟通、培训和团队建设，促进员工间的理解与尊重，让每位员工都能在企业文化中找到归属感，从而形成强大的团队合力。这要求企业具备高度的文化敏感性和包容性，并持续投入文化建设。

3. 文化持续性保持的困境

在市场环境快速变化的背景下，电商企业需要不断调整战略以应对变化，这往往伴随着企业文化的动态调整。如何在频繁的战略调整中保持文化的连贯性，防止其被稀释或扭曲，是企业面临的挑战。文化的持续性不仅关乎长期发展战略，也是品牌信誉和员工忠诚度的基石。企业需要建立完善的文化管理体系，确保文化在变化中得以传承与发展，成为企业持续成长的内在动力。

（三）数字经济浪潮下电商企业文化构建路径

1. 创新融合，传承与发展并重

在数字经济的背景下，电商企业文化的构建应实现传统文化与现代元素的创新融合。首先，传统文化的精髓，如"仁爱"和"诚信"，应融入企业价值观，与现代商业理念和互联网技术相结合，创造具有时代特色的企业文化。例如，利用虚拟现实技术打造沉浸式文化体验空间，让员工与消费者在传统与现代交织的文化氛围中感受企业魅力。其次，企业文化要与行业特性相结合，电商行业强调快速响应、创新和用户体验，因此文化应体现对速度的追求、对创新的鼓励，以及对用户需求的深刻理解。通过创新奖励机制和行业交流活动，激发员工创新热情，推动企业文化成为行业进步的动力。

2. 多维构建，增强文化体验

电商企业文化的构建应是一个多维度、全方位的过程。利用数字技术，打造线上线下结合的文化传播平台，增强员工的文化体验和参与度。线上，通过官网、社交媒体和内部通信平台传播企业文化，分享员工故事；线下，通过文化沙龙、主题展览和团队建设等活动，让员工在亲身参与中感受文化魅力。同时，企业应尊重员工的多样性，提供个性化的文化体验，如成立兴趣文化俱乐部，促进员工交流，加深对企业文化的认同。

3. 灵活调整，保持文化活力

电商企业需保持灵活性，随市场变化调整企业文化。首先，建立文化评估和反馈机制，定期评估文化建设的效果，并根据反馈及时调整文化策略，以确保文化与企业战略和市场环境相匹配。例如，随着业务扩展，可能需要更强调团队协作和跨文化交流。其次，鼓励文化创新，保持企业文化的开放性和活力。企业应鼓励员工提出创新文化理念，举办文化创新大赛，吸收行业内外的优秀文化元素，不断为文化注入新鲜血液。此外，领导层应起到示范作用，身体力行，成为企业文化的践行者和榜样，带动全员共同营造良好的文化氛围。①

四、守好网络营销底线，强化电商企业社会责任

在数字经济时代，网络营销凭借广泛覆盖和低成本优势，已成为电商企业

---

① 任雪莹. 数字经济浪潮下电商企业文化的构建路径 [J]. 新传奇，2024（29）：126-128.

的核心营销手段。然而，随之而来的社会责任问题，如侵犯隐私、数据盗用和恶性竞争，正给企业与消费者带来负面影响。为应对这一问题，电商企业需加强社会责任意识，确保在网络营销中履行应有的道德义务，实现可持续发展。

（一）相关理论概述

1. 网络营销

网络营销是在互联网平台上进行的商品交易活动，旨在满足生产者与消费者需求。它突破了传统营销的时空局限，通过在线展示和实时互动，更精准地满足消费者需求，具有较低的成本优势和较好的营销效果。

2. 企业社会责任

企业社会责任是指企业在追求经济目标的同时，积极承担对社会、环境及经济发展的贡献。企业应关注其行为对社会、环境及利益相关者的影响，强调道德意识、尊重人权、公平与正义，并参与公益和环保事业，以实现社会、环境与经济的和谐发展。承担社会责任有助于保护企业声誉、增强公众信任、提高合作效率，并推动可持续发展。

3. 利益相关者理论

利益相关者理论认为，企业的生存与发展离不开各方利益相关者的参与，包括股东、员工、客户、供应商、政府及公众等。企业应在经营过程中考虑利益相关者的利益和影响，做出公平合理的决策，公开透明经营，并及时回应其需求和反馈。该理论为企业落实社会责任提供理论支持，帮助企业在追求经济效益的同时，兼顾社会效益，实现利益相关者的整体利益最大化。

（二）电商企业网络营销中社会责任缺失的表现

1. 滥用信息技术区别定价

信息技术为电商企业提供了更多了解消费者的机会，但也带来隐私泄露的风险。一些电商通过大数据分析收集消费者信息，并根据这些数据实施个性化定价，导致价格歧视。在不知情的情况下，消费者可能遭遇不公平的价格差异，尤其是在商品质量或数量不如预期时。信息不对称使得消费者难以做出理性购买决策，这种行为破坏了交易的公平性，甚至可能演变为法律问题。

2. 侵犯消费者合法权益

一些电商企业为了追求销量和利润，忽视了消费者的基本权益，具体表现为以下三点：一是虚假宣传，夸大产品功效或虚构用户评价；二是价格欺诈，如虚构原价、先提价后打折等手段欺骗消费者；三是售后服务缺失，拒绝或拖延退换货，甚至不履行法定的"七天无理由退货"承诺。这些行为不仅破坏市场秩序，也损害了电商行业的形象。

3. 恶性竞争

在激烈的市场竞争中，一些电商企业为争夺市场份额，采取不正当竞争手段，如诋毁竞争对手、盗用商标或进行低价倾销等。这种恶性竞争扰乱市场秩序，导致优质产品和服务被边缘化，消费者无法获得真实信息，最终影响行业健康发展。长期恶性竞争还会消耗企业资源，降低创新能力，损害行业生态。

4. 平台管理漏洞

电商平台在连接商家与消费者时，管理效能至关重要。然而，一些平台存在审核机制不严、数据保护不足、投诉处理不力等问题，导致假冒伪劣商品泛滥、消费者信息泄露、维权困难。这些问题不仅侵犯消费者的隐私和安全，也破坏了公平竞争环境，影响了消费者对电商行业的信任与满意度。

（三）电商企业网络营销中社会责任缺失的原因

1. 相关法律法规不完善

电商行业的快速发展暴露出法律法规滞后的问题，这成为社会责任缺失的主要原因。现有法律难以应对网络营销中新出现的问题和挑战，部分领域存在法律空白，使得一些电商企业可以利用法律漏洞规避责任。例如，关于虚假广告和价格欺诈的法律界定模糊，导致执法难度大，违法成本低。即便有相关法规，但执行力和监管机制不完善，跨部门协作不畅，导致对违法行为的监管滞后，难以产生有效震慑。

2. 企业社会责任意识淡薄

许多电商企业缺乏足够的社会责任意识，过于注重短期经济利益，忽视长期发展和社会责任。一方面，一些企业将消费者视为单纯的利润来源，忽视其权益，导致虚假宣传、售后服务不到位等问题。另一方面，企业竞争多聚焦于价格和营销，忽视了产品质量和服务体验的提升，这种恶性竞争不仅破坏行业生态，也削弱了企业履行社会责任的动力。此外，部分电商企业缺乏对社会公益的参与，未意识到企业应承担回馈社会、促进和谐发展的责任。

3. 技术与伦理道德发展不同步

网络技术的迅猛发展为电商企业提供了便利，但也带来了伦理道德上的挑战。技术进步远超伦理道德建设，导致技术与伦理之间的脱节。一方面，技术的匿名性和跨地域性使得一些电商企业能利用技术手段进行欺诈和侵权，且难以追踪和惩治；另一方面，大数据和人工智能技术的应用虽然提升了营销效率，但也引发了数据安全和隐私保护等伦理问题。部分企业在使用这些技术时忽视了用户的知情权和选择权，甚至滥用用户数据，侵犯隐私，违背伦理道德原则。

（四）电商企业网络营销中社会责任缺失的应对

1. 健全法律体系和监督管理机制

为解决社会责任缺失问题，首要任务是完善法律法规，明确网络营销行为的法律规范。应加快立法进程，针对虚假广告、价格欺诈、数据保护等关键领域，修订相关法律，明确违法行为性质及处罚标准，提高法律的可操作性。同时，加强监管力度，建立跨部门、跨地区的协作机制，形成监管合力，提升违法行为的查处能力。通过加强日常巡查、专项整治和社会监督等手段，确保法律法规有效执行，增加违法成本，形成震慑作用。

2. 增强企业社会责任观念

提升电商企业社会责任意识是解决问题的关键。企业应将社会责任纳入发展战略，将保护消费者权益、员工福祉和环境等作为绩效考核内容，推动自上而下的责任文化建设。定期发布社会责任报告，公开表现，接受社会监督，提升企业公信力。企业还应加强员工的社会责任教育，组织培训和讲座，提升员工的责任意识，并鼓励员工在工作中践行社会责任。同时，企业应积极参与社会公益、捐赠和志愿服务等回馈社会，展示企业的社会价值。

3. 加强网络营销伦理建设

鉴于技术发展与伦理道德的不匹配，加强网络营销伦理建设至关重要。首先，应制定明确的网络营销伦理规范，界定道德边界和伦理标准。行业组织或专业机构可制定伦理准则，引导电商企业遵守诚信、公平、透明等伦理原则，确保营销活动合法正当。同时，通过媒体、学术机构等渠道普及伦理知识，提高公众和企业的伦理认知，鼓励企业开展自我评估和第三方评估，及时发现并解决伦理问题。电商企业在使用大数据和人工智能时，应关注技术的伦理影响，确保技术使用符合伦理标准，保护用户隐私，算法透明化，保障用户的知情权和选择权。同时，设立伦理委员会对营销行为进行审查，确保企业在追求经济效益时，不损害社会公共利益和伦理道德。[①]

五、促进电商企业的数据化运营，实现降本增效

我国推动数字经济发展，电商作为关键组成部分，正加速数字化转型。企业通过大数据分析、采集和处理运营信息，实现数据驱动管理。

（一）电商企业数据化运营的必要条件

电商企业数据化运营的必要条件包括以下几个方面。首先，海量数据的存储已成为基础条件。随着技术的进步，数据存储的便捷性和容量大幅提升，电商企业的每一个操作都能精准追踪并转化为数据，极大增加了数据量，为数据化运营提供了坚实的基础。其次，精细化运营的需求推动了数据化运营的发展。电商行业的快速发展和竞争加剧使得精细化运营成为提升竞争力的关键，企业必须通过数据分析来精准理解市场需求、定位目标客户，并提供

---

① 张艳菊，陈志祥. 数字经济时代电商企业社会责任缺失及应对研究 [J]. 科技创业月刊. 2024，37（2）：79-82.

个性化的产品与服务。通过分析消费者行为、预测市场趋势、优化商品结构和调整营销策略，企业能够实现资源的有效配置，提升运营效率。最后，运用数据的意识是企业数据化运营的核心。电商企业应树立将数据作为决策与运营基础资源的意识，构建完善的数据收集体系，确保数据的准确性、完整性与时效性。同时，需要培养具备数据分析能力的团队，深入挖掘数据价值，为企业决策提供科学依据，推动企业从经验驱动向数据驱动转型，实现可持续发展。

（二）电商企业的数据化运营

电商企业的数据化运营在多个场景中得到了广泛应用。用户运营方面，通过分析用户行为数据，如浏览记录和购买历史，企业能够精准细分用户群体，从而制定个性化推广策略，提升用户忠诚度。产品运营中，数据化运营帮助收集用户反馈和市场数据，优化产品体验并指导产品迭代，增强市场竞争力。活动运营方面，数据分析可以提前预测活动效果，实时调整活动策略，并在活动后进行效果评估，为未来活动提供数据支持。内容运营则通过分析用户消费习惯和互动数据，优化内容创作和分发策略，提高内容触达率和用户参与度。

数据化运营分为三个层次：初级层次主要关注基础数据采集、分类和描述性分析；中级层次涉及制定分析目标、销售推广数据分析以及初步优化建议；高级层次则综合分析企业运营，制定数据指标体系，并挖掘商业机会。每个层次都需要不同的技能，以帮助企业做出数据驱动的决策。

数据化运营的关键指标包括客户数据、推广数据、销售数据和供应链数据。客户数据关注用户行为和忠诚度；推广数据衡量广告和促销效果；销售数据分析交易和服务指标；供应链数据涉及采购、物流和仓储效率。这些数据为企业优化战略、提升效率和推动增长提供支持。

数据化运营的流程包括七个步骤：明确分析目标、采集所需数据、处理原始数据、进行分析、展示结果、撰写报告，并最终形成标准化操作模板。这一流程帮助企业提升决策效率和业务执行力。

（三）电商企业数据化运营策略

电商企业数据化运营策略主要包括建设独立的运营数据库和灵活运用数据分析模型。首先，企业应深入了解行业特点及市场需求，定位数据类型，建立适应性的数据库，确保数据自动化分析能够实时更新，帮助企业根据最新信息做出精准决策。同时，企业需与数据平台紧密合作，及时升级技术，保持数据分析能力的先进性。其次，电商企业应根据行业性质、产品特性和消费者偏好选择合适的数据分析模型，并灵活调整，以适应市场变化，从而优化运营策略并使数据化运营效益最大化。①

在数字经济背景下，电商企业面临着税收、财务、项目管理等多方面的挑战。因此，企业需构建大数据时代的财务管理模式，重视技术应用、培养专业人才，并完善管理制度。此外，应创新管理模式，解决数据安全、行业数据完善及分析处理等问题，迎合数字经济潮流，推动数据化运营，实现降本增效。通过这些措施，电商企业能提升管理效率，增强竞争力，实现可持续发展。

---

① 李斯媛. 数字经济背景下电商企业数据化运营探讨［J］. 中国管理信息化，2023，26（20）：102-104.

第六章 数字经济下电子商务平台发展研究

电子商务平台是数字经济的核心，其发展对促进经济增长、实现贸易便利化和满足消费者需求至关重要。分析平台的建设，其演化过程和运营模式体现了技术驱动的变革，而建设构想和应用架构为平台发展指明了方向。然而，电商平台在发展中面临诸多挑战，包括法律监管不足、普遍性问题、跨境与农村电商的独特困难等。因此，研究电商平台的创新发展策略、构建合理的责任机制、探索创新的服务外包模式并增强风险防控意识，已成为推动其持续发展的关键课题。

第一节 电子商务平台的建设分析

一、电子商务平台的演化逻辑和运营机理

（一）中国电子商务平台的演化分析

电子商务平台演化如图 6-1 所示。

1. 实物交易平台的形成及发展

在电子商务平台问世之前，线下交易占据主导地位。从平台层面来看，线下交易的第一种平台是单边平台［见图 6-1（a）］。在这种平台中，买卖双方直接进行交易，虽然能够省去中间环节，但由于信息不对称，双方难以有

效评估商品质量和交易者资质，从而增加了交易成本。

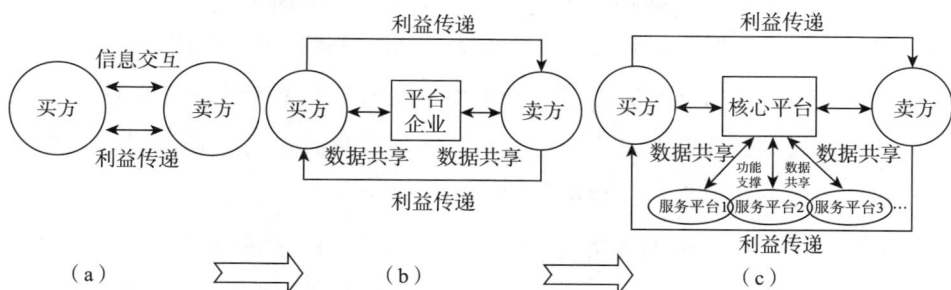

图6-1　电子商务平台演化

第二种平台是由单边模式演变而来的双边交易平台，典型代表为大型超市和百货商场等。这些平台整合了商品供应链，并与消费者对接，通过电视、广播等媒体传播商品信息，交易仍在实体店进行。尽管这种平台在缓解信息不对称和降低交易风险方面有所帮助，但由于商品信息不全以及交通、时间等线下成本的限制，交易效率仍受到一定制约。

2. PC 互联网背景下的双边交易平台

中国电子商务平台的演化始于 PC 互联网时期的双边交易平台。这一时期的电商平台以网站形式存在，连接买卖双方，推动商品交易、支付和物流的电子化。双边交易平台的核心是双边市场效应，即平台的价值随着买卖双方数量的增加而提升，形成正反馈循环。阿里巴巴、淘宝、京东等平台通过提供便捷、安全的在线交易环境，吸引了大量买卖双方入驻，其优化交易流程、提升用户体验，推动交易规模增长。此外，平台还通过数据分析和个性化推荐提高交易效率，增强双边市场的互动性与价值。然而，PC 互联网时期的双边交易平台也面临挑战。随着平台规模扩大，交易数据的处理与存储成为难题，平台在确保交易安全和防范欺诈方面也面临巨大压力。随着移动互联网的兴起，用户对随时随地交易的需求增加，推动了电子商务平台向移动端拓展。

3. 移动互联网时期的多边数据平台

随着移动互联网的普及，中国电子商务平台进入了多边数据平台时代。

这一时期的电商平台不仅连接买卖双方，还通过大数据、云计算、物联网等技术，与供应商、物流企业、金融机构等多方主体深度整合与协作。多边数据平台的核心是数据驱动能力，通过收集、分析海量数据，为用户提供精准、个性化的服务。在移动互联网时期，电商平台的多边数据特征愈加明显。一方面，平台通过整合上下游供应链资源，实现了商品从生产到消费的全链条数字化管理，提升了供应链效率与协同能力；另一方面，平台通过数据分析提供个性化推荐、智能客服等增值服务，增强了用户体验和满意度。此外，平台还通过开放 API 接口、构建生态系统，吸引第三方开发者与服务提供商，丰富平台功能并创造新的收入来源。然而，多边数据平台也面临挑战与机遇。一方面，随着数据规模和类型的增长，平台在数据处理与分析上面临更高要求；另一方面，随着人工智能、区块链等技术的应用，平台在提升用户体验、保障交易安全等方面也迎来了新的机遇。

（二）电子商务平台的运营机理分析

1. 平台数据资源与大数据技术体系

电子商务平台通过互联网技术实现商品交易的电子化和网络化，积累了大量的用户行为数据、交易数据和商品信息。这些数据不仅为平台运营提供决策支持，还催生了大数据技术的广泛应用。在数据收集与存储方面，平台利用传感器、日志收集系统等工具，实时获取用户行为数据，如浏览记录、搜索词和购买历史。同时，平台通过分布式存储系统高效管理海量数据，为后续数据分析奠定基础。在数据分析与挖掘方面，平台运用数据挖掘算法和机器学习模型，对数据进行深度分析。例如，通过分析用户购买记录和浏览行为，平台可预测用户偏好并实现个性化推荐；同时，平台还可利用交易数据识别潜在的欺诈行为和市场趋势，为风险管理与策略制定提供依据。此外，数据可视化技术将分析结果以图表、地图等形式呈现，帮助平台运营者直观了解运营状况和市场趋势，从而优化决策。数据可视化还提升了用户体验，例如，通过展示商品销量和用户评价，帮助用户做出更明智的购买决策。大数据技术体系的应用不仅提升了平台运营效率与决策科学性，还催生了新的商业模式。平台可以通过数据分析提供定制化商品与服务，并与第三方机构合作，将数据应用于信用评估、风险管理等领域，拓展收入来源。

2. 云计算技术体系对电子商务平台的支撑作用

云计算技术体系为电子商务平台提供了弹性和可扩展的计算资源，支持平台的高效和稳定运营。其应用主要体现在以下几个方面：首先，在基础设施层面，云计算平台集中管理服务器、存储设备等硬件资源，实现资源的动态分配和弹性扩展。这降低了硬件成本与维护难度，并提升了平台的服务稳定性和可扩展性。其次，在服务层面，云计算提供丰富的云服务，如云存储服务支持商品图片、视频等多媒体资源的高效存储与访问，云数据库服务保障交易数据和用户信息的安全存储与备份。这不仅提升了服务效率与用户体验，还增强了数据安全性与可靠性。在业务创新层面，云计算强大的计算和分析能力使得电子商务平台能够开发智能化、个性化服务，如精准营销、个性化推荐和 24 小时智能客服系统。这些服务提高了平台竞争力和用户黏性，同时创造了新的收入来源。在风险管理层面，云计算技术的实时监控和预警功能帮助平台及时发现并应对安全和业务风险。例如，通过分析交易数据识别潜在的欺诈行为，或通过构建容灾备份系统确保在突发情况下的业务连续性。总的来说，云计算技术体系在基础设施、平台服务、业务创新和风险管理等方面对电子商务平台提供了全方位的支撑，随着云计算技术的发展，平台将能更高效地利用其优势，推动更稳定、智能和创新的运营。

3. 人工智能技术体系主导下数据平台生态系统的形成

随着人工智能技术的成熟，其在电子商务平台的应用逐步深入，推动了数据平台生态系统的形成，成为平台运营的重要趋势。人工智能技术通过模拟人类智能，为平台提供了智能化和个性化的服务。首先，在数据收集与整合方面，电子商务平台通过传感器、日志系统等工具实时收集用户行为、交易和商品数据，同时与其他数据源合作，实现跨领域的数据整合与利用，为人工智能应用奠定了基础。在数据分析与挖掘方面，平台利用机器学习和深度学习算法分析数据，预测用户购买意图和偏好，提供个性化推荐；同时，平台通过分析交易数据，识别欺诈行为和市场趋势，优化风险管理与市场策略。人工智能还在智能客服和虚拟助手方面发挥作用。通过自然语言处理和语音识别技术，平台构建智能客服系统，为用户提供全天候服务，同时根据用户反馈优化服务质量。虚拟助手则根据用户需求推荐商品并协助完成购物操作，提升购物效率与满意度。在供应链管理和物流配送中，人工智能技术通过实时监控与分析优化库存管理和物流路径。平台能预测销售趋势和库存需求，制订精准的补货计划，并提升物流配送效率与准确性。在风险管理方面，人工智能分析交易数据和用户信息，及时发现潜在风险，如欺诈或信用违约，通过风险预警系统和信用评估系统降低风险发生的概率。尽管人工智能技术为电子商务平台带来众多机遇，但平台也面临挑战，如提升技术应用能力、加强数据合作与共享，以应对市场竞争和用户需求变化。因此，电子商务平台需不断完善人工智能应用，保持智能化、个性化服务的优势，同时应对市场的挑战，确保可持续发展。[1]

二、电子商务平台的建设构想和应用架构

（一）电子商务平台建设构想

电子商务平台的建设应兼顾 PC 端和移动端。虽然 PC 端曾是主流，但随着智能手机的普及，移动端成为主导。因此，平台需要在巩固 PC 端的基础上，重视移动端，特别是与微信、微博等社交工具的对接，以扩大平台影响力和数据收集范围，为企业决策提供更多有价值的支持。云计算的便捷性和灵活性使得数据不再受限于地域和时效，企业主可通过移动端实时访问和更新数据。在"互联网+"的概念下，电子商务平台要在"广"和"深"方面持续发展。平台应扩展至更多行业，并深入行业环节，提供全方位服务。企业可以将信息挖掘交由平台处理，将更多精力投入业务发展中。大数据技术的引入能有效提升平台的精准度和价值。通过收集用户行为数据，平台能够制定个性化销售策略，精准投放销售信息，降低推广成本并提升销售水平。

---

[1] 鲁泽霖，李强治. 电子商务平台的演化逻辑和运营机理［J］. 电信科学，2019，35（7）：152-158.

此外，更精准的策略还能优化平台架构，改善用户体验，增强竞争力。随着电子商务平台的迭代，P2P 模式日益流行。该模式消除了中间环节，提升了信息传播的速度和准确性，也为数据共享提供了支持。平台应积极利用大数据分析消费者行为，并与其他平台实现高效的信息共享，以做出全面且具有前瞻性的决策。

（二）电子商务平台的应用架构

1. 电子商务平台的应用架构应满足以下功能需求

①决策支持功能：平台需要强大的决策支持系统，基于历史数据和市场趋势，运用大数据分析与机器学习技术，帮助运营者制定精准决策。例如，通过对用户行为数据的分析，预测销售趋势，优化库存管理和营销策略。

②精准营销功能：精准营销是提升用户转化率和平台收益的关键。平台应通过用户画像和行为数据，运用个性化推荐算法推送相关商品，同时支持社交媒体、邮件等多渠道营销，实现全方位覆盖。

③精准设计功能：平台需基于用户反馈和市场趋势，运用数据分析优化界面设计、商品展示和购物流程，以提升用户体验、品牌形象，增强用户满意度和忠诚度，提升市场竞争力。

④精准生产功能：在供应链管理中，平台应借助销售预测和库存数据，运用智能调度和排产算法优化生产计划，提高库存周转率，降低生产成本，确保商品供应及时稳定，提升供应链效率。

⑤个性化服务功能：随着消费者对个性化服务需求的增加，平台应基于用户数据和人工智能技术，提供个性化购物建议和客服支持，从而增强用户黏性，提升满意度和忠诚度。

2. 电子商务平台的应用架构应遵循以下产品逻辑

①底层数据源标签化架构：通过对各类数据源进行标签化处理，平台能够实现高效分类、存储和检索，提升数据处理效率和准确性，为后续的数据分析和个性化服务提供支持。

②储存与网络关联分类化架构：平台按照网络结构和关联关系分类存储

数据，优化数据存储与访问路径，提升处理效率，并确保数据的时效性和准确性，便于快速同步和更新。

③数据采集、继承和处理关联化架构：平台通过全面采集和分析数据，挖掘数据之间的关联和规律，为个性化推荐和精准营销提供科学依据，支持个性化服务的实现。

④开发平台 PaaS 架构：PaaS 架构为平台运营者提供灵活的开发和部署环境，使其能快速构建和部署各种应用程序，满足不同业务需求，并提供数据库、消息队列等工具，降低运维成本，提高开发效率。

⑤应用程序 SaaS 架构：SaaS 架构支持平台为用户提供个性化服务，如智能推荐、客服支持等，基于用户画像和行为数据提升购物体验。同时，SaaS 架构的多租户模式使平台能同时为多个用户提供个性化服务。[①]

第二节　数字经济下电子商务平台的法律规制

一、电子商务平台虚假宣传的法律规制

（一）电子商务平台虚假宣传的形式

1. 虚假广告宣传

虚假广告通常通过网络平台发布，借助夸张的语言和加工过的信息误导消费者，以达到提升销量的目的。某些电商平台通过虚假广告宣称商品获得"××荣誉"，而消费者由于缺乏了解，容易被误导。虚假广告不仅扰乱了市场秩序，还严重降低了消费者的信任度，因此市场监管部门应加大监管力度，严厉打击虚假广告行为。

2. 虚假商品信息

在网络购物中，消费者通常通过图片和视频了解商品，无法像线下购物

---

① 张欧. 基于大数据的电子商务云平台建设与应用研究 [J]. 中国商论，2019（16）：16-17.

那样亲自体验，这使得他们难以准确评估商品的真实情况。一些不法商家利用这一点，通过发布虚假商品信息来吸引顾客，致使消费者做出错误购买决策，遭受损失。

3. 虚假刷单模式

刷单是电商平台中的不良现象。商家雇佣虚假用户进行购买并留下好评，人为提高产品的销量和评价分数，误导其他消费者。这些虚假的销量和评价让消费者误以为产品质量好，从而产生冲动购买行为。鉴于许多消费者倾向于选择销量最高的商品，部分平台经营者通过虚假刷单手段提高关注度，吸引更多买家。对此，平台应加强监管，严格控制此类行为。

（二）电子商务平台虚假宣传反映法律规制中存在的问题

1. 法律规定的不完善

电子商务领域虚假宣传问题频发，反映出现行法律规定的不完善。尽管《中华人民共和国广告法》和《中华人民共和国反不正当竞争法》对虚假宣传有明确规定，但面对电子商务平台的特殊性和复杂性，现有法律显得不够充分。电子商务平台的虚假宣传形式多样，包括夸大其词、伪造数据、误导性比较等，这些行为往往隐蔽且具有跨地域性，给法律监管带来了很大挑战。随着电商直播等新兴业态的兴起，虚假宣传手段不断演变，现有法律在应对这些新变化时存在滞后性。

2. 监督机制的缺失

除了法律规定的不完善，缺乏有效的监督机制也是遏制虚假宣传的关键问题。目前，虚假宣传的监管职责分散在市场监督管理部门、公安机关、司法机关等多个部门，由于缺乏统一的协作机制，监管效率低下。同时，电商平台的灵活性和跨地域性增加了监管难度，传统的监管手段难以覆盖所有平台和商家。公众监督机制尚不健全，消费者在遭遇虚假宣传时，面临维权成本高、取证困难等问题，这助长了虚假宣传的泛滥。缺乏有效监督，虚假宣传难以及时查处，破坏了市场公平竞争环境，损害了消费者权益。

3. 平台管理的不完善

随着电商行业的快速发展，平台数量增加，销售渠道繁杂，商品种类多样，导致管理难度加大。许多平台采取自营与商家入驻相结合的模式，尽管自营商品质量可控，但入驻商品的审核存在挑战。由于商品种类庞大，逐一审查显得不现实，因此需要进一步完善商品审核机制，确保平台的合规性与商品的质量。

（三）电子商务平台虚假宣传的法律规制策略

1. 完善相关法律规定

在复杂的网络环境中，我国应借鉴国外的优秀经验，完善相关法律，进一步打击虚假宣传和破坏市场竞争的行为。例如，美国已出台法律专门针对虚假宣传，为后续工作提供了借鉴。我国的网络刷单行为也带来诸多风险，商家通过虚假销售额逃避税务，可能面临补税和罚款。如某些商家承认刷单行为，税务部门要求补缴税款并罚款。刷单组织同样面临法律风险，可能因集体行动而受到处罚。为此，我国出台了《中华人民共和国反不正当竞争法》，明确禁止虚假宣传，规定违法行为罚款 20 万至 100 万元，情节严重的可罚款最高达 200 万元。

2. 构建有效的监督机制

为了全面覆盖电商经营的数据库，信息管理不能仅仅是收集，更要注重分析和挖掘。提升监管效果，实名认证必不可少，不仅能确保信息精准，若出现问题，还能迅速找到根源。审核机制需全面到位，严格市场准入门槛，例如，通过实名审查筛选不法商家，并为符合条件的商家颁发合格证书，这不仅提升商家信誉，也有助于净化市场环境。合格商家可通过展示优质形象来提高店铺的网络主导权。消费者通常只能通过店铺名称和商品交易了解商家，但无法判断其信用状况。因此，需要建立信息监管机制，解决电商运营中的问题。政府部门应加强对商家资质的审核，并设立"举报热线"，通过消费者反馈的信息，进行调查核实，为审核商家提供依据。通过落实这一机制，信用差、资质差的商家将被"揪"出来。监管平台要以"科学合理"为目标，深入分析商家行为，促进公平竞争，提高信息透明度。

3. 提高电商平台准入门槛

目前，网络宣传面临许多问题，尤其是电商平台准入门槛较低，导致监管难度加大。为提高平台准入门槛，平台应加强对商家的分析，明确商家的责任和义务。例如，平台应定期审查商家的营业执照，在出现问题时，不仅要处罚，还要加强教育引导，帮助商家逐步纠正错误理念。同时，平台应注重提升商家的创新能力和竞争力，通过设置相关考核指标考察企业的创新能力，若不合格，应要求商家退出平台。[①]

二、数字经济时代电商平台"二选一"行为的法律规制

我国电商平台发展迅速，与传统商业模式有显著区别，尤其在运营、商品质量和销量等方面展现出网络特性。部分大型平台通过"二选一"策略，迫使商家在其与其他平台之间做出选择，这种做法限制了竞争对手的市场空间，侵害了消费者利益，社会关注度日益增高。目前，现有竞争法规在监管"二选一"行为时面临一定挑战，尤其是在具体操作和法律适用上。为此，需要明确这一行为的法律性质，引入相对优势理论等方法，加强对平台市场主导行为的管控，保障公平竞争和消费者权益。

（一）数字经济背景与法律规制现状分析

1. 数字经济时代平台发展现状

随着我国互联网市场的快速发展，电商平台经济在庞大人口基数和广泛城市网络的支持下迎来了前所未有的繁荣。数字经济规模持续扩大，已成为国家经济高质量发展的核心力量之一。电商平台的独特之处在于其网络效应，即平台产品的价值随着用户使用次数的增加而递增，形成正向循环：平台的价值越大，用户活跃度和吸引力也随之增加。在数字经济时代，数字技术的广泛应用使得电商平台的竞争格局不断变化，技术进步推动了平台更新换代，

---

① 杨婕菲. 电子商务平台虚假宣传的法律规制研究［J］. 经济师，2022（5）：59-60.

增加了用户选择的多样性。

2. 法律规制现状

2021 年，阿里巴巴因滥用在中国市场的主导地位，被判处亿元罚款，原因是其实施了"二选一"政策，即要求平台商户不得与其他平台合作或参与促销活动，旨在提升平台竞争力。这种做法挑战了"公平"，并极大损害了商户利益。我国已出台一系列法律法规应对"二选一"做法，如《中华人民共和国电子商务法》《中华人民共和国反不正当竞争法》《中华人民共和国反垄断法》等。但在实际操作中，这些法律尚不能完全应对违反公平竞争行为和垄断行为，因此需要进一步研究和完善相关法律。

（二）电商平台"二选一"行为的现实危害分析

电商平台之所以敢推出"二选一"方案，与其在市场中的支配地位密切相关。一般而言，如果平台在市场中影响力较小、处于边缘地位，则不会对竞争秩序造成太大影响。然而，当平台具有较强的市场支配力时，这种行为可能严重破坏市场公平竞争，甚至损害消费者利益。

1. 损害商家权益

互联网市场相较于实体市场更广阔、更自由，能为商家提供更多发展机会。然而，"二选一"方案出台后，商家的自由选择权受到压制，销售渠道受限，销售业绩不可避免地受到影响。部分平台为了贯彻"二选一"政策，可能借助技术手段劫持流量或断开商家与其他市场的联系，增加商家的经营风险。由于平台的强大网络效应，商家在合作后主动权减少，平台通过补贴和费用减免等手段增强商家的依赖性，从而损害商家利益。

2. 损害消费者利益

电商平台的"二选一"行为严重限制了消费者的自主选择权。当商家被迫选择单一平台入驻时，消费者的购物平台选择范围被缩小，无法自由比较不同平台的价格和服务。这种限制不仅增加了商家的支出成本，降低了其收益，还可能导致整体福利的减损。此外，"二选一"行为还可能引发商品价格上涨，因为商家为了弥补在其他平台减少的利润，可能提高商品价格，从而进一步加重消费者的经济负担。

3. 损害其他平台经营者利益

电商平台的"二选一"行为对其他平台经营者构成了直接威胁。通过强迫商家选择单一平台，实施"二选一"的平台实际上在排斥竞争对手，限制了市场中的公平竞争。这不仅剥夺了其他平台与商家自由缔约的权利，还压缩了它们的发展空间。长期来看，市场将被割裂为多个板块，实施"二选一"的平台能够独享垄断利益，而其他平台则可能因缺乏竞争而逐渐衰退。这种市场割据行为不仅妨碍了新平台的竞争机会，也损害了行业的整体健康发展和创新活力。

（三）电商平台"二选一"法律规制困境

1. 法律性质认定难点

《中华人民共和国反垄断法》规定，具有排除或限制竞争效果的行为应受到规制，而《中华人民共和国反不正当竞争法》和《中华人民共和国电子商务法》则针对损害竞争者与消费者利益的行为进行监管。从形式上看，电商平台的"二选一"行为限制了平台内商家的自由交易与竞争，因此符合排除或限制竞争的特征。然而，其法律属性的认定仍需要综合考虑多种因素。学者曾晶认为，判定"二选一"行为的法律性质应综合考虑行为的目的、实际竞争影响及其竞争效应。学者熊文聪则认为，这种行为是平台根据其管理权做出的限制，可能会为消费者带来福利，并有效促进平台创新。然而，多数学者认为，"二选一"行为通常发生在市场份额大、竞争力强的平台与商家之间，因此，这种行为往往具有违法性，并不利于市场的公平竞争。

2. 法律规制适用问题分析

（1）《中华人民共和国电子商务法》适用的不足

《中华人民共和国电子商务法》在规制电商平台"二选一"行为方面存在明显不足。该法第三十五条虽明确规定电子商务平台经营者不得利用服务协议、交易规则以及技术等手段，对平台内经营者进行不合理限制或附加不合理条件，然而，"不合理"这一标准较为模糊，缺乏具体解释和细化标准，导致执法实践中法律适用混乱。基层执法部门在面对个案时往往难以进行合理分析，增加了执法负担。此外，《中华人民共和国电子商务法》对优势地位与滥用行为认定标准的主观性较强，可能导致过度干预与执法漏洞并存，进而架空《中华人民共和国反垄断法》的适用空间。

(2)《中华人民共和国反垄断法》适用的不足

《中华人民共和国反垄断法》在规制电商平台"二选一"行为时同样面临挑战。该法对于滥用市场支配地位的适用门槛较高，需要证明行为人具有市场支配地位，并且从事"二选一"行为没有正当理由。然而，在互联网环境下，由于市场边界模糊、动态竞争显著，界定相关市场、认定市场支配地位等问题变得更加复杂。因此，即使能够证明市场支配地位，如何界定"没有正当理由"也是一个难点。此外，纵向垄断协议的适用也面临条文适用受限、适用主体严格限定、执法积极性不足等现实困难，导致《中华人民共和国反垄断法》在规制电商平台"二选一"行为时的效果受到限制。

(3)《中华人民共和国反不正当竞争法》适用的不足

《中华人民共和国反不正当竞争法》在规制电商平台"二选一"行为方面同样存在局限。该法第十二条禁止经营者通过网络从事经营活动时，利用技术手段影响用户选择或以其他方式妨碍、破坏其他经营者正常提供的网络产品或服务，但该条款主要适用于技术手段实施的不正当竞争行为，难以直接涵盖电商平台通过服务协议、交易规则等非技术手段实施的"二选一"行为。此外，该条款缺乏具体的法律责任规定，使得执法机关在缺乏明确法律责任的情况下，难以有效处罚相关电商平台。即便能够证明电商平台"二选一"行为构成不正当竞争，由于法律责任的不明确，也难以有效遏制此类行为的发生。

（四）法律规制完善路径

1. 确定以主观目的与行为结果分析为基础的法律性质认定

电商平台"二选一"行为的违法性可以通过主观目的和行为结果的分析来推定。平台通常出于故意，旨在限制商家与其他平台的合作，从而实现市场控制。通过提供优惠、承诺销量等方式，平台迫使商家与其绑定，剥夺了商家的合作自由，进而破坏市场竞争秩序。因此，判断该行为的违法性时，应综合分析平台的主观目的和实际结果。

2. 借鉴相对优势地位理论

电商平台"二选一"行为的规制可借鉴相对优势地位理论。该理论强调，在特定市场条件下，即便经营者未必具有市场支配地位，依然可能因其相对优势地位滥用而排除或限制竞争。在电商平台"二选一"案例中，平台通常凭借其技术优势、庞大用户群和行业控制力等因素，对商家实施不合理的限制。借鉴相对优势地位理论，可以拓宽法律规制的视野，不仅关注具有市场支配地位的平台，也应对具备相对优势地位的平台行为进行规制，从而更有效地保护市场竞争和消费者权益。

3. 理顺法律规制之间的关系，重视《中华人民共和国反垄断法》在规制"二选一"行为中的作用

在完善电商平台"二选一"法律规制的过程中，需理顺现有法律规制之间的关系，特别是《中华人民共和国电子商务法》《中华人民共和国反垄断法》和《中华人民共和国反不正当竞争法》之间的衔接与配合。应明确各法律在规制电商平台"二选一"行为中的侧重点和适用范围，避免法律间的冲突与重叠。同时，重视《中华人民共和国反垄断法》在规制"二选一"行为中的核心作用，强化其作为竞争法基石的地位。《中华人民共和国反垄断法》应进一步明确市场支配地位的认定标准，降低滥用市场支配地位制度的适用门槛，从而更有效地应对电商平台"二选一"等新型垄断行为。

4. 建立利益相关者协同治理体系

电商平台"二选一"行为的规制需要建立一个利益相关者协同治理体系。该体系应包括政府监管部门、电商平台、商家、消费者以及行业协会等多方利益相关者。政府监管部门应发挥主导作用，制定和执行相关法律法规，加强执法力度，确保市场秩序和消费者权益。电商平台和商家应增强自律意识，遵守法律法规，维护市场竞争的公平性。消费者应提高维权意识，积极举报违法行为。行业协会应发挥桥梁和纽带作用，协调各方利益，推动行业健康

发展。通过多方协同治理，形成合力，共同应对电商平台"二选一"行为带来的挑战。①

第三节　数字经济下电子商务平台面临的问题

一、电商平台的普遍性问题

（一）电商平台税收监管问题

1. 支付平台不统一

在电子商务领域，支付平台不统一是普遍存在的问题。由于企业、网站和金融机构各自独立，采用不同的数据内容、功能种类、技术平台和认证方式，支付环节缺乏统一标准，导致支付环境混乱，交易者在选择支付方式时无所适从。支付平台的不统一，不仅增加了交易成本和复杂性，还极大地浪费了社会资源。例如，不同支付平台间的手续费和通道费率差异显著，电商平台如果需要接入多个支付平台，将面临对接周期长、手续烦琐、效率低下等问题。此外，支付平台的碎片化还导致数据割裂，形成信息孤岛，电商平台方难以获取全面、准确的数据，从而阻碍了业务的发展。

2. 数字服务税制度不完善

随着数字经济的蓬勃发展，数字服务税成为亟待解决的问题。然而，当前数字服务税制度存在诸多空白和漏洞。一方面，数字服务税的定义和征税范围不够明确，导致税收征管存在困难；另一方面，数字服务税的税率和计算方法缺乏统一标准，不同国家和地区之间存在较大差异，容易引发税收竞争和双重征税问题。此外，数字服务税的实施还面临跨境税收管辖权的挑战，如何确定税收归属地是一个复杂的问题。这些问题不仅增加了电商平台的税务风险，也影响了数字经济的健康发展。

---

① 马玉梅.数字经济时代电商平台"二选一"行为的法律规制研究 [J].经济研究导刊，2023（1）：154−156.

3. 对刷单的税收监管难度大

刷单行为在电商平台中普遍存在，给税收监管带来了巨大挑战。刷单行为本身具有违法性，但部分税务机关在实际操作中对刷单收入的申报纳税存在争议。由于刷单行为通常涉及虚假交易和资金流转，税务机关难以准确追踪和核查刷单收入。此外，部分电商平台和商家为了逃避税收，故意隐瞒刷单收入，导致税收流失。对刷单的税收监管难度不仅在于其隐蔽性和复杂性，还在于相关法律法规的不完善和执行力度的不足。因此，加强对刷单行为的税收监管，完善相关法律法规，并提高税务机关的执法能力，是维护税收公平和市场秩序的关键举措。

4. 税收地域归属权难以界定

在电子商务环境中，交易双方往往跨越地域，导致税收地域归属权难以界定。传统的税收管辖权标准，如"常设机构"等，在电子商务领域已变得模糊，使得税务机关难以准确判断交易发生地和应纳税款的归属地。此外，电子商务中的交易双方身份常常隐匿，交易过程完全数字化，这进一步加剧了税收地域归属权的不确定性。税收地域归属权难以界定，不仅增加了税收征管的难度和复杂性，还容易引发税收争议和双重征税问题。因此，加强国际税收合作与协调，完善税收地域归属权的界定标准，是解决电子商务税收问题的重要途径。

（二）电商平台知识产权保护问题

1. 恶意投诉问题

电商平台在知识产权保护中面临一个严重问题——恶意投诉。恶意投诉者可能出于竞争目的或其他不良动机，针对电商平台上的商家进行虚假投诉，企图通过恶意投诉等手段侵害商家的合法权益。恶意投诉不仅会给商家带来经济损失和商誉损害，还会扰乱电商平台的正常运营秩序。为应对这一问题，电商平台应建立完善的投诉处理机制，加强对投诉内容的审核和甄别，及时驳回恶意投诉，并对恶意投诉者采取相应的法律措施。同时，商家应积极收集证据，证明投诉内容的虚假性，并主动向电商平台或监管部门举报恶意投诉行为。

2. 私力救济问题

在电商平台知识产权保护中，私力救济问题也是一个不容忽视的方面。私力救济指的是权利人在受到侵害时，未通过公权力机构，而是自行采取救济措施的行为。在电商平台知识产权保护中，私力救济通常表现为商家自行删除侵权商品、下架侵权链接等行为。然而，私力救济往往缺乏法律依据和程序保障，容易引发争议和纠纷。因此，电商平台应加强对私力救济行为的引导和规范，明确私力救济的适用范围和程序要求，确保其合法、有效、有序进行。同时，电商平台还应与公权力机构加强合作，建立健全的知识产权保护协作机制，共同打击知识产权侵权行为。

3. 有效性审查问题

电商平台在知识产权保护中面临的有效性审查问题也是一个重要方面。有效性审查是指对知识产权权利人的权利主张进行核实和确认的过程。在电商平台知识产权保护中，有效性审查通常涉及对商标注册证、专利证书等权利证明文件的审核和比对。然而，由于电商平台上涉及的知识产权数量庞大且种类繁多，有效性审查的工作难度较大。为了确保审查的准确性和高效性，电商平台应建立完善的审查机制和流程，明确审查标准和要求，并加强对审查人员的培训和管理。同时，电商平台还应与知识产权权利人加强合作，提供必要的协助与支持，确保有效性审查工作的顺利进行。

4. 执法错误问题

在电商平台知识产权保护中，执法错误问题同样需要关注。执法错误可能表现为电商平台在处理知识产权侵权投诉时，错误地认定侵权行为成立，并采取删除、屏蔽、断开链接等措施，进而损害商家的合法权益。执法错误的发生可能源于多种原因，如电商平台对知识产权法律法规理解不准确、审查不严格或操作失误等。为了减少执法错误，电商平台应加强对知识产权法律法规的学习与培训，提高审查人员的法律素养和业务能力。同时，电商平台应建立健全的执法监督机制，对执法行为进行全过程监控和评估，及时发现并纠正执法错误。此外，电商平台还应与商家保持密切沟通，及时听取商家的意见和反馈，共同维护平台的正常运营秩序和商家的合法权益。[①]

二、跨境电商平台面临的问题

（一）物流体系不完善

跨境电商平台物流体系不完善，主要表现在物流基础设施、人才培养体系和信息化水平方面。许多国家和地区，尤其是发展中国家，物流基础设施滞后，运输网络不发达、仓储设施不足、配送中心布局不合理，导致运输成本高、交货时间长和配送难度大。同时，物流行业人才培养体系不健全，缺乏针对跨境电商的专业课程和系统培训，难以满足高素质物流人才需求。此外，物流信息化程度较低，信息录入不全、跟踪更新滞后、系统整合能力差等问题，影响物流服务的效率与质量。因此，改进物流基础设施、健全人才培养体系和提升信息化水平是完善跨境电商平台物流体系的关键。

（二）支付安全存在隐患

跨境电商平台在支付安全方面存在诸多隐患。由于交易双方位于不同国家，支付安全成为关键问题。一方面，跨境支付涉及多个环节，手续复杂且费用较高，同时，由于各国金融监管政策差异，支付结算过程也较为烦琐，容易引发支付风险。另一方面，跨境支付涉及多种货币体系，汇率波动增加了支付安全的不确定性。此外，黑客攻击、网络诈骗和虚假信息等问题频发，给企业和消费者带来巨大的损失。为保障支付安全，跨境电商平台应加强支付安全措施，采用先进加密技术保护用户数据，建立完善的支付风险防控机制，提高支付系统的稳定性和安全性。同时，加强与各国金融监管机构的合作，共同打击跨境支付领域的违法犯罪行为。

---

① 于亚琦. 电商平台知识产权保护问题研究［J］. 现代营销（经营版），2020（10）：118-119.

（三）商品质量难以得到保障

跨境电商平台在商品质量保障方面面临诸多挑战。由于跨境电商的特点，商品来源广泛且复杂，质量参差不齐。一方面，部分跨境电商平台对入驻商家的审核不严格，导致一些低质量商品进入市场；另一方面，商品检验和监管机制不完善，难以对所有商品进行有效监管。此外，由于跨境物流环节繁多且复杂，商品在运输过程中容易受损或变质，进一步影响商品质量。为了保障商品质量，跨境电商平台应加强对入驻商家的审核与管理，建立严格的商品检验和监管机制。同时，加强与各国质检机构的合作，共同打击假冒伪劣商品和不合格商品的流通。此外，跨境电商平台还应提升物流服务质量，减少商品在运输过程中的损坏和变质风险。通过这些措施，跨境电商平台可以更好地保障商品质量，提升消费者购物体验。[①]

三、农村电商平台面临的问题

（一）运营模式单一

许多农村电商平台在运营模式上普遍存在单一化的问题。目前，许多平台主要依赖于农产品的简单加工或直接销售，缺乏创新性和多样化。这种单一的运营模式不仅限制了平台的盈利能力和市场竞争力，也难以满足消费者日益多元化的需求。例如，很多平台仅提供农产品的在线销售服务，却忽视了农产品品牌建设、营销推广和客户服务等关键环节。此外，农村电商平台在运营模式上缺乏与上下游产业链的深度整合，导致供应链效率低下，成本高昂。因此，农村电商平台亟须积极探索多元化的运营模式，如引入农产品定制、预售、众筹等新型销售方式，加强与农业合作社、农产品加工企业等产业链上下游的合作，提升平台的盈利能力和市场竞争力。

---

① 马宇鹏. 数字经济建设下我国跨境电商平台面临的问题与对策［J］. 经济研究导刊，2022（4）：142-144.

（二）产业区域两极化严重，发展不平衡

农村电商平台在发展过程中，产业区域两极化和发展不平衡的问题尤为突出。一方面，一些经济发达、基础设施较为完善的农村地区，农村电商平台发展迅速，市场规模不断扩大，形成了较为完善的产业链和供应链体系；另一方面，许多经济欠发达、基础设施薄弱的农村地区，农村电商平台发展缓慢，甚至尚处于起步阶段，市场规模较小，产业链和供应链体系尚不完善。产业区域两极化和发展不平衡不仅制约了农村电商平台的整体发展，也加剧了城乡之间的数字鸿沟。为了解决这一问题，政府应加大对农村电商平台的支持，特别是在基础设施建设、资金扶持和政策引导等方面给予更多倾斜。同时，鼓励和支持农村电商平台加强区域合作，实现资源共享和优势互补，推动农村电商平台的均衡发展。

（三）物流配送服务不到位

农村电商平台在物流配送服务方面存在诸多不足。由于农村地区地理条件复杂、交通不便，许多物流企业在农村地区的配送能力有限，导致配送时间长、成本高、服务质量差。此外，农村地区物流基础设施薄弱，如道路、仓储和配送中心等设施不完善，也制约了农村电商平台的物流配送服务。这些问题不仅影响了消费者的购物体验，也限制了农村电商平台的市场拓展。为了解决这一问题，农村电商平台应加强与物流企业的合作，共同推动农村物流配送体系的建设与完善。同时，政府应加大对农村物流基础设施的投资，改善交通条件，提升物流仓储和配送能力。此外，农村电商平台还可以探索建立自有的物流配送体系，通过整合社会资源，提高物流配送效率和服务质量。

（四）针对性法律法规欠缺

农村电商平台在发展过程中，面临着针对性法律法规欠缺的问题。尽管我国电子商务领域的法律法规体系不断完善，但针对农村电商平台的专门法

律法规仍然不足。例如，在农产品质量安全、农村电商平台经营者资质审核、消费者权益保护等方面，缺乏具体、明确的法律规定，导致农村电商平台在运营过程中面临诸多法律风险和不确定性。这些法律法规的缺失不仅影响了农村电商平台的健康发展，也制约了农村电商市场的规范化进程。为了解决这一问题，政府应加强对农村电商平台发展的政策研究和立法工作，制定并完善针对农村电商平台的专门法律法规。同时，加强对农村电商平台经营者的法律法规培训和宣传，提升其法律意识和合规经营能力。此外，建立健全农村电商平台的监管机制，强化日常监管和执法力度，维护市场秩序和消费者权益。

（五）人才引进和培养力度不足

农村电商平台在人才引进和培养方面存在力度不足的问题。由于农村地区经济发展相对滞后，生活条件和工作环境较差，许多高素质、高技能的人才不愿意到农村地区工作和发展。此外，农村电商平台在人才引进和培养方面的投入有限，缺乏完善的激励机制和培训体系，导致人才流失严重，人才储备不足。这一问题严重制约了农村电商平台的创新能力和市场竞争力。为了解决这一问题，农村电商平台应加大人才引进和培养的投入力度，建立完善的人才激励机制和培训体系。同时，加强与高校、科研机构的合作，引进和培养一批高素质、高技能的人才队伍。此外，政府应加大对农村电商平台的支持力度，在人才引进和培养方面提供更多政策优惠和资金扶持，吸引更多人才到农村地区工作和发展。

（六）信息化程度较低

农村电商平台的信息化程度较低，存在明显的短板。目前，许多农村地区的信息化基础设施建设滞后，网络覆盖率和网络速度有限，制约了农村电商平台的信息化发展。此外，农村电商平台在信息化建设方面的投入也较少，缺乏完善的信息化系统和数据支持，导致平台运营效率低下，用户体验较差。这一问题不仅影响了农村电商平台的运营效率和用户体验，也制约了农村电商市场的拓展和升级。为了解决这一问题，农村电商平台应加大对信息化建设的投入力度，建立完善的信息化系统和数据支持体系。同时，加强与电信运营商的合作，推动农村地区信息化基础设施建设，提高网络覆盖率和网络速度。此外，政府应加大对农村电商平台的支持力度，在信息化建设方面提供更多政策优惠和资金扶持，推动农村电商平台的信息化发展。①

第四节　数字经济下电子商务平台创新发展的策略

一、构建契合数字经济条件的电商平台责任机制

（一）电商平台责任要件中适用困境的具体体现

1. 主观认定标准与数字技术规制的失衡

在司法实践中，法院对"知道或应当知道"的标准与电商平台的大数据和算法技术能力之间存在明显不匹配。这种不匹配主要体现在两个方面：法律标准适用不当和对平台社会角色的认知不足。

一方面，尽管法律明确区分"知道"与"应当知道"，但法院通常严格解释"知道"，而忽视"应当知道"的宽泛标准。实践中，法院要求消费者直接证明电商平台知情，然而，消费者难以提供证据证明平台的知情状态，即便平台通过数据技术间接获知违法行为。法院未充分考虑平台应承担的高注意义务，导致消费者维权困难，"应当知道"标准未能有效执行。

另一方面，法院通常只认定平台在消费者投诉时才"知道"违法行为，忽视平台作为信息枢纽的广泛网络。在数字经济时代，平台不仅是商品交易场所，更是信息交流与监管的关键节点。法院未能认识到平台在信息获取和传递中的核心地位，也未考虑其在复杂社会关系中的责任。这种局限性裁判未能有效施压平台利用数字技术追责违法行为。

---

① 冯勇，陈登峰. 农村电商平台发展现状和趋势分析［J］. 改革与开放，2020（12）：29-31.

总体而言，法院对"知道"和"应当知道"标准的严格认定，未能有效促使平台发挥其技术优势承担责任，导致数字技术的规制失控。

2. 义务推定缺位与数字技术善用要求失衡

立法将"应当知道"定义为平台主动发现违法行为的义务，但实践中法院未充分运用推定技术。尽管平台承担主动发现义务，但全面审查海量内容成本极高，因此需根据行业技术水平合理限定义务范围，确保平台能够通过常规手段获知明显信息。然而，现行制度规定不明确，《中华人民共和国电子商务法》对平台义务的描述模糊，导致履行标准缺乏清晰界定。

例如，《中华人民共和国消费者权益保护法》第四十四条要求平台向受损消费者提供经营者的真实信息，但在实际操作中，平台采集信息的时间与消费者受损时可能存在错位。由此引发疑问：平台是否仅需在准入阶段履行信息审查义务，还是在经营过程中持续验证信息真实性？根据《中华人民共和国电子商务法》，平台确实在准入时承担审查责任，但对后续信息真实性维护的责任范围尚未明确。实践中，平台往往因履行了准入审查而免责，即便后续信息不符。如果仅因准入时的审查合格而免责，平台对信息更新的责任将被削弱。

这反映了立法对平台信息更新频率和方式的规定缺乏弹性，操作性较差。鉴于平台具备数据监控技术，定期更新经营者信息属于其能力范围内。关键在于如何合理设定更新频率与方式，以兼顾消费者维权需求与平台信息收集的实际可行性。

3. 应对措施的必要程度与责任范围脱节

在电商平台责任要件的司法实践中，应对措施的必要程度与责任范围的关联不畅成为显著困境，主要表现在责任认定标准模糊及措施与责任的不匹配。

一方面，法院在判断平台是否采取"必要措施"时，标准不明。现行法律要求平台在接到侵权通知后采取合理措施防止侵权扩大，但未明确"必要措施"的具体范围，导致法院依据个案及平台技术能力等因素主观判断。这种灵活性虽能适应多样案例，却缺乏统一性，使平台难以预见自身责任。

另一方面，法院对平台责任认定过于片面，通常仅考察是否采取删除或屏蔽等直接措施，而忽略调整算法、加强审核等间接但必要的手段。这种局限性未能全面衡量平台应对违法行为的多样性和复杂性。

此外，关联不畅使平台决策陷入两难：既需采取足够措施防止侵权以规避法律责任，又需避免干预商家合法经营，平衡难以把握。这种矛盾凸显了规范标准明确化的必要性。

（二）数字经济下平台责任认定困境的成因分析

1. 理念成因：错误定位平台为交易辅助者

在数字经济中，电商平台作为连接消费者与商品服务提供者的关键节点，其法律地位与责任界定面临复杂挑战。目前，法律实践常将平台误定位为交易辅助者，这种传统认知源于线下交易模式，将平台视为仅提供信息匹配与技术支持的中介。然而，数字经济时代的平台已通过大数据与云计算等技术深度介入交易，不仅影响信息流通，还通过算法推荐、价格策略等方式塑造交易行为，成为交易的重要参与者与规则制定者。这一错误定位忽视了平台在数字经济中的核心主体地位，造成责任认定困境。一方面，平台可利用"信息提供者"身份规避责任；另一方面，消费者因难以证明平台直接过错而维权受阻。这种理念偏差削弱了平台应承担的法律责任，也加剧了消费者权益保护的难度。

2. 现实背景成因：难以平衡公权与私权要求

在数字经济下，电商平台法律责任的界定需兼顾公权与私权的整体需求，但现行法律与监管机制未能有效回应，造成责任认定困境。一方面，电商平台作为市场主体，既享有自主经营权，也需守法维护公共利益；另一方面，其数据积累涉及商业价值与用户隐私保护，需承担相应法律责任。此外，平台作为消费者与服务提供者的纽带，还需履行消费者权益保护义务。然而，法律框架对平台责任的界定模糊，执行难度较大；监管机制滞后，无法及时应对违法行为。同时，平台运营模式与技术手段快速变化，也对责任界定和监管提出了新挑战。

3. 立法技术成因：责任要件缺乏数字化适应性

网络平台在赋权与控制中扮演双重角色：既促进信息共享与消费者权益

保护，又可能通过技术手段限制消费者权益实现。作为网络治理中的"准公权力"主体，平台承担一定的监管功能。然而，网络交易的复杂性与快速变化，使传统公权力难以完全调节，平台因此通过技术和数据优势获得部分自治权，如规则制定与争议处理。例如，支付宝的《争议处理规则》为平台内纠纷处理提供了有效解决方案。但若平台权力缺乏明确授权与有效监督，易导致权力滥用，损害消费者利益。特别是在个人信息收集与算法推荐中，若法律对消费者隐私保护不足，平台的"准公权力"与消费者权利的矛盾将进一步加剧。

4. 外部环境成因：履责信息与社会支持不足

电商平台履行法律责任需依赖充分的信息前提和社会支持，但当前外部环境常使其面临双重困境。一方面，平台难以获取足够的准确信息支持决策。其数据来源主要依赖用户自主提供和第三方机构，但这些数据常因不完整、不准确或滞后性难以满足履责需求。同时，数据保护法规与用户隐私权限制也增添了信息获取难度。另一方面，社会支持不足加剧了平台履责困境。公众对电商平台的法律责任认知有限，更多视其为商业实体，而忽视其维护市场秩序的角色。此外，行业协会与标准制定机构在推动平台履责方面力度不够，缺乏有效协作机制。

（三）构建适应数字经济的电商平台责任机制

第一，在数字经济时代，电商平台角色已从交易辅助者转变为网络交易的核心主体。这一变革源于平台利用先进技术深度介入交易过程，从提供交易场所到通过算法推荐和数据分析实质性参与，形成了平台、经营者、消费者三方意志结构。平台责任范围因此扩展，不再局限于信息发布，而涵盖信息审核、交易监督和纠纷解决，成为一种新型媒介责任主体。平台应直接承担保障消费者权益、促使经营者合规经营的责任，确保交易公平、透明、安全。同时，平台在数字利益冲突中应发挥准执法者功能，协调各方利益，平衡创新与监管，推动数字经济健康、可持续发展。确立平台核心地位，不仅认可其实际作用，也为完善数字市场监管提供了制度基础。为适应国家治理现代化，应推动网络治理从单一模式向多元共治转型。平台与政府作为主要治理主体，应构建多方协同机制。（1）避免治理失衡：政府应避免过度依赖自身权力或完全放任平台自主治理，优先通过市场调节解决问题，同时加强对平台治理权的监督，防止滥用。（2）推进多元共治：吸纳社会多方参与，建立协商治理机制，完善信息共享与沟通渠道，确保政府、平台与其他主体有效合作，共同提升治理效能。

第二，厘清平台在数字经济中"权力"与"权利"的关系，关键在于明确国家公权力与平台准公共权力的界限。平台行使的准公共权力合法性来源于法律授权，与国家公权力同源。然而，平台凭借技术优势在数据处理、内容审核等方面扩展权力边界，甚至涉及国家公权力传统领域，引发两者紧张。为此，必须明确划定双方权力范围，采用授权名单等方式，确保权力职责清晰，运行有序。加快消费者权益保障机制建设。消费者在网络交易中应享有民法上的倾斜保护，但当前法律对其权益保障不明确，导致平台责任难以界定，权力扩张失衡。因此，亟须完善消费者权益保护机制，明确国家公权力通过法律政策加强消费者权益保障，推动平台履行责任，合理配置平台权力与责任。

第三，平台责任需与其技术优势和商业角色相适应。电商平台不再仅仅是交易中介，而是通过技术手段深刻影响交易结构。应加强立法，明确民法与经济法责任体系的关系，建立规范的平台责任法律框架，确保《中华人民共和国民法典》《中华人民共和国消费者权益保护法》等法律的协调执行，推动平台责任在司法中的落实。同时，完善平台责任机制，确保各法律体系协同工作，推动法律内容细化，提升法律操作性。

第四，构建平台履行法定义务的社会支持体系应从两个方面着手：一方面，建立平台内的信息完整性机制。当前平台治理结构已从传统的层级式转向网络化结构，信息成为平台内各方互动的纽带。因此，平台不应仅关注原告消费者的利益，还应通过平台上经营者与消费者之间的关系，将其他消费者的信用评价、投诉记录等存储并作为关联性证据使用。另一方面，应建立公私主体间、跨平台的信息通报机制。这不仅有助于减轻市场主体的负担，还能促进平台间资源的有序流动。应推动信息标准化和法定传递程序的建立，确保违法信息能够在平台间流通。公共主体提供的违法信息应通过平台传递并最终通知消费者，保障消费者的知情权与维权能力。①

二、创新数字贸易环境下电商平台的服务外包模式

在数字贸易环境下，服务外包模式展现出新活力。电商平台运用大数据技术，深度挖掘市场需求，为供应商量身定制策略建议，实现供需精准对接。云计算等技术的应用使企业资源配置更为灵活高效，能够根据业务动态快速调整资源，大幅降低运营成本。此外，数字贸易打破了地理界限，离岸外包成为常态。企业可以在全球范围内寻找更具成本优势和更高质量的服务商，不仅拓宽了合作渠道，还提升了服务质量和效率，推动了全球资源的优化配置与经济的深度融合。

（一）电商平台服务外包模式面临的挑战

1. 数据安全和个人隐私保护

电商平台与第三方服务商合作时，数据在多个主体间流动，一旦任何一方缺乏有效保护，便可能引发数据泄露。数据泄露不仅侵犯用户隐私，还可能损害品牌声誉，影响企业发展。因此，平台必须采取严格的加密措施，确保数据传输和存储的安全。随着全球数据保护意识的提高，越来越多国家出台了相关法律，如欧盟的 GDPR 和中国的《中华人民共和国个人信息保护法》。这些法律要求平台采取技术措施保护数据，并获得用户明确同意。电商平台在服务外包中必须确保遵守法律规定，同时确保合作方合法合规，否则将面临严重的法律后果。此外，电商平台还应加强内部管理，消除潜在的安全隐患。例如，如果发现员工在工作中疏忽大意或随意使用外来设备，应立即进行引导和培训，并在制度层面加强管控，防止类似的问题再次发生。

---

① 肖峰. 数字经济条件下电商平台责任认定难题和治理出路 [J]. 重庆邮电大学学报（社会科学版），2024，36（3）：72-82.

2. 技术标准差异与合规性

在电商平台的服务外包模式中，技术标准差异与合规性构成了显著的挑战。不同地区、行业和服务提供商在技术标准上存在较大差异，这使得平台在整合外部资源时面临技术对接难题。平台需要投入大量资源进行技术适配与标准化，以确保各服务环节的顺畅衔接。同时，随着全球监管环境的日益严格，合规性成为服务外包不可忽视的一环。不同国家和地区在数据保护、隐私安全、知识产权等方面的规定差异，使得平台必须密切关注国际法律法规的动态变化，确保服务外包活动合法合规。为应对这些挑战，平台应建立严格的技术标准审核机制，对服务提供商的技术能力进行全面评估。此外，还需加强合规体系建设，设立专门的合规团队，负责监控全球法规变化并及时调整服务策略。同时，平台应与服务提供商建立紧密的沟通机制，共同提升技术标准与合规水平，确保服务外包模式在复杂多变的国际环境中稳健运行，为数字经济的持续发展提供有力支撑。

（二）电商平台服务外包模式创新路径

在数字经济的浪潮下，电商平台的服务外包模式正经历前所未有的变革。为应对市场挑战并抓住发展机遇，电商平台需探索创新路径，以定制化服务模式、智能化升级、数据驱动决策以及生态合作构建为核心，推动服务外包模式向更高层次发展。

1. 定制化服务模式

定制化服务模式是电商平台服务外包的一个重要创新方向。传统的服务外包通常采用标准化流程，难以充分满足客户的个性化需求。而定制化服务模式则侧重根据客户的特定需求提供量身定制的解决方案。电商平台可借助大数据、人工智能等技术，深入分析客户行为、偏好和市场趋势，从而为客户提供更加精准和高效的服务。在定制化服务模式下，电商平台需要建立灵活的服务体系，能够快速响应客户需求变化。这要求平台具备强大的技术研发能力和敏锐的市场洞察力。通过不断迭代优化服务流程，平台能够持续提升客户满意度，增强市场竞争力。同时，定制化服务模式有助于平台与客户建立长期稳定的合作关系，实现共赢发展。为实现定制化服务，电商平台需加强与服务提供商的协同合作。通过共享数据资源、技术成果以及共同研发创新服务产品，平台与服务提供商能够形成紧密的产业链协同效应。这种协同合作不仅有助于提升服务质量和效率，还能促进整个服务外包行业的良性发展。

2. 智能化升级

智能化升级是电商平台服务外包模式创新的另一个重要方向。随着人工智能、物联网等技术的迅猛发展，智能化已成为推动服务外包行业转型升级的关键因素。电商平台可通过引入智能化技术，实现服务流程的自动化和智能化，从而显著提升服务效率和质量。

在智能化升级过程中，电商平台应重点关注以下几个领域。一是智能客服系统。通过构建基于自然语言处理、机器学习等技术的智能客服系统，平台能够为客户提供全天候咨询服务，及时解决问题并提升客户满意度。二是智能推荐系统。利用大数据和人工智能技术，平台可以精准分析客户需求，提供个性化的产品推荐和服务方案，提高转化率和客户黏性。三是智能风控系统。通过构建智能风控模型，平台能够实时监控交易风险，有效防范欺诈行为，保障客户资金安全。

智能化升级不仅要求电商平台具备先进的技术实力，还需建立完善的数据治理体系，强化数据收集、存储、处理和分析能力，确保数据的准确性、完整性和安全性。同时，平台还需遵循相关法律法规，确保数据使用的合法合规性。通过智能化升级，电商平台能够实现服务外包模式的质的飞跃，为数字经济的发展注入新的动力。

3. 数据驱动决策

在数字经济时代，数据已成为电商平台服务外包模式创新的核心驱动力。通过收集和分析大量数据，平台能够深入挖掘客户需求、市场趋势和业务痛点，为决策提供科学依据。数据驱动决策不仅提升了决策效率和准确性，还帮助平台实现精细化运营和精准营销。

为实现数据驱动决策，电商平台需构建完善的数据分析体系，包括数据采集、清洗、存储和挖掘等多个环节。平台可借助大数据处理工具，如 Hadoop、Spark 等框架，以及 Python、R 等数据分析语言，进行高效的数据处理和分析。同时，平台还需培养专业的数据分析人才，具备数据解读、模型构建和优化的能力。

在数据驱动决策模式下，电商平台能够全面监控和评估服务外包业务。通过实时跟踪服务流程、客户反馈和业务指标，平台能够及时发现潜在问题，并采取有效措施进行改进。此外，数据驱动决策还能帮助平台优化资源配置，提高服务效率和质量，实现业务增长与成本控制的双重目标。

4. 生态合作构建

生态合作构建是电商平台服务外包模式创新的关键路径之一。在数字经济时代，单打独斗已难以应对快速变化的市场环境，平台需与服务提供商、上下游企业、行业组织等多方建立紧密合作关系，共同构建开放、协同、共赢的生态系统。在生态合作构建过程中，电商平台应发挥引领作用，推动行业标准的制定与实施。通过参与行业论坛、组织研讨会等方式，平台可与服务提供商等方共同探讨服务外包行业的发展趋势、技术革新与市场机遇。同时，平台还应积极倡导诚信经营与公平竞争的行业文化，为生态合作奠定坚实基础。此外，电商平台还需加强与服务提供商的深度合作。通过共建研发中心、共享数据资源、联合开拓市场等方式，平台与服务提供商能够形成利益共同体，共同应对市场挑战。这种深度合作不仅有助于提升服务质量与效率，还能促进技术创新和产业升级。在生态合作构建中，电商平台还应注重跨界融合。通过与其他行业企业建立战略合作关系，平台能够拓展服务领域，实现跨行业、跨领域的资源整合与优势互补。这种跨界融合不仅有助于平台开辟新的增长点，还能推动整个服务外包行业的创新与发展。①

三、强化数字经济下电商平台的风险防范意识和能力

通过精准收集与分析相关数据，企业可以了解用户需求，从而为用户提

---

①　孙道勇. 数字贸易环境下电商平台的服务外包模式创新［J］. 服务外包，2024（9）：64-67.

供更符合需求的产品和服务，实现企业与用户的共赢。然而，信息安全问题也随之而来，特别是在跨境电商平台中，这些平台依赖数据，建立了庞大的用户数据库，包含诸如身份证号码、联系方式、银行卡号等敏感信息。这些信息频繁在不同主体间传输，尤其是在跨境传输过程中，泄露风险进一步增加。

因此，基于利益相关者理论分析跨境电商平台的用户信息安全，有助于更加清晰地理解相关元素，并提出有效的防范策略：政府应完善数据保护法规、合作方应加强内控机制、企业应构建安全传输系统，提升用户安全意识，并强化员工行为管理。通过这些举措，能够有效降低信息泄露风险，促进电商行业的健康发展。

（一）跨境电商平台的用户信息安全风险含义

跨境电商平台的用户信息安全风险，指的是在跨境电商交易过程中，技术漏洞、管理不善或外部攻击等原因，导致用户个人信息泄露、被非法获取或滥用的风险。这些个人信息包括但不限于姓名、地址、电话号码、银行账户、购物记录等敏感数据。一旦这些信息落入不法分子手中，用户将面临垃圾邮件、诈骗电话、身份盗用等风险，甚至可能遭受财产损失和个人名誉损害。

（二）跨境电商平台的利益相关者概念

在探讨跨境电商平台的用户信息安全风险时，利益相关者的概念至关重要。跨境电商平台的利益相关者是指与平台运营、用户信息安全等方面存在直接或间接利益关系的各方主体。这些主体包括但不限于政府、第三方支付机构、物流企业、消费者以及平台内部的管理层和员工等。各利益相关者通过自身的行为和决策，对跨境电商平台的用户信息安全风险产生不同程度的影响。

（三）数字经济下跨境电商平台的用户信息安全风险因素分析

1. 外部利益相关者视角的风险因素分析

（1）政府因素

政府在跨境电商平台用户信息安全中扮演着至关重要的角色。一方面，政府通过制定相关法律法规，为平台提供法律保障，确保用户信息安全。另一方面，政府监管政策的滞后或不完善可能成为信息安全风险的来源。例如，跨境数据流动的法律框架不明确，可能导致跨境电商平台在处理跨境用户数据时面临合规性挑战，进而增加用户信息安全风险。此外，若政府在执行监管政策时缺乏有效手段或力度不足，也可能导致平台在用户信息安全方面的违规行为得不到及时纠正，这不仅损害了用户利益，也影响了跨境电商行业的健康发展。

（2）第三方支付机构因素

第三方支付机构在跨境电商交易中承担着资金清算与结算的职责。如果支付机构的安全防护能力不足或存在内部管理漏洞，可能成为用户信息安全风险的源头。例如，支付机构若未能妥善保管用户支付信息，或存在系统被黑客攻击的风险，可能导致用户的资金和个人信息泄露。此外，在跨境支付过程中，若支付机构未能遵守国际反洗钱、反恐怖融资等监管要求，也可能成为不法分子利用跨境电商平台进行非法活动的渠道，从而加大用户信息安全的风险。

（3）物流企业因素

物流企业在跨境电商交易中负责商品的运输与配送。然而，若物流企业在处理用户物流信息时未采取有效的安全措施，或存在内部管理漏洞，也可能成为信息安全风险的来源。例如，物流企业若未能妥善保管用户收货地址、联系方式等敏感信息，或存在系统被黑客攻击的风险，可能导致用户个人信息泄露。此外，若物流企业在跨境运输过程中未遵循国际运输安全规定，或存在货物被非法扣押、调换等风险，也可能对用户信息安全造成威胁。

（4）消费者因素

消费者在跨境电商交易中扮演着不可忽视的角色，他们的行为和决策直接影响用户信息安全风险的大小。一方面，若消费者缺乏足够的安全意识，轻易泄露个人信息或未能妥善保管个人支付密码等敏感信息，将增加信息安全风险。另一方面，若消费者在购买商品时未仔细甄别卖家信誉或商品质量，可能遭遇假冒伪劣商品或欺诈行为，进而导致个人信息泄露或财产损失。

2. 内部利益相关者视角的风险因素分析

跨境电商平台的用户信息安全风险不仅受到外部利益相关者的影响，内部利益相关者同样起着关键作用。首先，若用户信息安全管理制度的制定部门缺乏安全意识或专业知识，未能充分考虑平台的特殊性，可能导致制度漏洞，增加安全风险。其次，管理层对信息安全的重视程度直接影响平台的投入和管理。如果管理层忽视安全风险，或未及时应对安全事件，可能导致严重后果。此外，用户信息安全管理部门若缺乏专业人才或技术支持，也会削弱平台防范风险的能力，尤其在应对黑客攻击或修复系统漏洞时。最后，平台员工的安全意识和行为也直接影响风险防控。员工未经授权访问或泄露用户信息、操作失误等都可能导致信息安全问题。因此，加强制度建设、提升管理层重视、完善安全部门管理并加强员工安全培训，是降低风险的关键措施。

（四）数字经济下跨境电商平台的用户信息安全风险防范策略

在数字经济时代，跨境电商平台的用户信息安全风险日益凸显，成为制约行业发展的重要因素。为有效防范这一风险，需从外部利益相关者和内部利益相关者两个维度出发，构建全方位、多层次的风险防范体系。

1. 外部利益相关者视角的风险防范策略

（1）政府健全法律法规，加强执法力度与深化国际合作

政府作为跨境电商平台用户信息安全的重要守护者，应不断完善相关法律法规，为平台运营提供明确的法律框架。具体而言，政府应针对跨境电商平台的特殊性，制定或修订相关法律法规，明确用户信息的收集、存储、使用和保护标准，以及平台在信息安全方面的责任与义务。同时，加大对违法行为的打击力度，对侵犯用户信息安全的行为进行严厉处罚，以形成有效的法律威慑。此外，政府还应深化国际合作，共同应对跨境电商平台用户信息安全风险。随着全球化的深入发展，跨境电商平台涉及的国家和地区日益增多，用户信息的跨境流动愈加频繁。政府应积极参与国际信息安全合作，与其他国家和地区共同制定跨境数据流动规则，加强信息共享和协同监管，共

同构建跨境电商平台的用户信息安全防护网。

（2）第三方支付机构完善内控机制

第三方支付机构在跨境电商交易中扮演着资金流转的关键角色，其信息安全防护能力直接影响用户资金和个人信息的安全。因此，第三方支付机构应进一步完善内控机制，加强信息安全防护。具体而言，应建立健全信息安全管理制度，明确各部门和岗位的职责与权限，确保信息安全管理的规范化和制度化。同时，加强技术防护，采用先进的加密技术和安全防护措施，保障用户支付信息的安全性和完整性。此外，第三方支付机构还应加强风险监测与预警，及时发现和处置潜在的信息安全风险。通过建立完善的风险监测体系，实时监控用户支付行为和交易数据，及时发现异常交易和可疑行为，并采取相应措施进行处置。同时，加强与跨境电商平台的合作，共同构建用户信息安全防护体系，实现信息共享和协同防范。

（3）物流企业构建安全的信息传输系统

物流企业在跨境电商交易中负责商品运输和配送，其信息安全防护能力同样至关重要。为防范用户信息安全风险，物流企业应构建安全的信息传输系统。具体而言，应加强对物流信息的保护，采用加密技术和其他安全措施，确保物流信息在传输过程中的安全性与保密性。同时，建立完善的物流信息管理系统，实现物流信息的实时更新与追踪，提升物流信息的准确性与可靠性。此外，物流企业还应加强与跨境电商平台的合作，共同构建物流信息安全防护体系。通过信息共享和协同防范，及时发现和处置潜在的物流信息安全风险。同时，加强对物流人员的培训与管理，提升他们的信息安全意识与专业素养，确保物流环节的用户信息安全。

（4）消费者增强信息安全保护意识与能力

消费者是跨境电商平台用户信息安全风险的直接受害者，提高他们的保护意识和能力至关重要。具体而言，消费者应增强对个人信息安全的重视，不轻易泄露个人信息，尤其是敏感信息，如银行账户和密码等。同时，应学会使用安全支付工具与方法，避免使用不安全的支付方式或链接进行交易。此外，消费者还应提高辨别能力，谨慎选择跨境电商平台和卖家。在购买商品时，应仔细查看卖家信誉和商品评价，避免购买假冒伪劣商品或遭遇欺诈行为。同时，关注平台的信息安全政策与措施，了解平台在信息安全方面的保障和应对机制，以便在必要时采取相应措施保护自身信息安全。

2. 内部利益相关者视角的风险防范策略

（1）制度制定部门完善用户信息安全管理制度

制度制定部门在跨境电商平台用户信息安全风险防范中扮演着重要角色。为有效防范风险，制度制定部门应进一步完善用户信息安全管理制度。具体而言，应针对跨境电商平台的特殊性和复杂性，制定或修订相关管理制度和规定，明确用户信息的收集、存储、使用和保护标准，以及平台在信息安全方面的责任与义务。同时，建立健全信息安全管理制度的执行与监督机制，确保制度的有效实施和落地。此外，制度制定部门还应关注国际信息安全标准和最佳实践，及时将国际先进的信息安全管理理念和方法引入平台运营，不断提升平台的信息安全管理水平。

（2）管理层加强信息安全管理，严惩泄露用户信息行为

管理层在跨境电商平台用户信息安全风险防范中起着决定性作用。为有效防范风险，管理层应加强信息安全管理，将信息安全纳入平台运营的重要议程。具体而言，应建立健全信息安全管理体系，明确各部门和岗位的职责与权限，确保信息安全管理的全面性与有效性。同时，加大对信息安全的投入，提供必要的技术支持和资源保障，确保信息安全防护措施的落实与执行。此外，管理层还应严惩泄露用户信息的行为，形成有效的内部威慑。通过建立健全内部监督机制，加强对员工行为的监督与管理，及时发现和处置泄露用户信息的行为。同时，加强对员工的培训与教育，提高他们的信息安全意识和专业素养，确保员工能够遵守相关制度和规定，保护用户信息安全。

（3）用户信息安全管理部门提高信息安全管理能力

用户信息安全管理部门是跨境电商平台在用户信息安全风险防范方面的核心力量。为提高信息安全管理能力，用户信息安全管理部门应不断加强自身建设。具体而言，应建立健全信息安全管理制度和流程，明确各项信息安全工作的标准与要求。同时，加强技术防护，采用先进的加密技术和安全防

护措施，保护用户信息的安全性与完整性。此外，用户信息安全管理部门还应加强风险监测和预警能力，及时发现并处置潜在的信息安全风险。通过建立健全风险监测体系，实时监控用户信息和系统数据，及时发现异常行为与可疑情况，并采取相应措施进行处置。同时，加强与外部安全机构的合作，共同构建信息安全防护体系，提升平台的信息安全管理水平。

（4）加强员工信息安全管理知识和制度培训

员工是跨境电商平台用户信息安全风险防范的重要一环。为加强员工的信息安全管理知识与制度培训，平台应定期组织相关培训活动。具体而言，应针对不同岗位和职责的员工，制订个性化的培训计划与内容，确保员工能够掌握相关的信息安全知识和技能。同时，加强对员工的信息安全意识与素养的培养，提升他们的信息安全防范意识和能力。此外，平台还应建立健全员工考核与激励机制，将信息安全管理纳入员工绩效考核体系，激励员工积极参与信息安全管理工作。通过不断加强员工的信息安全管理知识与制度培训，提升平台的信息安全管理水平，有效防范用户信息安全风险。[1]

---

[1]　潘思谕，黄紫华. 数字经济下跨境电商平台的用户信息安全风险防范策略［J］. 沿海企业与科技，2022（3）：17-22.

第七章　数字经济下电子商务专业人才培养研究

在数字经济背景下，电子商务行业发展迅猛，对专业人才的需求不断增长，且要求日益提高。电子商务专业人才的培养对推动行业创新、提升企业竞争力和促进经济发展至关重要。通过明确人才培养目标、定位、现状与要求，探讨人才培养的必要性与重要性，研究各种培养模式及路径，全面分析数字经济下电子商务人才培养的各个方面，旨在为培养适应时代需求的高素质人才提供理论支持与实践指导。

第一节　电子商务人才培养的目标、定位、现状与要求

一、电子商务人才培养目标

（一）培养目标及能力分解

根据《电子商务类专业教学质量国家标准》，电子商务专业的培养目标是培养复合型、应用型和创新型人才。这三种人才类型的培养具有多维度的特征。首先，电子商务作为一个跨学科领域，融合了管理、经济和信息技术，因此，培养具备这些复合能力的人才至关重要。复合型人才应具备全面的电子商务视野和前瞻性，能够从全局出发进行创新发展；应用型人才则注重快速适应实际操作，熟练掌握电商运营，并具备在实践中解决问题的能力；创

新型人才应具备开拓精神和创造力，能够推动电商行业的创新和发展。然而，这些人才的培养并非单纯的知识积累，而是需要结合行业特点，明确专业定位，整合课程资源，构建符合行业需求的课程体系。图 7-1 展示了复合型、应用型和创新型电子商务人才培养目标及能力分级。

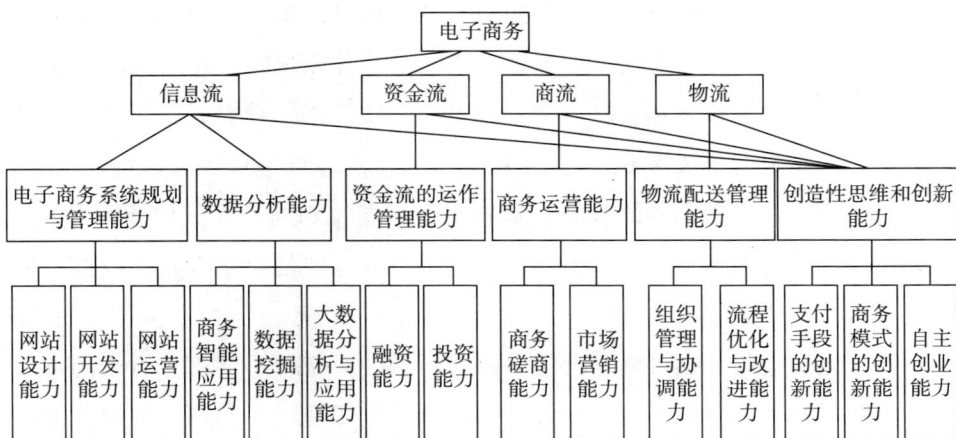

图 7-1　复合型、应用型和创新型电子商务人才培养目标及能力分级

（二）培养思路

在制定培养目标时，需要从社会发展层面进行探讨和分析，而高校想要切实实现培养目标，单打独斗是不行的，而是要与其他机构合作共进，凝聚出更强的培养合力。图 7-2 为电子商务专业人才培养总体思路。[①]

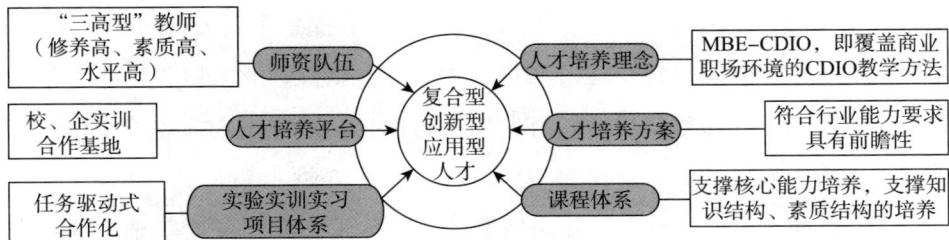

图 7-2　电子商务专业人才培养总体思路

---

① 于卫红，时洪涛，林国顺. 电子商务专业人才培养目标与课程体系建设 [J]. 航海教育研究，2015，32（2）：68-72.

二、电子商务人才培养定位

（一）电子商务应培养具备多方面能力的复合型人才

目前，许多电子商务专业的学生对行业岗位缺乏明确的认知，毕业后常常面临就业困惑。企业的实际需求也未必完全符合传统的专业定位。原6688网络公司市场总监曾表示，电子商务岗位不一定要求专业背景，更看重网站建设、营销和渠道等技术型人才。用人单位通常倾向于招聘专精后再扩展的复合型人才，尤其是那些既具备行业知识又掌握技术的人才。与计算机、市场营销或工商管理等专业的学生相比，电子商务专业的学生在技术或商务领域的优势并不明显。

对于大型企业，如阿里巴巴、eBay等，岗位分工较为明确，电子商务专业的学生通常可以胜任设计、程序、客服或营销等职务。然而，在中国的中小企业中，人才需求更偏向复合型，一个岗位往往需要员工兼任多项职责，如网管、网编及网络营销等。因此，电子商务专业的培养不应局限于某一技术或领域，而应拓宽知识面，培养具备多方面能力的复合型人才。

（二）电子商务人才定位是构建培养模式的关键

在电子商务快速发展的背景下，明确人才定位是构建高效培养模式的核心。人才培养应紧贴行业需求、能力框架及发展趋势，具体可从以下三方面探讨：

一是紧贴行业需求，明确培养目标。电子商务涵盖市场分析、平台运营、物流配送等多个领域，每个环节都需专业人才支持。因此，培养目标应紧密对接行业需求，确保教育机构与行业保持合作，定期调研人才需求变化，培养即插即用的人才。

二是构建全面能力框架，注重实践技能。除了扎实的理论基础，电子商务人才还需具备将知识转化为实践的能力。因此，应构建一个涵盖理论知识、信息技术、市场营销、数据分析及跨文化交流的能力框架，并强调实践教学，通过校企合作和项目驱动提升学生解决实际问题的能力。

三是前瞻发展趋势，培养复合型人才。随着智能化、个性化、全球化趋势的推进，电子商务领域需培养具备跨学科背景的复合型人才，关注新技术（如 AI、大数据、区块链）的应用，帮助他们适应并引领行业未来发展。[①]

三、电子商务人才培养现状

（一）专业定位不明确

在高等教育与电子商务行业协同发展的过程中，一些高校在电子商务专业定位上存在误区。部分高校过于追求全能型人才，期望学生在网页设计、编程、商务管理、市场营销及物流等多个领域具备卓越能力。然而，由于大学时间有限，学生无法在如此广泛的领域做到精通，这种培养模式缺乏实际可行性。

这种过于宽泛的培养模式导致学生各项专业技能无法精深掌握，产生了一些实际问题。例如，在网页设计方面，电子商务专业学生与艺术设计专业学生相比，设计效果、创意构思和用户体验常显逊色。计算机编程方面，电子商务学生的基础编程能力无法与计算机专业学生相比，难以应对复杂的编程任务。这些技能上的局限直接影响了电子商务专业毕业生的就业市场表现，导致他们在求职时常感迷茫，难以确定适合的职位，甚至在求职时屡屡碰壁。

当前，电子商务专业的定位逐渐分化为四个方向：电子商务经济学、电子商务技术、电子商务管理、电子商务物流与营销。然而，这一分类方式仍存在模糊不清的问题，容易引发误解。一些人将电子商务专业与计算机专业混淆，误认为其仅是计算机与商业的结合。由于课程中涉及计算机技术（如网页设计和数据库管理），外界往往将重点放在技术层面，而忽视了电子商务跨学科的独特性。这种混乱的定位不仅不利于学生就业，也为专业的可持续发展带来挑战。

（二）师资力量薄弱，教材体系不完善

在电子商务专业教育中，师资力量教材体系对专业发展至关重要。然而，许多高校在这两方面存在明显短板，影响了教育质量和学生综合素质的培养。

---

① 胡万奎. 电子商务人才定位初探 ［J］. 科学咨询（决策管理），2009（10）：20-21.

从师资力量来看，大多数院校的电子商务教师未能完全满足专业的特殊需求，教师队伍呈现两极分化。一部分教师专注于计算机与网络教育，擅长网页设计、网络编程和数据库管理等技术课程，但在商务管理、市场营销等方面的知识较为薄弱。结果，学生虽然掌握了技术，但缺乏将技术应用于实际商业场景的能力，难以培养系统的电子商务思维。另一部分教师专注于管理与营销领域，具备丰富的商务理论知识，但缺乏电子技术基础，难以将技术与商业结合，导致学生在技术应用和商务结合上存在断层，难以满足行业对复合型人才的需求。

此外，电子商务领域的高层次人才短缺，硕士和博士生数量较少，缺乏学科带头人和骨干教师，这限制了高校在课程设计、教学方法创新和科研项目开展方面的突破。缺乏权威指导的课程体系，导致课程内容不合理、衔接不紧密，教学方法单一，难以激发学生兴趣，科研方面也因缺少高水平团队，产学研合作不深入，学生难以获得前沿知识和实践机会。

在教材建设方面，电子商务专业面临较大挑战。目前市场上缺乏统一、权威且广泛认可的教材体系，各高校和出版社出版的教材在内容覆盖、知识深度和编写风格上差异较大，存在低层次知识重复的情况。核心课程教材虽涵盖多个领域，但往往只是知识点的简单罗列，缺乏系统性和逻辑性，未能有效整合知识点间的联系。

由于教材缺乏统一规划和审核标准，导致内容不全、不规范。一些教材过于注重理论，忽视实践案例；另一些教材则在操作环节上缺乏详细指导，未能充分模拟电子商务流程，影响学生的实践能力培养。教材体系的混乱严重影响了教学质量，制约了学生的综合素质和专业能力提升。因此，需要高校、行业协会和教育主管部门加强教材建设，统筹规划，建立符合电子商务专业需求的高质量教材体系。

（三）课程设计盲目，教学环境不足

在电子商务专业课程体系和教学环境方面，部分高校存在显著问题，主要体现在课程设计的盲目性和教学环境的不足，直接影响了人才培养质量和

学生的学习体验。

课程设计的盲目性主要表现为缺乏科学依据和行业调研。许多高校对全球电子商务应用模式和中国企业的需求了解不足，导致课程缺乏针对性。部分高校过于注重理论深度，忽视了电子商务专业的实践性与应用性。具体表现为以下两个方面：

其一，课程内容碎片化，缺乏系统性整合。尽管一些高校涵盖了网页设计、编程、数据库管理、市场营销等多个领域，但课程间缺乏有效衔接，学生难以将各类知识综合应用于实际项目。比如，在电子商务网站建设项目中，学生虽学到了网页设计、编程、市场营销等技能，但由于缺乏系统性训练，难以协调各个环节，导致项目中的功能设计、用户体验、营销推广等方面无法有效整合，影响商业效果。

其二，课程偏重理论，实践环节薄弱。尽管一些高校设有电子商务实验室和模拟环境，但这些实验往往局限于预设模式，缺乏商业环境的复杂性和不确定性，学生只能按固定流程操作，难以应对实际商业运营中的突发情况。此外，实验室缺乏行业实践者的参与，学生无法获得实践经验，教师使用的案例缺乏时效性，导致学生的学习内容与行业发展脱节，难以培养实用技能。

电子商务作为跨学科专业，学生需要扎实的实践技能来适应行业需求。然而，许多高校的实践教学不足，尽管部分高校已开设实验课程，但这些课程与企业实际业务结合并不紧密，学生大多只进行虚拟环境中的简单操作，缺乏跨境电商拓展、电商平台数据分析等深入实践。这种脱离实际需求的教学模式，导致学生毕业后适应工作环境时间较长，影响就业竞争力。

因此，高校需要优化课程体系，加强课程间的整合，创新实践环节，积极引入企业资源，改善教学环境，创建更贴近实际、富有挑战性的学习平台，培养符合时代需求的高素质电子商务人才。①

四、电子商务人才培养要求

电子商务的快速发展对各行业产生了深远影响。为了更好地适应这一趋

---

① 李坤继，刘丽莎. 电子商务专业人才培养定位思考［J］. 上海商业，2022（1）：36-38.

势并培养高素质人才，高校需要深入分析电子商务类人才的就业岗位及其要求，精准调整课程设置和培养方向，以满足行业需求。

（一）电子商务类人才就业岗位

电子商务行业的快速发展为求职者提供了丰富多样的就业岗位，这些岗位涵盖了技术、商务等多个领域，且要求从业者具备全面的技能和知识。以下是对电子商务类人才就业岗位的详细分类和介绍。

1. 电子商务技术类岗位

电子商务技术类岗位主要涉及电子商务平台的设计、开发与维护，是保障电商平台稳定运行和持续优化的核心力量。

（1）电子商务网站设计师

电子商务网站设计师负责设计电商平台的网页界面，确保用户界面的美观性和易用性。他们需熟练掌握 Photoshop 等设计软件，并精通 HTML、CSS 等前端技术。此外，出色的审美能力、设计创意，以及对用户体验设计原则的深刻理解，也是该岗位的重要要求。

（2）电子商务网站开发工程师

电子商务网站开发工程师负责电商平台的后端开发，包括数据库设计、API 接口开发等。他们需要精通至少一门后端开发语言（如 Java、Python 等），并熟悉数据库操作。该岗位对技术深度和问题解决能力有较高要求。

（3）电子商务系统运维工程师

电子商务系统运维工程师负责电商平台的日常维护和优化，确保系统稳定运行。他们需熟悉 Linux 操作系统，具备网络基础知识，并了解常用的监控和自动化工具。系统运维工程师在保障电商平台高效、安全运行方面扮演着关键角色。

2. 电子商务类岗位

电子商务类岗位涵盖了从运营、营销到客户服务等多个方面，是电商平台运营和业务拓展的重要支撑。电商平台运营专员负责店铺运营工作，包括商品上下架、活动策划与执行以及用户关系管理等，他们需要具备良好的沟通能力和数据分析能力，以优化运营策略并提升平台流量和转化率。电商客服专员则通过在线聊天工具或电话提供售前咨询、售中指导和售后服务，处理客户投诉，提升客户满意度和忠诚度，要求具备较强的服务意识和沟通能力。网络营销专员负责制定营销策略，利用 SEO、SEM、社交媒体等渠道进行品牌推广和产品营销，他们需具备创意思维和文案编写能力，并能通过数据分析评估效果，调整营销策略。随着全球化贸易的发展，跨境电商专员的需求日益增长，他们需要了解国际贸易规则，具备外语能力和跨文化交流能力，以拓展海外市场并优化跨境物流与供应链。而数据分析师则负责收集和分析电商平台数据，为运营决策提供支持。精通 Excel、SQL 等数据分析工具并熟悉分析方法和模型，是该岗位的基本要求。

3. 电子商务综合管理类岗位

电子商务综合管理类岗位涉及整体运营协调、团队管理及策略规划等综合性工作，对候选人的综合素质要求较高。电子商务综合管理岗位负责电商企业的整体运营协调和策略规划，要求候选人具备全面的电商知识、出色的团队领导能力和敏锐的市场洞察力。他们需制定并执行公司的电商发展战略，确保电商业务目标的达成，并优化平台日常运营，提高用户体验。电子商务项目经理则负责项目的规划、执行与管理，包括网站开发、平台升级及系统整合等工作，要求具备较强的项目管理与协调能力，确保项目按时按质完成，并推动技术创新和业务拓展。电子商务法律顾问则专注于电商平台的法律事务，确保企业在法律框架内运营，解决交易中的法律纠纷，为企业的稳健发展提供法律保障。

（二）电子商务类岗位要求分析

1. 知识维度

电子商务类岗位的人才要求掌握多方面的知识，不仅需要懂得设计、互联网和计算机等领域的知识，还需积极学习电子商务管理类的相关知识。在知识层次上，不同岗位对人才的要求也有所不同，企业应根据各岗位的需求，引入不同层次的专业人才，以满足各类岗位的要求。

2. 技能维度

电子商务类岗位的人才需要具备良好的语言表达能力、学习能力、策划能力和销售能力等。特别是英语表达能力，随着电子商务的国际化发展，良好的英语能力已成为岗位人才的关键技能之一。

3. 价值观维度

团队合作意识和沟通能力是电子商务岗位的重要要求。企业普遍希望岗位人员能够与团队成员高效协作，并具备出色的沟通技巧。此外，责任心也是关键，岗位人员需具备强烈的责任感，以确保工作任务的完成。

4. 性格维度

企业对电子商务岗位人才的性格要求包括认真、负责、创新、细致和诚信等特质。不同企业会根据其文化和发展战略对人才的性格有所侧重，但普遍都看重上进、乐观和富有激情的性格。

总体来说，电子商务类岗位人才不仅需要具备扎实的专业知识和技能，还应具备良好的团队合作意识、责任心和积极向上的性格特质。企业对这些复合型人才的需求体现了对多元化能力的重视。①

第二节　电子商务人才培养的必要性与重要性

一、电子商务人才培养的必要性

（一）行业扩张的必然要求

电子商务行业持续扩张，全球市场在过去十年保持了两位数增长。例如，美国的电商销售额从 2010 年的约 1654 亿美元增长至 2020 年的 7917 亿美元以上。这一增长态势推动了对电商人才的需求，从平台建设、营销策划到物流配送等各个环节，都需要专业人员的支持。

随着新电商模式的不断涌现，像社区团购等基于社交和社区关系的模式日益流行。此类模式对社群管理、供应链整合和本地化营销等方面的专业人才需求增加。若缺乏相应的人才培养机制，企业将难以拓展新业务，行业的

---

① 张震新. 电子商务类人才就业岗位及其要求分析 [J]. 中国高新科技，2020（23）：157-158.

创新也会受到限制。

（二）企业数字化转型的关键因素

传统企业正在加速数字化转型，许多零售商，如沃尔玛，积极发展线上业务，以应对市场变化。这要求电商人才能够有效整合线上线下渠道，处理商品和库存数据的对接，实现全渠道销售。同时，电商人才还需要优化数字化营销战略，如 SEO 和社交媒体营销，以提升品牌知名度和销量。制造业同样在加速电商布局。例如，汽车行业的消费者通过电商平台定制汽车配置，这要求电商人才搭建定制销售平台，并管理复杂的订单和客户反馈。没有这些专业人才，数字化转型将难以顺利推进。

（三）应对全球竞争的需要

全球电商市场竞争激烈，企业间的竞争日益加剧。中国的跨境电商平台，如速卖通，需要与全球竞争者角逐，这要求电商人才深入了解不同国家市场、文化差异和贸易规则，从而能根据消费者偏好调整产品策略和营销方式，帮助企业在国际市场中占据一席之地。

对于中小企业，培养或引进电商人才是提升国际竞争力的关键。借助电商平台，这些企业能够突破地域限制，拓展全球市场。然而，若缺乏专业人才来处理跨境物流、海关事务和多语言客服等问题，企业将难以在全球竞争中立足。

二、电子商务人才培养的重要性

（一）推动技术创新和应用

电商人才是技术创新的关键力量。人工智能在电商中的应用，如智能客服和个性化推荐，依赖于专业人才的研发与优化。这些人才将前沿技术与电商业务结合，打造更高效的解决方案。此外，电商人才还推动商业模式的变革。例如，共享经济模式下的办公设备和服装共享平台，就是这些人才通过发现市场需求并设计的新型商业模式，既为消费者提供了更多选择，也为企业开辟了新的盈利渠道。

（二）提升服务质量和消费者满意度

专业的电商人才能显著提升购物体验。从网站设计到购物流程优化，他们确保消费者享受便捷、流畅的购物过程。优秀的网页设计师注重页面加载速度、布局合理性和操作便捷性，帮助消费者快速找到所需商品并顺利完成购买。

在客户服务方面，电商人才同样至关重要。他们通过及时回应咨询和有效处理投诉，显著提升消费者满意度。例如，一些电商企业设立了 24 小时客服中心，提供多语言支持，并由经过专业培训的客服人员服务，从而增强了消费者对企业的信任与忠诚度。

（三）促进经济可持续发展

电商人才的培养有助于促进就业。电商行业涵盖多个领域，如运营、物流、数字营销等，能够创造大量岗位。预计未来几年，电商行业将为全球提供数百万就业机会，这些岗位不仅包括高技能的技术和管理职位，还涵盖基础运营岗位，满足不同教育背景人群的需求。

从宏观经济角度来看，电商人才的合理运用有助于提升经济效率。他们能够优化供应链、简化流程、降低成本。例如，电商平台将农产品供应链整合，直接连接农民与消费者，不仅提升农民收入，还能降低消费者成本，从而推动经济的可持续发展。

第三节　数字经济下电子商务专业人才培养模式研究

一、数字经济背景下基于产教融合的电子商务人才培养模式

（一）数字经济下人才需求的特点

在数字经济背景下，电子商务行业正经历着前所未有的变革与发展，这一变革对人才的需求也提出了新的要求。数字经济下的人才需求呈现出以下特点。

1. 技术与商务融合的需求

随着数字化技术的深入应用，电子商务行业不再单纯依赖传统的商务模式，而是更加注重技术与商务的融合。因此，具备扎实技术基础和商务知识的复合型人才成为市场的迫切需求。这类人才不仅需要掌握电子商务平台的开发、运维等技术，还需具备市场分析、营销策略制定等商务能力。

2. 数据分析与决策能力的需求

在数字经济时代，数据已成为企业决策的重要依据。电子商务企业需要通过数据分析洞察市场趋势、优化产品布局、提升用户体验。因此，具备数据分析与决策能力的人才成为市场的稀缺资源。这类人才需要熟练掌握数据分析工具和方法，能够从海量数据中挖掘有价值的信息，为企业决策提供有力支持。

3. 创新思维与跨界合作的需求

数字经济的快速发展要求电子商务行业不断创新商业模式和运营策略，以适应市场变化。因此，具备创新思维和跨界合作能力的人才成为市场的热门需求。这类人才需要突破传统思维框架，提出创新性解决方案，并能够与其他行业进行有效合作，推动电子商务行业的跨界融合。

4. 国际化视野与跨文化交流能力的需求

随着全球化贸易的深入发展，电子商务行业正逐步走向国际化。因此，具备国际化视野和跨文化交流能力的人才成为市场的必备条件。这些人才需要了解国际市场的规则和趋势，具备跨文化沟通与合作的能力，并能够推动企业拓展海外市场，提升国际竞争力。

（二）数字经济下产教融合的基本趋势

在数字经济背景下，产教融合作为推动教育、科技、人才协同联动的制度设计和有效平台，正呈现出以下基本趋势。

1. 合作模式与机制的创新

随着市场需求的多样化，产教融合的合作模式与机制也在不断创新。高校与企业之间的合作不再局限于传统的产学研合作，而是更加注重跨行业、跨领域的深度合作。例如，通过共建产业学院、联合实验室等形式，实现资源共享、优势互补，推动产教融合向更深层次发展。

2. 强调企业主体作用

在数字经济背景下，产教融合更加注重发挥企业的主体作用。企业作为市场的主体，对人才的需求有着更为直观和迫切的感受。因此，产教融合应更加重视企业的利益诉求和积极性调动，通过校企合作、工学结合等形式，实现教育和产业的双向奔赴、相互赋能。

3. 注重系统推进

在数字经济背景下，产教融合需要更加注重系统推进。通过整体设计、一揽子解决方案，有效破解影响产教融合深层次的体制机制问题。例如，通过政策引导、资金支持等措施，推动高校与企业之间的深度合作；通过完善评价体系、优化激励机制等手段，提升产教融合的质量和效果。

4. 跨行业合作与专业化发展

随着市场需求的多样化，产教融合正逐步向跨行业合作与专业化发展转变。高校与企业之间的合作不再局限于单一领域，而是更加注重多领域、多学科的交叉融合。例如，通过共建跨学科研究中心、联合培养复合型人才等形式，推动电子商务行业与其他行业的跨界融合与协同发展。

（三）数字经济下基于产教融合的电子商务人才培养模式

在数字经济背景下，基于产教融合的电子商务人才培养模式已成为培养高素质、复合型电子商务人才的重要途径。以下是对该模式的详细阐述。

1. 构建专项产教融合平台

构建专项产教融合平台是实现电子商务人才培养模式创新的关键步骤。该平台应具备完善的结构和细分的模块，以满足不同层次、不同类型电子商务人才的培养需求。

（1）平台结构

专项产教融合平台应由政府、高校、企业等多方共同参与构建。政府应发挥政策引导和资金支持作用；高校应发挥人才培养和科研创新优势；企业应发挥市场需求和技术应用优势。三方通过紧密合作，共同推动电子商务人才的培养与发展。平台结构应包括三个层次，一是顶层设计层。负责制定平台的发展规划、政策导向和资源配置等宏观决策。二是运营管理层。负责平台的日常运营、项目管理和服务支持等具体工作。三是实施执行层。包括高校、企业等具体实施单位，负责按照平台规划和要求开展电子商务人才的培养工作。

（2）模块细分

专项产教融合平台应根据电子商务人才的培养需求，细分为不同的功能模块。这些模块应涵盖从理论教学、实践教学到创新创业等各个环节，形成完整的人才培养链条。一是理论教学模块。负责传授电子商务相关的理论知识，包括电子商务概论、网络营销、电子商务物流等课程。该模块应注重知识的系统性和前瞻性，为后续的实践教学和创新创业打下坚实基础。二是实践教学模块。负责提供电子商务相关的实践机会，包括模拟实训、企业实习、项目实战等形式。该模块应注重实践的真实性和针对性，帮助学生将理论知识转化为实际操作能力。三是创新创业模块。负责培养学生的创新意识和创业能力，包括创业指导、创业孵化、创业竞赛等形式。该模块应注重激发学生的创新潜能和创业热情，鼓励他们勇于尝试和实践。

2. 确保教学与岗位相匹配

确保教学与岗位相匹配是实现电子商务人才培养模式创新的重要保障。通过课程设置与岗位技能对接、教学实践与工作岗位紧密结合、专业教育与创业教育相结合等措施，可以确保电子商务人才的培养质量与市场需求的无缝对接。

（1）课程设置与岗位技能对接

电子商务专业的课程设置应紧密围绕市场需求和岗位技能进行设计。高校应与企业保持密切联系，了解电子商务行业的发展趋势和人才需求变化，及时调整课程设置和教学内容。通过引入企业案例、行业标准等内容，使课程设置更贴近实际工作需求，提升学生的就业竞争力。同时，高校还应注重课程的实用性和前瞻性。实用性是指课程内容应能够直接应用于实际工作，帮助学生快速适应岗位需求；前瞻性则是指课程内容应能反映行业发展的未来趋势，引导学生关注行业前沿技术和管理理念。

（2）教学实践与工作岗位紧密结合

教学实践是电子商务人才培养的重要环节。高校应与企业合作，建立稳定的实习基地和实训平台，为学生提供真实的电商工作环境和实践机会。通过参与企业项目、解决实际问题等形式，帮助学生将理论知识转化为实际操作能力，提升其实践经验和职业素养。此外，高校还应注重实践教学的针对性和灵活性。针对性是指实践教学应根据学生的专业特点和岗位需求进行设计，确保学生能够掌握必要的岗位技能；灵活性则是指实践教学应能根据学生的实际情况和兴趣爱好进行调整和优化，激发学生的学习兴趣和主动性。

（3）专业教育与创业教育相结合

在数字经济背景下，电子商务行业正逐步走向创新驱动和创业引领的发展道路。因此，电子商务专业的教育应注重培养学生的创新意识和创业能力。高校可以通过开设创业指导课程、举办创业竞赛等形式，激发学生的创业热情和创新潜能；同时，还可以与企业合作共建创业孵化平台，为学生提供创业实践机会和资金支持。此外，高校还应注重将专业教育与创业教育相结合。在专业教育中融入创业理念和创业技能的培养，使学生在掌握专业知识的同时具备创业能力；在创业教育中注重专业知识的应用和实践，使学生能够更好地将所学知识转化为创业实践成果。[①]

二、数字经济下基于产学创研融合的应用型大学电商人才培养模式

数字经济的快速发展对电子商务人才培养提出了更高要求。针对行业需求与人才培养脱节、学生实践能力和创新能力不足等问题，培养具备复合知识结构、创新精神和实践能力的"三型"电商人才成为目标。应用型大学应积极做出改变，构建更符合数字经济新业态需求的人才培养体系，同时重塑

---

① 陈燕予. 数字经济背景下基于产教融合的电子商务人才培养模式研究［J］. 华东科技，2023（11）：72-74.

实践教学，并与企业、科研机构等深入合作，推动产学创研协同育人，提升学生的实践和创新能力。

（一）"三型"电子商务人才的培养目标定位

在数字经济蓬勃发展的背景下，电子商务行业作为推动经济转型升级的重要力量，对人才的需求日益多样化和专业化。为应对这一挑战，电子商务人才的培养目标被明确细化为技术型、商务型和战略型三种。每种类型的人才在电子商务行业中扮演着不同角色，共同推动行业的持续健康发展。以下是对"三型"电子商务人才培养目标定位的详细阐述。

1. 技术型电子商务人才的培养目标定位

技术型电子商务人才是电子商务领域的技术基石。他们精通电子商务技术，紧跟技术发展趋势，同时拥有现代商务知识，能够将技术应用于商务实践，满足商务需求。

（1）技术能力的深度培养

技术型电子商务人才的核心竞争力在于其深厚的技术能力。培养目标应侧重于对电子商务技术的深入理解和掌握，包括电子商务平台开发、数据分析、网络安全等领域。系统的课程学习和实践操作，使学生能够掌握最新的技术工具和方法，具备独立解决问题的能力。

（2）技术与商务的融合

技术型电子商务人才不仅需要具备技术能力，还需要理解商务需求，将技术应用于商务实践。因此，培养目标应强调技术与商务的融合，使学生能够在商务场景中灵活运用技术，解决实际问题。通过案例分析、项目实践等方式，培养学生的商务敏感度和技术应用能力。

（3）持续学习与创新能力

电子商务技术更新换代迅速，技术型电子商务人才需要具备持续学习和创新的能力。培养目标应鼓励学生关注行业动态和技术发展趋势，培养自主学习的习惯，不断提升自身的技术水平和创新能力。通过参与科研项目、技术创新竞赛等活动，激发学生的创新思维和实践能力。

2. 商务型电子商务人才的培养目标定位

商务型电子商务人才是电子商务领域的重要组成部分。他们对现代商务活动有深入理解，能够准确把握和分析商务需求，同时具备一定的电子商务技术知识，善于提出满足商务需求的电子商务应用方案。

（1）商务知识与技能的全面掌握

商务型电子商务人才需要具备全面的商务知识和技能，包括市场营销、客户服务、供应链管理等方面。通过系统的课程学习和实践操作，学生能够掌握商务活动的基本流程和方法，并具备独立开展商务活动的能力。

（2）电子商务技术的熟练应用

商务型电子商务人才需要掌握一定的电子商务技术，以便更好地支持商务活动的开展。培养目标应强调电子商务技术的熟练应用，使学生能够在商务场景中灵活运用技术工具和方法，提高工作效率和质量。

（3）商务策略与创新能力

商务型电子商务人才需要具备制定商务策略和推动创新的能力。通过市场分析、竞争对手研究等方式，培养学生的商务洞察力和策略制定能力。同时，鼓励学生关注行业发展趋势和消费者需求变化，提出创新性的商务解决方案，推动企业的持续发展。

3. 战略型电子商务人才的培养目标定位

战略型电子商务人才是电子商务领域的高层次人才。他们对电子商务有全面的理解，具备前瞻性思维，能够分析和把握电子商务的发展特点和趋势，为企业制定战略决策提供有力支持。

（1）全局视野与战略思维

战略型电子商务人才需要具备全局视野和战略思维，能够站在行业和企业的高度，分析和把握电子商务的发展特点与趋势。通过行业研究、企业战略分析等方式，培养学生的全局观和战略意识，使其能够为企业制定长远的电子商务发展战略。

（2）跨领域知识的整合应用

战略型电子商务人才需要掌握跨领域的知识，包括管理学、经济学、计算机科学等学科。通过跨学科的学习和实践，学生能够整合并应用不同领域的知识，为电子商务战略的制定与实施提供有力支持。

（3）领导力和决策能力

战略型电子商务人才需具备出色的领导力和决策能力，能够在复杂多变的商务环境中做出准确的决策。通过团队项目、案例分析等方式，培养学生的团队合作与领导能力，使其能够带领团队应对各种挑战。同时，通过模拟决策和实战演练等方式，培养学生的决策能力和应变能力。

（二）基于产业需求的专业课程体系设计

课程体系是人才培养的蓝图，直接关系到学生知识结构的构建和能力的培养。北京联合大学电子商务专业在课程体系设计上充分考虑了产业需求，通过构建培养目标与课程体系的关联矩阵，以及需求导向的模块化课程体系，实现了课程体系与产业需求的紧密对接。

1. 构建培养目标与课程体系的关联矩阵

为了确保课程体系能够有效支撑培养目标的实现，北京联合大学电子商务专业首先明确了技术型、商务型和战略型三种电子商务人才的培养目标，并据此构建了培养目标与课程体系的关联矩阵。矩阵中，每门课程都被明确对应到一种或多种培养目标上，确保了课程内容的针对性和有效性。同时，通过定期评估课程目标的达成度，及时调整课程体系，以保持与产业需求的动态适应。

2. 构建需求导向的模块化课程体系

在关联矩阵的基础上，北京联合大学电子商务专业进一步构建了"基础+方向+个性"的模块化课程体系。该课程体系既体现了电子商务专业的综合性，又突出了方向性和个性化。

（1）学科基础模块

学科基础模块是课程体系的基石，旨在培养学生的基本素养和基础知识。该模块包括计算机科学基础、经济学基础、管理学基础等课程，为学生后续的专业学习奠定坚实的基础。同时，通过引入行业前沿知识和技术，帮助学生保持对行业动态的敏锐感知。

（2）专业方向模块

专业方向模块是课程体系的核心，旨在培养学生的专业技能和专业知识。根据技术型、商务型和战略型三种培养目标，专业方向模块被细分为多个子模块，如电子商务技术开发、电子商务运营管理、电子商务战略规划等。学生可以根据个人兴趣和职业规划，选择相应的子模块进行深入学习，形成自己的专业特长。

（3）个性拓展模块

个性拓展模块是课程体系的补充，旨在满足学生的个性化需求，培养学生的创新能力和综合素质。该模块包括跨学科课程、创新创业课程、国际交流课程等，为学生提供广阔的学习空间和发展平台。学生通过选修这些课程，可以拓宽知识视野，增强创新能力，提升国际竞争力。

（三）基于项目的五层交叉实践教学体系

实践教学是电子商务专业教育的重要组成部分，是培养学生实践能力和创新能力的关键途径。北京联合大学电子商务专业通过构建基于项目的五层交叉实践教学体系，实现了课堂教学与实践教学的有机融合，从而提升了学生的实践创新能力。

1. 基础实践

基础实践是实践教学体系的起点，旨在培养学生的基本实验技能和操作能力。通过实验室教学、软件操作练习等方式，使学生熟悉电子商务的基本操作流程和工具使用，为后续的专业实践打下坚实的基础。同时，基础实践还注重培养学生的团队协作能力和沟通能力，为后续的团队项目合作奠定基础。

2. 课内实践

课内实践是课堂教学的重要补充，旨在将理论知识与实践操作相结合，加深学生对专业知识的理解。通过案例分析、模拟实验、小组讨论等方式，学生在实践中学习、在学习中实践，提升分析问题和解决问题的能力。课内实践还注重培养学生的批判性思维和创新能力，鼓励学生提出新的观点和解决方案。

3. 创新创业实践

通过"电子商务三创赛"和"互联网+"等竞赛，激发学生的创新精神。学校还与企业合作，围绕实际需求开展竞赛，提升学生的团队合作能力、创新能力和解决问题能力。

4. 研究实践

研究实践旨在提升学生的学术素养。依托教师科研项目，结合数字经济和企业转型需求，鼓励学生参与项目研究，提升学术能力和创新意识。

5. 职场实践

职场实践是实践教学体系的最终环节，旨在帮助学生提前适应职场环境，提高职业素养和就业竞争力。通过实习、校企合作等方式，使学生了解企业的实际运营情况和市场需求，提升解决实际问题的能力。职场实践还注重培养学生的沟通能力和团队协作能力，使学生能够快速融入团队、发挥特长。

（四）基于"产学+研创+学创"融合的学生实践创新能力提升路径

在电子商务行业日新月异的背景下，提升学生的实践创新能力成为高校电子商务专业教育的核心任务。北京联合大学电子商务专业，依托其独特的地理优势和资源优势，积极探索"产学+研创+学创"融合的学生实践创新能力提升路径，旨在通过深度产教融合和教学科研创新融合，全面提高学生的实践能力和创新能力。

1. 基于产学融合的实践能力提升路径

产学融合是提升学生实践能力的重要途径。北京联合大学电子商务专业通过与企业深度合作，共同构建实践教学平台，实现教学内容与产业需求的无缝对接，从而有效提升学生的实践能力。

（1）共建实践教学基地

实践教学基地是学生接触实际工作环境、提升实践能力的重要场所。北京联合大学电子商务专业与多家知名企业合作，共建实践教学基地。这些基地不仅为学生提供了真实的职业环境，还让学生有机会参与企业的实际项目，从而在实践中学习、在学习中实践，快速提升实践能力。

（2）实施校企联合培养

校企联合培养是产学融合的重要形式。通过与企业共同制订培养计划、共同承担教学任务，实现学校教学与企业需求的深度融合。在这一过程中，企业导师的参与使得教学内容更加贴近实际，同时，学生也能在企业导师的指导下参与企业项目，获得宝贵的实践经验。

（3）开展实习实训项目

实习实训是学生实践能力提升的关键环节。北京联合大学电子商务专业积极组织学生到企业进行实习实训，让学生在真实的工作环境中体验职业角色，了解工作流程，提升职业技能。同时，通过实习实训，学生还能与企业建立联系，为未来的就业打下良好的基础。

2. 基于"学创+研创"融合的创新能力提升路径

"学创+研创"融合是提升学生创新能力的重要手段。北京联合大学电子商务专业通过将教学与"双创"融合、科研与"双创"融合，激发学生的创新思维，培养学生的创新能力。

（1）教学和"双创"有机融合

一是融入"双创"元素的教学内容。在课程设置上，北京联合大学电子商务专业注重将"双创"元素融入教学内容，开设创新创业课程、电子商务创新实践等，引导学生了解创新创业的基本知识和方法，培养学生的创新思维和创业精神。二是双创导向的教学方法。在教学过程中，采用项目式学习、翻转课堂等教学方法，鼓励学生主动参与、积极思考，通过解决实际问题来锻炼创新思维和创业能力。同时，通过组织创新创业竞赛、创业模拟实训等活动，学生在实践中体验创新创业的全过程，提升创新能力。

（2）科研和"双创"有机融合

一是科研项目的"双创"转化。鼓励学生参与科研项目，尤其是与电子商务相关的前沿研究，如大数据分析、人工智能应用等。通过科研项目，学生可以深入了解行业前沿技术和发展趋势，为创新创业提供有力的技术支撑。同时，学校积极推动科研成果的转化和应用，鼓励学生将科研成果转化为创业项目，实现科研与双创的有机融合。二是"双创"平台的科研支撑。北京联合大学电子商务专业依托学校的双创平台，如创新创业中心、孵化器等，为学生提供科研资源和创业服务。这些平台不仅为学生提供了良好的科研环境，还通过举办创业讲座、创业沙龙等活动，让学生了解创业政策、创业流程，为创新创业提供全方位的支撑。[①]

三、数字经济视角下"双融"跨境电商人才培养模式

从数字经济视角看，构建"双融"跨境电商人才培养模式对完善社会人才结构、推动电商产业发展具有重要意义。提升跨境电商人才培养质量，完善人才培养模式，是提升行业竞争力的关键。结合已有研究对跨境电商人才培养需求与现有模式存在的问题分析，构建"双融"人才培养模式显得尤为重要，特别是在数字经济背景下，该模式将促进我国跨境电商市场的快速发展。为了有效填补当前跨境电商领域的人才缺口，必须深入探索和优化培养路径。在数字经济的推动下，跨境电商人才的培养应紧密结合行业需求与高校课程设置，构建"产教融合、专创融合、赛教融合、课证融合、课思融合"五大"双融"人才培养机制。

（一）加速推进产教融合模式

加速产教融合是提升跨境电商人才培养质量的关键，特别是在数字经济背景下。产教融合帮助学生将理论与实践结合，提升职业素养。在跨境电商人才培养过程中，首先，应加强校企合作，建立标准化合作模式，使学生在掌握基础理论后进入企业实践，形成系统化培养体系。其次，要根据跨境电商企业的人才需求调整课程内容，确保理论教学与行业需求对接。最后，通过企业实习将理论与实践结合，提升学生实际操作能力。

---

① 李立威，盛晓娟，裴一蕾. 数字经济背景下基于产学创研融合的应用型大学电子商务人才培养模式研究［J］. 北京联合大学学报，2022，36（4）：1-6.

跨境电商岗位需求日益细化，可将专员岗位分为磋商签约、订单跟进、客户服务三大核心职能。课程体系应紧密贴合这些岗位要求，确保学生掌握电子商务基础知识、平台运营规则，并涵盖营销策略、沟通技巧、外语应用等多维度技能。因此，课程体系应包括基础课程和选修课程，基础课程构建知识框架，选修课程如跨境电商英语、图片处理、网络营销等，提升专业技能和综合素养。通过加强岗位调研，明确技能要求，提高学生的沟通、创新和信息技术应用能力。教学评估中可加入跨境电商实战、店铺经营、直播策划等实操项目，帮助学生满足行业需求。

（二）深入开发专创融合模式

为高效构建数字经济时代的"双融"人才培养模式，教育体系的创新至关重要。网络信息技术的快速发展为连接理论与实践提供了机会。组织学生参与创新创业大赛，不仅能检验其跨境电商知识与技能，还能激发探索未知和创新的动力。通过设立"内嵌式"创新创业教育体系，将其融入日常教学，形成常态化、制度化的教育模式，激发学生的创造潜能，提升其创新思维与实践能力。竞赛活动不仅调动学生积极性，还能锤炼团队合作精神与坚韧品质，为学生职业生涯奠定基础。

为深化"双融"模式，应建立集"双创竞赛+专业实践+专业社团"于一体的创新创业平台，打破第一课堂与第二课堂的界限，实现竞赛与学习的融合。通过举办创新思维课程，提升学生创新创业素养与实践能力。课程体系应重新审视跨境电商专业的人才培养目标，调整教学内容，确保理论基础与行业需求紧密对接。加强师资队伍建设，引进有行业经验的教师，并提升现有教师的创新创业教育能力。增加资金投入，为创新创业教育提供保障。

在教学模式上，注重将创新创业思维与真实案例融入课程，通过案例教学与项目驱动，培养学生的批判性思维与创新能力。同时，建立与电商及跨境电商行业、政府的合作关系，定期举办交流会与企业开放日，捕捉行业动态，提供实习和就业机会。鼓励学生参与企业项目，将所学应用于实践，实现从理论到实践的转变，培养既懂专业又具创新创业能力的复合型人才，为数字经济的发展贡献力量。

（三）有效实施赛教融合模式

在数字经济快速发展的背景下，构建"双融"跨境电商人才培养模式已成为提升学生专业能力、适应行业需求的必然选择。赛教模式作为连接理论与实践、知识与技能的重要桥梁，具有不可忽视的价值。为有效实施这一模式，应充分利用职业院校的技能大赛平台，精心策划并组织综合性职业技能竞赛，确保竞赛内容贴合行业标准并融入最新技术动态。通过竞赛，既能检验学生的学习成果，又能将涌现的优秀案例与创新思路转化为宝贵的教学资源，反哺日常教学，从而提升教学效果与人才培养质量。

在具体实践中，应分析各级职业技能大赛（如跨境电商技能大赛、电子商务技能大赛及"互联网+"创新创业大赛）的核心要点，准确把握竞赛规则、评价体系与标准要求。基于此，对专业课程进行针对性的调整与优化，将竞赛中的关键知识点与技能点巧妙融入课程内容，实现竞赛与教学的深度融合。同时，鼓励教师结合竞赛经验开发校本教材，以更加生动和实用的教学内容激发学生的学习兴趣，培养创新思维与综合技能，真正做到"以赛促教、以赛促学"。

为进一步深化赛教融合，可将院级、校级、省级乃至国家级的跨境电商技能大赛与专业课程紧密对接。例如，将跨境电商技能大赛中的实战案例和网店运营推广比赛中的策略技巧，与"跨境电商实务"和"海外市场营销"等课程结合，通过竞赛项目驱动学生学习，使他们在实践中深化理论认识、提升职业技能。此外，可以选拔竞赛中表现突出的学生，组建"合创"团队，为他们提供更多实践机会与资源支持，探索赛教融合的创新路径。这不仅有助于培养学生的团队协作能力和项目管理能力，还能激发他们的创新精神，为未来的职业发展打下坚实基础。

（四）强化课证融合模式

在职业院校中，课证融合模式作为"双融"跨境电商人才培养的重要手段，显著提升了学生的专业技能并优化了人才培养结构。该模式通过精准对接职业资格证书内容与课程标准，实现教育内容与行业需求的无缝衔接。在跨境电商领域，将跨境电商 B2C、B2B 数据运营等职业资格证书的核心要点融入课程体系，不仅确保教学内容的实用性和前瞻性，还促进人才培养标准与行业标准的高度一致。此举帮助学生全面掌握跨境电商专业知识与技能，提升人才培养质量和社会认可度，为行业提供了大量符合需求的高素质人才，进一步拓展跨境电商行业的潜力。

作为网店运营推广"1+X"证书的试点院校，围绕跨境电商 B2B 数据运营课程，将中级职业技能证书考核内容融入其中，重点关注新兴网店推广技术和思维，确保学生能够顺利获得相关证书。课程设计中，教师结合跨境电商平台运营、跨境交易履约及社交媒体营销等内容与"1+X"证书考试模块进行实际操作训练。学生积极参与课堂内外的实践，并定期反馈成果，供教师和教学部门分析，进而优化授课方式。此外，创新的小导师制度通过小组间互助、评价和竞赛形式，增强学生的实操能力，提升考证积极性。

（五）加快构建课程与思政教育融合模式

思政课程在提升学生道德认知和职业素养方面具有重要作用，尤其是在跨境电商人才培养中，融入社会主义核心价值观能有效提升学生的道德品质与职业素养。在数字经济背景下，课程与思政教育的融合是"双融"跨境电商人才培养的关键举措，有助于提升学生的职业道德与专业能力。例如，将思政元素融入跨境电商课程，特别是在外贸商务、营销实操等课程中，加强思政教育的渗透，确保道德教育与专业技能并行推进。这种融合有助于培养学生的职业道德与专业认知，树立正确的价值观。教学设计应深入挖掘专业知识与思政教育的契合点，利用新媒体技术，如动画、微课、情景剧等多元化方式，增强学生的参与感和体验感，将思政理论与实际操作紧密结合。例如，在网店推广与营销课程中，可融入诚信与法律意识，培养学生遵守商业伦理的理念；在客服培训课程中，加强爱岗敬业与保密意识的教育，帮助学生理解职业责任与使命，培养严谨的工作态度。同时，将"四个自信"、工匠精神等核心价值观融入课程，促使学生在掌握专业技能的同时，内化这些价值观。如此，学生不仅能展现高超的专业素养，还能增强职业认同感与幸福感，实现个人价值与社会责任的和谐统一，为成为优秀的电商人才奠定基础。[①]

第四节　数字经济下电子商务专业人才培养的路径

一、构建电商人才培养同行业发展的良性互动机制

（一）强化企业合作协同育人机制

完善电子商务人才培养体系的关键在于深化产教融合，充分利用社会资源。通过建立与企业紧密合作的协同育人机制，可以有效解决教育与行业需求之间的脱节问题。该机制促进学术界与产业界的深度交流，确保课程内容与行业需求保持同步，培养出既具理论基础又具实践能力的复合型人才，为电子商务行业的持续发展提供坚实的人才支撑。具体机制如图 7-3 所示。

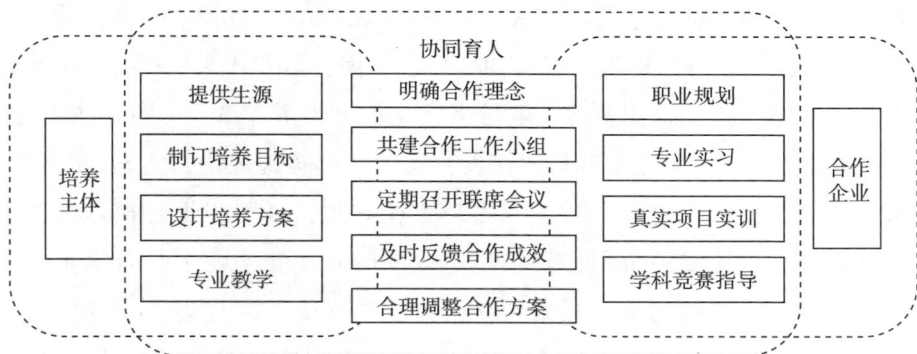

图 7-3　校企合作协同育人机制

---

① 禤圆华，蒙昕. 数字经济视角下"双融"跨境电商人才培养模式研究［J］. 对外经贸，2024（1）：120-123.

在构建协同育人机制时，应超越合作双方的体制界限，实现深度融合。需聚焦生源选拔、人才管理模式创新、培养目标共同设定以及课程体系优化等关键环节，确保教育输出与电子商务行业需求高度契合。强调企业的核心地位，充分发挥其在行业洞察和实践经验方面的优势，主动设计贴合实际的职业规划路径、实习实训方案、项目操作流程及竞赛培训体系，前瞻性地培养行业急需的专业人才。基于共同的理念与责任框架，成立校企合作专项工作组，负责统筹项目规划、资源配置和职责界定，并通过定期的联席会议机制，加强双方信息流通与策略协调。此机制鼓励及时响应市场变化，灵活调整合作策略，确保培养目标与行业需求动态匹配。通过深化合作，不仅提升学生的专业技能与实战能力，也为企业储备高质量人才，实现教育与产业的双赢，共同推动电子商务行业的繁荣发展。

（二）引入电商行业资历体系框架

随着电子商务产业链的快速发展，技术迭代和消费需求多元化，行业岗位对人才的综合能力要求日益提高。为应对这一挑战，引入电子商务行业资历体系框架至关重要，它将岗位需求与人才供给精准对接。如图 7-4 所示。该框架由两大核心部分组成，且两部分密切相连，形成闭环系统。一方面，资历体系深入剖析各岗位核心要求，明确知识结构、技能组合、能力层级和职业态度，为人才培养提供明确方向。另一方面，培养体系依据行业需求设计课程和方案，整合行业资源，实施多元化联合培养模式，包括专业教学、实训、技能竞赛、创新创业和科研探索，确保学生实现理论与实践、知识与技能的无缝衔接。通过引入行业专家与企业导师，进一步提升培养的针对性与实效性。人才测评机制在评估培养效果时，检验毕业生是否满足岗位需求，并通过反馈机制推动框架调整与优化。这一体系促进了行业需求与人才培养的紧密对接，通过持续测评和反馈，确保人才培养体系动态优化，为行业繁荣提供坚实人才支撑。

（三）打造多维电商师资育人团队

为提升电子商务人才培养质量，需优化师资队伍，构建一个由专业教师、

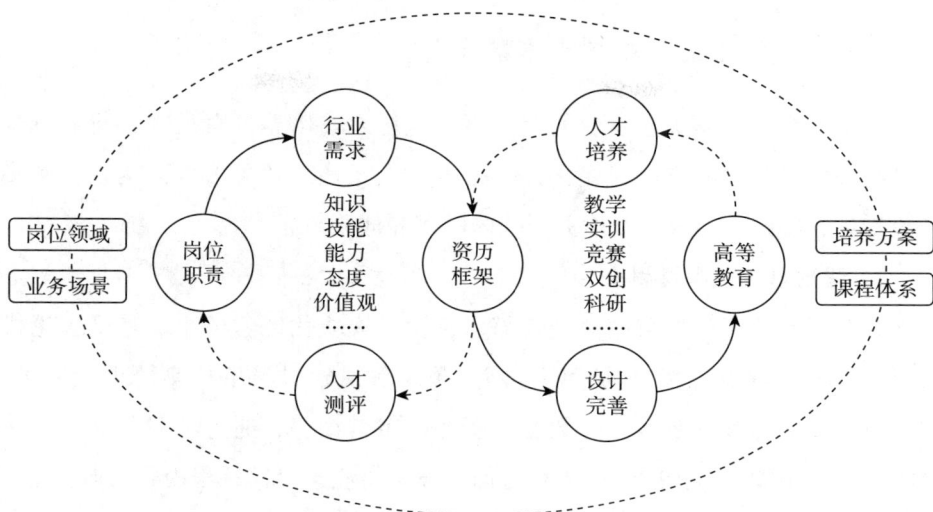

图7-4　电子商务行业资历体系框架

行业专家和企业工程师组成的多维电商师资育人团队，形成"理论+专业+实践"的教学模式。如图7-5所示。该团队汇聚了不同领域的资源，能够精准培养学生的专业理解和技术应用能力，满足行业需求。具体而言，专业教师负责基础知识的传授，夯实学生的专业基础；行业专家结合理论与行业动态，激发学生解决实际问题的能力；企业工程师通过实践教学，提升学生的技术操作水平。随着行业变化，需引入更多领域专家，补充学生所需的附加能力。

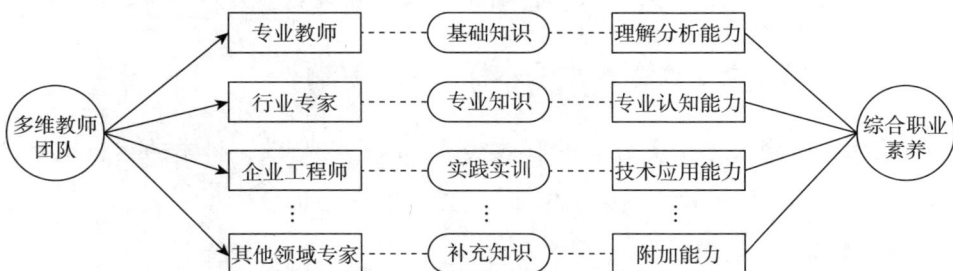

图7-5　多维电商师资育人团队

（四）优化电商人才培养方案设计

在电子商务行业快速发展的背景下，优化人才培养方案是提升行业创新与升级的关键。为适应市场变化并增强电商人才核心竞争力，需构建一个集理论知识、实践技能与创新能力于一体的培养体系。

1. 理论与实践深度融合

整合高校教育资源与电商企业需求，设计模块化课程体系。基础理论模块包括电子商务概论、市场营销、网络技术等，确保学生扎实的理论基础；实践模块涵盖电商平台运营、数据分析、数字营销等，通过项目驱动和案例分析增强动手能力。同时，引入行业前沿技术讲座，确保课程内容与时俱进。

2. 强化跨界融合能力培养

鉴于电子商务的跨学科特性，培养学生的跨界融合能力至关重要。通过开设心理学、设计思维、供应链管理等跨学科选修课程，拓宽学生知识视野，培养其多维度思考能力。鼓励学生参与跨学科项目合作，提升团队协作与问题解决能力。

3. 实习实训与就业导向

建立校企联合培养基地，提供真实工作场景和项目机会，实现学习与工作无缝对接。企业导师与校内教师共同指导学生实习，确保实习内容符合教学要求且贴近企业需求。同时，通过校企合作开设就业指导课程，提供职业规划、简历撰写、面试技巧等培训，增强学生的就业竞争力。

（五）完善电子商务人才培养模式运行机制

为确保电商人才培养方案的有效实施，需建立高效、科学的运行机制，涵盖沟通协作、监控评价、组织保障与竞争淘汰等方面。

1. 沟通协作机制

定期召开校方、企业、行业协会等多方代表交流会议，讨论人才培养目标、课程设置、实习等问题，确保培养方案与市场需求对接。通过信息化平台（如在线论坛、微信群）实现高效沟通，及时解决合作问题，促进资源共享与信息流通。

2. 监控评价机制

建立多维度评价体系，结合学生自评、同行评议、教师评价及企业反馈，全面评估学习成效与综合素质。关注过程性评价，实时调整教学策略，并定期审视与修订人才培养方案，引入第三方评估机构，提升评价体系的权威性与科学性。

3. 组织保障机制

成立专门的电商人才培养领导小组，负责整体规划与决策，下设教学管理、实习实训、就业指导等专项工作组，明确职责分工，确保工作有序进行。加大资金投入，改善教学设施，提供优质资源，并建立激励机制，奖励在教学、科研、校企合作等方面表现突出的个人或团队，激发教职工积极性。

4. 竞争淘汰机制

在课程设置、实习实训及奖学金评定等环节引入竞争机制，激励学生不断进取，优胜劣汰。实施学分制管理，学生可根据兴趣与职业规划选择课程，并按学分要求毕业。对于表现不佳的实习学生，实施延期或重新分配实习岗位，确保每位学生得到实践锻炼。奖学金评定除学业成绩外，还考虑创新能力、社会实践与团队协作等，促进电商人才全面发展。[1]

二、创新数字经济下电子商务专业人才培养的机制

（一）提高电子商务专业人才的专业素质

1. 高校应优化专业课程设置

面对数字经济的快速发展，高校应紧跟行业趋势，动态调整专业课程结构。应增设大数据分析、人工智能应用、区块链技术、数字营销等前沿课程，确保学生掌握电子商务领域的最新理论与技术。同时，加强经济学、管理学、

---

① 张毅. 电子商务人才培养问题与路径创新 [J]. 商业经济研究，2023 (20)：124-127.

计算机科学等基础课程，构建广泛的基础知识体系，为学生未来职业发展奠定坚实基础。

2. 高校应完善实践课程设置

实践是检验真理的唯一标准。高校应与电商平台、物流企业、数字营销公司等建立深度合作关系，共建实习实训基地，将实践教学贯穿人才培养全过程。通过模拟电商项目运营、参与真实商业案例分析、组织创新创业竞赛等方式，学生在实践中学习，在学习中实践，提升其解决实际问题的能力。

3. 高校应加强心理健康教育

除了专业技能培养，高校还需重视学生的心理健康教育。电子商务行业竞争激烈、工作压力大，良好的心理素质是学生未来成功的关键保障。高校应开设心理健康课程，提供心理咨询与辅导服务，帮助学生树立正确的自我认知，培养坚忍的意志品质和积极向上的生活态度。

（二）创新教学培训模式

1. 高校应加强基地培养模式的应用

高校应依托校企合作基地，实施"产教融合"的人才培养模式。企业提供真实的工作环境和项目资源，高校负责理论指导与学术研究，双方共同制订培养计划，实现教学内容与企业需求的无缝对接。学生在基地中不仅能获得实践经验，还能提前适应职场文化，为就业打下坚实基础。

2. 高校应加强订单式培养模式的应用

根据企业的具体需求，定制化培养电子商务专业人才。通过签订校企合作协议，明确人才培养目标、课程设置和实习就业等细节，实现精准对接。这种模式既能满足企业的个性化需求，又能提高毕业生的就业率和就业质量。

3. 高校应加强工学结合模式的应用

将理论学习与实践工作紧密结合，形成"学中做、做中学"的教学模式。通过安排学生到企业实习、参与项目研发、承担企业课题等方式，学生在实际工作中深化理论认识，提升专业技能。同时，鼓励学生将实习经历转化为毕业论文或科研项目，促进理论与实践的深度融合。

（三）积极构建并完善电子商务人才培养体系

为适应数字经济的快速发展，高校应加大对数字经济特色课程的开发力度，设计包括数字货币与支付、数字供应链管理、电商数据分析与决策等课程，紧跟行业动态，培养学生的数字思维与创新能力。同时，电子商务作为交叉学科，人才培养应融合经济学、管理学、计算机科学、心理学、法学等多学科知识。高校应通过开设跨学科选修课程，鼓励学生跨专业学习，提升其综合运用多学科知识解决问题的能力。最后，基于对行业发展趋势的深入研究，高校应精准定位电子商务人才的市场需求，设计差异化的人才培养路径，如电商运营、数字营销、电商技术、跨境电商等方向，确保人才培养与市场需求高度契合。

（四）均衡教育资源配置

为了更好地培养电子商务人才，高校应加大在硬件设备方面的投资，提升实验室、数据中心和智能教室等设施的建设，引进先进的电商模拟软件、大数据分析工具和虚拟现实设备，为学生提供优质的学习环境和实践平台。同时，教师队伍是人才培养的核心，高校应定期组织教师参与国内外学术交流、企业实践和技能培训，提升其专业素养和实践能力，鼓励参与数字经济领域的前沿科研项目，推动教学内容与科研成果的转化。此外，电子商务专业教师应培养终身学习的意识，通过在线课程、阅读专业文献、参与行业论坛等方式，不断更新知识结构，掌握最新教学技术和方法，确保教学内容紧跟行业发展。高校还应建立科学的教师评价体系，综合考量教学质量、科研成果和社会服务等方面，激励教师持续提升自我，为电子商务人才的培养贡献更多力量。[①]

---

① 高珠凤. 数字经济背景下电子商务专业人才培养机制创新研究［J］. 现代商业研究，2024（14）：134-136.

三、推动数字经济下电子商务专业人才培养的教改

（一）课程资源建设与支持

为了应对数字经济的挑战，电子商务专业课程体系需要进行全面更新与整合。高校应引入数字经济相关的前沿课程，如大数据分析、人工智能、区块链技术等，帮助学生掌握数字经济的核心技术与思维方式。同时，应结合电子商务行业的实际需求，开发具有行业特色的课程，如数字营销策略、电商供应链管理和跨境电商运营等，确保课程内容既具前瞻性又贴近行业实际。此外，通过整合国内外优质教育资源，建立在线课程库，提供多样化的学习选择，拓宽学生的国际视野。

高校还应加大对电子商务实验室和实践基地的建设，提供先进的硬件设备和软件工具，如电商模拟系统、数据分析平台和虚拟现实购物体验区等，创造一个真实的电商运营环境。同时，应与企业合作，建立校外实践基地，让学生有机会参与真实的电商项目，从产品策划到市场推广及客户服务，全面了解电商运营的各个环节，提升其解决实际问题能力。

此外，构建一个集教学、实践和交流为一体的电子商务专业人才培养平台也至关重要。该平台应包括在线学习系统、项目管理工具、行业资讯库、校友网络等模块，既方便学生自主学习，又便于师生之间、学生之间的互动与交流。通过平台定期组织行业专家讲座、在线研讨会，并邀请企业家分享实战经验，进一步增强学生的行业认知与职业规划能力。

（二）优化教学模式的策略探索

在教育改革的背景下，教师的角色发生了转变，不再单纯是知识的传授者，而是学生学习过程的引导者和伙伴。因此，教师需要不断更新教育理念，提升信息技术应用能力，灵活运用翻转课堂、混合式学习等现代教学方法，以激发学生的学习兴趣和主动性。同时，高校应定期组织教师培训，邀请教育专家和行业领袖举办讲座与工作坊，帮助教师掌握最新的教学技巧与行业

知识，从而提升教学水平和专业素养。

为了避免理论与实践的脱节，教学模式应探索"问题导向、项目驱动"的方法。通过设定具体的电商项目任务，如市场分析、竞品研究和营销策略制定等，让学生在解决实际问题的过程中学习理论知识，并鼓励团队合作，模拟真实工作场景，增强学生的团队协作与项目管理能力。此外，应结合案例教学、模拟实训、行业调研等多种方法，形成多元化的教学体系，全面提高学生的综合素质。

在教学方式上，线上线下融合模式是提升教学效果的重要途径。线上通过慕课、微课、直播等形式，提供灵活的学习资源，满足学生个性化学习需求；而线下通过课堂讨论、实验操作、项目汇报等活动，进一步加深学生对知识的理解与应用。线上线下相辅相成，既能保证学习的深度和广度，又增强了学习的趣味性和互动性。

（三）加强实践教学与校企合作

实习与实训是电子商务专业人才培养的重要环节，通过在企业真实工作环境的实践，学生可以将理论知识转化为实践能力，培养职业素养和技能。高校应鼓励学生参与暑期或毕业实习，与企业共同制订实习计划，确保内容具有针对性和实效性。同时，深化校企合作，双方可共同开发挑战性实践项目，如电商数据分析、数字营销策划等，企业导师与校内教师共同指导，学生团队负责实施，既解决企业问题，又提升学生实践经验。此外，建立行业导师指导机制，邀请行业专家和企业家为学生提供职业规划建议、行业前沿信息和项目指导，增强学生的就业竞争力。通过行业导师论坛和职业发展讲座等活动，促进学术交流，拓宽学生的视野与人脉。

（四）促进就业导向与职业规划建设

建立综合就业指导体系，紧跟数字经济和人工智能等前沿趋势，提升学生的独立思考和创新能力。该体系不仅包括简历构建、面试技巧等求职技能，还注重职业素养的培养，如沟通表达、团队协作、领导力和问题解决等能力训练，通过模拟职场情境和项目合作帮助学生成长。此外，定期开展职业规划辅导和就业指导活动，帮助学生明确职业定位，增强就业竞争力。通过改革教学模式、更新课程资源、加强校企合作，培养与行业发展同步的高素质电子商务人才，推动行业创新和发展。[①]

四、数字技术助推电子商务专业人才培养范式转型

生成式人工智能（Generative AI，简称 AIGC）技术，如 ChatGPT，能够在电子商务专业人才培养中发挥重要作用，丰富教学方法，提升学生自主学习能力，并通过引入前沿知识充实课程内容。然而，在推广这一技术时，必须充分考虑并规避数据隐私泄露、教师角色被取代以及对技术过度依赖等潜在风险。因此，应从以下几个方向推动电子商务专业人才培养模式的转型：首先，确立符合数字时代需求的人才培养新理念；其次，利用人工智能构建全新的教育体系；最后，创新教学模式，以更好地适应现代生产力的发展需求。

（一）生成式人工智能赋能电子商务专业人才培养的价值

随着人工智能技术的飞速发展，尤其是生成式人工智能的兴起，教育领域正经历深刻变革。在电子商务专业人才培养中，生成式人工智能凭借其独特优势，为教学方法、学习模式和教学资源的创新提供了强大动力。本部分将从技术赋能、数字赋能和资源赋能三个方面，探讨生成式人工智能在电子商务专业人才培养中的价值。

1. 技术赋能，丰富专业课教学方法

生成式人工智能以其强大的内容生成、智能推荐和情境理解能力，为电子商务专业教学方法的创新提供了广阔的空间。在专业课程教学中，生成式人工智能的应用可以从多个方面提升教学效果。

首先，智能化教学工具的应用可以大幅提高教师备课和教学资源的制作

---

① 许文怡. 数字经济背景下电子商务专业人才培养的教改研究［J］. 国际公关，2024（10）：173-175.

效率。教师可以利用 AIGC 工具根据教学大纲和学生需求自动生成教案、课件、练习题等教学资源，同时根据学生的学习进度和反馈，智能调整课程内容与难度，实现个性化教学。此外，AIGC 工具还能够帮助学生快速生成高质量的电商文案、产品图片和视频，提升其实践操作能力。

其次，在情境模拟与互动学习方面，生成式人工智能能够创建逼真的电商运营场景，供学生进行虚拟情境模拟与互动学习。通过模拟电商平台的运营流程、客户互动等环节，学生能够在虚拟环境中深入体验实际的电商工作，增强对电商业务的理解。同时，AIGC 工具会根据学生的学习情况智能调整情境难度，提供个性化学习建议，从而激发学生的学习兴趣和主动性。

2. 数字赋能，提高学生自主学习能力

生成式人工智能凭借其强大的数字赋能能力，为学生自主学习提供了有力支持，促进了终身学习能力的培养。

首先，在个性化学习路径规划方面，生成式人工智能能够根据学生的学习习惯、兴趣和能力水平，为其量身定制个性化的学习路径。通过智能分析学生的学习数据和行为，AIGC 工具能够识别学生的薄弱环节和兴趣点，为其推荐合适的学习资源和活动。这种个性化规划有助于学生灵活调整学习进度，从而提高学习效率。更重要的是，AIGC 工具能够根据学生的反馈和学习成果，持续优化学习路径，确保始终贴合学生的实际需求。

其次，在智能化学习资源推荐方面，生成式人工智能具备强大的跨模态语义解析能力，能够处理文本、图像、音频和视频等多种形式的数据。基于这一能力，AIGC 工具能为学生智能推荐学习资源，如电商案例、行业报告和专家讲座等。这些精准的推荐不仅拓宽了学生的知识视野，还能激发其学习兴趣和积极性。

最后，在智能化学习辅导与答疑方面，生成式人工智能能够为学生提供全天候的学习支持。AIGC 工具根据学生提出的问题类型和难度，提供有针对性的解答与指导；对于复杂问题，AIGC 工具还可以通过智能分析历史问题和答案，推导出多种解决方案。这种智能辅导服务不仅帮助学生及时解决学习难题，还能培养其独立思考与解决问题的能力。

3. 资源赋能，充实专业教学内容

生成式人工智能凭借其丰富的语料库和强大的数据处理能力，为电子商务专业教学内容的创新和充实提供了有力支持。

首先，在实时更新行业动态与数据方面，生成式人工智能能够实时跟踪和分析电商行业的动态数据，如市场趋势、消费者行为和竞争态势等，为教师提供最新的行业信息和数据支持。这些数据不仅帮助教师了解行业发展动向，也为课程设计提供了重要依据。同时，AIGC 工具还能根据学生的学习需求，自动生成与行业动态相关的案例、报告和练习题等教学资源，帮助学生更好地掌握行业知识。

其次，在多样化教学资源的生成与整合方面，AIGC 工具凭借其强大的数据处理能力，能够生成多种教学资源。例如，AIGC 工具可以分析电商平台的商品数据、用户评论等信息，自动生成具有针对性的产品分析报告和市场趋势预测等资源。此外，AIGC 工具还能够整合不同来源的教学资源，如将文字、图片和视频等多种形式的内容结合在一起，提供丰富多样的教学材料，既能拓宽学生的知识视野，也能激发其学习兴趣。

最后，在跨学科知识的融合与应用方面，生成式人工智能能够将经济学、管理学、市场营销学、信息技术等多学科知识融合，为电子商务专业教学提供跨学科的内容和案例。这种跨学科的知识融合不仅有助于拓宽学生的思维方式和知识视野，还能提高学生综合运用知识解决实际问题的能力。

（二）生成式人工智能赋能电子商务专业人才培养的潜在问题

1. 专业教学与学生管理数据隐私存在泄漏风险

生成式人工智能技术（如 ChatGPT）在推动高职电子商务专业人才培养上具有巨大潜力，但也带来了数据隐私泄露等风险。ChatGPT 作为教学辅助工具，若未采取有效的安全措施，可能成为学生个人信息和学习记录泄露的隐患，威胁数据安全，损害学校声誉，影响教学秩序。尤其是在网络环境下，数据安全事件频发，非法获取学生数据可能导致隐私侵犯、连锁反应以及不必要的心理负担，影响学生的正常学习状态，甚至抑制创新思维与自由探索。

随着 ChatGPT 在学生管理中的应用深化，收集的数据量也在快速增加，涉及学习行为、生活习惯等多个维度，可能吸引第三方数据分析机构介入。这些机构虽然提供数据分析服务，但也可能成为新的安全隐患，增加数据泄露的风险。因此，高职院校在推进生成式人工智能应用时，必须建立全面的安全管理体系，包括数据加密、访问权限控制、定期安全审计、风险评估，并加强学生的数据安全教育，提升学生的自我保护意识，确保技术应用安全有效，保护学生隐私，营造安全的教学环境。

2. 生成式人工智能技术冲击教师教育教学主体地位

在职业教育的数字化变革中，生成式人工智能的快速发展虽然带来了便利，但也引发了"数据崇拜"的问题。随着"数据至上"观念的兴起，人工智能虽能减轻教师负担、优化教育管理，但也可能削弱教师的主导地位。过度依赖 AIGC 技术可能导致学生依赖机器输出，忽视批判性思维和创造力的培养。因此，在应用 AIGC 时，应平衡技术支持与教师主导的关系，避免技术替代教育的本质。

ChatGPT 作为虚拟教师，在减轻教师重复性劳动的同时，也带来了知识权威弱化和情感交流缺失的问题。尤其是在专业知识传授中，虚拟教师难以融入思政元素，实现知识传授与价值引领的双重目标，尤其在学生管理方面，这一缺失更为显著。此外，ChatGPT 的介入可能改变行政管理的结构，使学生管理趋向"垂直化"，行政指令的色彩增强。由于 ChatGPT 缺乏实际管理权限与经验，处理突发事件时可能会引发学生不满，损害管理权威，进而影响班主任和辅导员的管理效能及师生关系。因此，尽管生成式人工智能尚未完全替代教师的主体地位，如何准确定位其在教育中的辅助角色仍然是值得深入探讨的问题。

3. 技术路径依赖导致师生潜在产生"去技能化"

自 ChatGPT、Sora 等生成式人工智能技术问世，社会科学与高等教育领域开始关注其带来的社会风险、伦理问题和经济成本。这些技术正逐步渗透教育生态，尤其是在电子商务专业教学和管理中，挑战尤为突出。生成式 AI 技术如 ChatGPT 为教师提供了便捷的学生行为监控工具，使教学管理和个性化辅导更加精准高效。然而，过度依赖 AIGC 可能导致教师教学管理能力退化，缺乏创新，且削弱学生的自主思考与判断能力，形成"去技能化"现象，影响学生的全面发展和创新能力。此外，随着 AIGC 全面渗透教学与管理，其角色已超越"知识传播者"，成为学生行为监控和学习评估的"管理者"。这一变化模糊了人与技术的界限，提出了伦理问题：如何确保技术的公正性，避免数据偏见与算法歧视？如何在智能管理中保障学生隐私与自主权？AIGC 技术的数据处理能力与零边际成本为教育资源共享提供了可能，但也增加了数据安全与隐私保护的难度。海量数据的收集和分析可能导致数据泄露、滥用等风险。同时，技术的快速迭代与高维护成本对高职院校的资金和技术建设提出了更高要求。因此，高职院校需积极探索生成式人工智能与教育融合的新路径，建立健全伦理规范、数据安全机制和成本分担体系。通过加强教师培训、提升学生信息素养和批判性思维，确保技术应用服务于教育公平与质量提升的核心目标。

（三）生成式人工智能赋能电子商务专业人才培养的范式转型

1. 树立数字时代高职电子商务专业人才培养新理念

在数字化转型的浪潮中，生成式人工智能技术的兴起为高职电子商务专业人才培养带来了前所未有的机遇与挑战。为了应对这一变革，必须树立全新的教育理念，以数字思维引领人才培养方向，确保教育内容紧密契合未来市场需求。

首先，数字素养已成为现代电子商务人才不可或缺的基本素质。高职院校应将数字素养教育融入课程体系，不仅教授学生如何使用数字技术，还要培养其分析数据、解决问题以及创新应用的能力。通过开设数据分析、编程基础、人工智能原理等课程，增强学生的数字技能，为其在电子商务领域应用 AIGC 技术打下坚实基础。

其次，电子商务的快速发展要求从业者具备跨学科的知识结构。高职院校应打破学科壁垒，推动电子商务、计算机科学、市场营销、心理学等多学科的交叉融合。通过跨学科项目、工作坊和实习机会，让学生在实践中学习如何将

AIGC 技术与商业实践结合，培养其综合运用知识解决实际问题的能力。

最后，AIGC 技术为电子商务领域带来了无限创新可能。高职院校应鼓励学生勇于探索未知，培养创新思维和创业精神。通过设立创新创业孵化平台，提供资金支持、导师指导和市场对接服务，激发学生的创业热情，促进其将创新想法转化为实际商业项目，为电子商务行业注入新鲜活力。

2. 构建基于 AIGC 技术的电子商务专业人才培养新体系

为充分发挥 AIGC 技术在电子商务人才培养中的潜力，必须构建一个与之相适应的人才培养新体系，确保教育内容、教学方法和评价体系等方面的全面升级。

首先，高职院校应重新审视现有课程体系，将 AIGC 技术相关内容纳入核心课程，如智能推荐系统、自然语言处理在电商中的应用以及数据驱动的决策制定等。同时，根据技术发展趋势动态调整课程内容，确保学生掌握最新的技术知识。

其次，项目制教学是理论与实践深度融合的有效途径。高职院校应与企业合作，共同开发基于 AIGC 技术的电子商务项目，让学生在真实项目中学习、实践和创新。通过项目合作，学生不仅能提升技术能力，还能增强团队协作、项目管理等综合素养。

最后，传统的考试评价方式已难以全面反映学生的能力和潜力。高职院校应构建多元化评价体系，包括课程作业、项目报告、团队合作表现、创新创业成果等多个维度。通过引入同行评审、企业反馈等外部评价，确保评价的客观性与全面性，激励学生全面发展。

3. 建设适应新质生产力发展的电子商务专业教学模式

在数字经济时代，电子商务专业人才的培养至关重要，高职院校应通过多种方式提升人才培养质量。首先，推行线上线下融合教学，充分利用网络平台提供的优质在线课程资源，如慕课和微课，并结合线下研讨和实验室实践，深化学生对知识的理解与应用，从而提升教学效果和学习体验。其次，引入翻转课堂，将传统的讲授环节移至课外，课堂时间则用于讨论和问题解决，激发学生的主动学习和批判性思维能力。校企合作也是人才培养的重要途径，高职院校应与电子商务企业紧密合作，共同制定人才培养方案，开展企业实习和联合项目，帮助学生提前了解行业动态，提升就业竞争力。为了应对 AIGC 技术的快速发展，高职院校还应建立持续学习机制，提供终身学习平台，定期举办技术研讨会和行业论坛，激励学生不断更新知识与技能，保持与行业发展同步。此外，加强国际交流合作，开展学生交换、联合培养和国际实习项目，有助于拓宽学生的国际视野，提升其国际竞争力和跨文化交流能力。① 总的来说，电子商务专业的人才培养需要明确培养目标，注重复合型、应用型和创新型人才的培养，并通过产教融合和跨境电商的"双融"协作，推动行业与教育的深度融合，优化课程体系和实践平台，以适应数字经济时代的行业需求。

---

① 俞伯阳. 生成式人工智能助推高职电子商务专业人才培养范式转型探析［J］. 黄河水利职业技术学院学报，2024，36（4）：75-80.

结　语

随着数字经济的不断发展，电子商务在全球范围内日益成为推动经济增长的重要动力。从理论综述到具体的实践研究，本书全面探讨了数字经济背景下电子商务的创新与发展，涵盖了电子商务的基本理论、市场机制、风险管理、生态系统建设等多个层面。通过对数字经济与电子商务相互作用的分析，我们深入揭示了其在市场结构、竞争策略以及高质量发展方面的优势与挑战。

尤其是在农村电子商务和跨境电子商务领域，数字经济的推动为这些行业的发展提供了新的机遇。农村电子商务通过借助数字化技术，打破了传统的地域限制，为农民创造了更多增收渠道；而跨境电子商务则通过数字化平台的创新，助力企业拓展国际市场，实现了全球贸易的便捷化与智能化。数字经济的发展不仅为这些领域注入了活力，也为电子商务平台的建设、企业管理模式的转型以及专业人才的培养提供了新的思路与策略。

然而，数字经济下电子商务的快速发展也伴随着一系列的挑战，包括技术创新的不断追赶、市场竞争的日益激烈以及相关法律法规的滞后。为了应对这些问题，各方面的协调与创新显得尤为重要。通过加强跨界合作、完善平台的法律规制、提升企业管理水平、优化人才培养体系等措施，数字经济与电子商务的融合发展将迎来更加光明的未来。

综上所述，数字经济为电子商务的发展提供了前所未有的机遇，但与此同时，面对不断变化的市场环境，我们也需要在理论研究、技术创新、政策支持和人才培养等方面不断努力，以推动电子商务的可持续发展与高质量提升。

参考文献

［1］吕兴焕. 电子商务定义的重新界定［J］. 天中学刊, 2004, 19（2）:
　　29-31.

［2］丁琳芝. 大数据背景下电子商务发展的新特征研究［J］. 现代工业经济
　　和信息化, 2019, 9（6）: 10-11.

［3］王金良, 王平山. 我国电子商务发展水平空间分布特征分析［J］. 商业
　　经济研究, 2021（3）: 71-73.

［4］沈坤华. 促进电子商务发展的四大要素［J］. 内蒙古科技与经济, 2014
　　（17）: 48-49.

［5］王兆杰. 电子商务模式构成要素及影响因素分析［J］. 经济师, 2013
　　（12）: 15-16.

［6］陆剑, 冯晓睿. 基于 Web 前端开发技术的电子商务网站设计［J］. 信息
　　记录材料, 2024, 25（3）: 231-233, 236.

［7］王林, 杨坚争. 电子商务市场准入与退出机制［J］. 电子知识产权,
　　2015（6）: 16-21.

［8］王军华. 基于自组织理论的电子商务市场网络演化机制探讨［J］. 商业
　　经济研究, 2017（2）: 81-83.

［9］关芳. 电子商务企业内部控制风险及对策研究［J］. 商场现代化, 2022
　　（12）: 27-29.

［10］闫紫馨, 于明慧. 电子商务企业财务风险及防范［J］. 合作经济与科

技，2022（13）：143-145.

[11] 洪惠玲. 电子商务企业审计风险及应对研究［J］. 行政事业资产与财务，2022（21）：105-107.

[12] 乔思远. 电子商务海外侵权风险的规避与应对［J］. 中国商论，2022（23）：32-34.

[13] 王伟. 电子商务生态系统的构建［J］. 安阳工学院学报，2017，16（5）：49-52.

[14] 万守付. 电子商务生态系统的协同创新模式研究［J］. 现代营销（经营版），2021（10）：176-178.

[15] 杨瑶. 电子商务生态系统中资源流转功效研究［J］. 电子商务，2018（12）：11-12.

[16] 张世军. 电子商务价值生态系统的协同探讨［J］. 商业经济研究，2019（12）：68-71.

[17] 许艳. 电子商务信息生态系统的构建研究［J］. 市场论坛，2017（11）：70-72.

[18] 顾明. 浅析我国电子商务发展历程［J］. 江苏商论，2019（2）：31-35.

[19] 陈金平. 我国电子商务发展的特点和趋势［J］. 上海商业，2022（12）：28-30.

[20] 潘彪，黄征学. 数字经济概念演变、内涵辨析与规模测度［J］. 中国经贸导刊，2022（5）：52-55.

[21] 王家腾. 数字经济的理论逻辑、内涵特征与优化路径［J］. 当代县域经济，2024（6）：42-44.

[22] 陈玲，孙君，李鑫. 评估数字经济：理论视角与框架构建［J］. 电子政务，2022（3）：39-53.

[23] 覃征，张普. 数字经济、电子商务与法治之道［J］. 四川省社会主义学院学报，2023（2）：3-17.

[24] 周木子. 数字经济背景下电子商务发展的优势、困境与策略研究［J］. 佳木斯职业学院学报，2024，40（7）：110-112.

[25] 陈亚男. 数字经济背景下电子商务模式发展困境与具体对策［J］. 商场

现代化，2024（18）：27-29.

[26] 房雪. 数字经济背景下电子商务与物流企业协同发展研究［J］. 商场现代化，2023（24）：36-38.

[27] 张宝山. 电子商务法：拥抱数字经济新时代［J］. 中国人大，2019（2）：13.

[28] 王佳佳. 数字经济背景下电商直播带货的营销动因与关键问题探析［J］. 现代商业，2024（16）：16-19.

[29] 程艺苑. 农村电子商务发展意义及问题探究［J］. 太原城市职业技术学院学报，2018（1）：37-39.

[30] 王刚. 基于我国农村电子商务发展的关键要素解析［J］. 现代商业，2017（22）：90-91.

[31] 杨博. 农村电商与数字经济和实体经济融合的创新模式与实践研究［J］. 上海商业，2024（3）：41-43.

[32] 张丽群，顾云帆，高越. 农村电子商务"一体两翼"发展模式演变［J］. 商业经济研究，2020（21）：143-145.

[33] 马天娥. 数字经济背景下农村电商平台的创新与发展策略［J］. 投资与合作，2023（7）：98-100.

[34] 舒晟. 数字经济时代农村电子商务发展现状与建议［J］. 现代商业，2022（20）：36-38.

[35] 杨玉新，张妍. 数字经济引领农村电商生态建设的现实困境与推进策略［J］. 农业经济，2024（9）：140-142.

[36] 吴怡. 数字经济时代农村电商集群的发展路径研究［J］. 市场周刊，2023，36（1）：79-82.

[37] 申姝红，郭晶. 数字经济模式下农村电商产业高质量发展研究［J］. 农业经济，2023（8）：122-125.

[38] 孙建竹. 数字经济背景下乡村旅游与农村电商融合发展路径研究［J］. 辽宁科技学院学报，2024，26（1）：80-83.

[39] 杨博. 农村电商物流网络建设与数字经济的协同发展研究［J］. 中国储运，2024（7）：92-93.

[40] 于米. 中国跨境电子商务发展现状与实施路径 [J]. 上海商业，2023 (8)：38-40.

[41] 余伟. 中国跨境电子商务发展现状、问题及对策研究 [J]. 湖北经济学院学报（人文社会科学版），2024，21 (6)：54-57.

[42] 温珺，阎志军. 中国跨境电子商务发展：新特点、新问题和新趋势 [J]. 国际经济合作，2017 (11)：29-35.

[43] 李文博. 数字经济对跨境电子商务的影响分析 [J]. 对外经贸，2024 (1)：50-53.

[44] 笙婷婷. 数字经济背景下我国跨境电子商务物流运作模式研究 [J]. 商场现代化，2024 (11)：38-40.

[45] 李桦，刘若彤，苏欣悦. 基于数字经济崛起的跨境电商物流模式研究 [J]. 中国航务周刊，2024 (8)：66-68.

[46] 张军成. 论数字经济时代跨境电商人才素质要求与培养策略 [J]. 中国经贸导刊，2024 (12)：193-195.

[47] 胡缪甜. 数字经济背景下跨境电商高质量发展的对策研究 [J]. 商场现代化，2024 (23)：23-25.

[48] 蒲新蓉. 数字经济时代跨境电商生态系统建设与发展策略 [J]. 质量与市场，2022 (8)：160-162.

[49] 魏忠岚. 论电子商务对企业管理的影响与创新性 [J]. 市场瞭望，2023 (24)：104-106.

[50] 薛志岭. 论电子商务对企业管理的促进 [J]. 河北企业，2018 (9)：51-52.

[51] 戈日慧. 电子商务推动企业管理创新 [J]. 农村经济与科技，2017，28 (16)：128.

[52] 周于岚，陈雯婷. 数字经济背景下电商企业税收管理存在的问题及防范研究 [J]. 商场现代化，2023 (1)：5-7.

[53] 王月兴. 大数据驱动下电商企业财务管理创新策略 [J]. 中国科技投资，2024 (17)：30-32.

［54］甘露璐. 大数据时代电商企业项目管理变革研究［J］. 商场现代化，
2024（17）：41-43.

［55］尹玉凤. 大数据时代电商企业的财务管理模式［J］. 纳税，2023，17
（25）：103-105.

［56］徐俪凤. 大数据时代电商企业管理模式创新路径研究［J］. 中国管理信
息化，2021，24（17）：118-119.

［57］任雪莹. 数字经济浪潮下电商企业文化的构建路径［J］. 新传奇，2024
（29）：126-128.

［58］张艳菊，陈志祥. 数字经济时代电商企业社会责任缺失及应对研究
［J］. 科技创业月刊，2024，37（2）：79-82.

［59］李斯媛. 数字经济背景下电商企业数据化运营探讨［J］. 中国管理信息
化，2023，26（20）：102-104.

［60］鲁泽霖，李强治. 电子商务平台的演化逻辑和运营机理［J］. 电信科
学，2019，35（7）：152-158.

［61］张欧. 基于大数据的电子商务云平台建设与应用研究［J］. 中国商论，
2019（16）：16-17.

［62］杨婕菲. 电子商务平台虚假宣传的法律规制研究［J］. 经济师，2022
（5）：59-60.

［63］马玉梅. 数字经济时代电商平台"二选一"行为的法律规制研究［J］.
经济研究导刊，2023（1）：154-156.

［64］于亚琦. 电商平台知识产权保护问题研究［J］. 现代营销（经营版），
2020（10）：118-119.

［65］马宇鹏. 数字经济建设下我国跨境电商平台面临的问题与对策［J］. 经
济研究导刊，2022（4）：142-144.

［66］冯勇，陈登峰. 农村电商平台发展现状和趋势分析［J］. 改革与开放，
2020（12）：29-31.

［67］肖峰. 数字经济条件下电商平台责任认定难题和治理出路［J］. 重庆邮
电大学学报（社会科学版），2024，36（3）：72-82.

［68］孙道勇. 数字贸易环境下电商平台的服务外包模式创新［J］. 服务外包，2024（9）：64-67.

［69］潘思谕，黄紫华. 数字经济下跨境电商平台的用户信息安全风险防范策略［J］. 沿海企业与科技，2022（3）：17-22.

［70］于卫红，时洪涛，林国顺. 电子商务专业人才培养目标与课程体系建设［J］. 航海教育研究，2015，32（2）：68-72.

［71］胡万奎. 电子商务人才定位初探［J］. 科学咨询（决策管理），2009（10）：20-21.

［72］李坤继，刘丽莎. 电子商务专业人才培养定位思考［J］. 上海商业，2022（1）：36-38.

［73］张震新. 电子商务类人才就业岗位及其要求分析［J］. 中国高新科技，2020（23）：157-158.

［74］陈燕予. 数字经济背景下基于产教融合的电子商务人才培养模式研究［J］. 华东科技，2023（11）：72-74.

［75］李立威，盛晓娟，裴一蕾. 数字经济背景下基于产学创研融合的应用型大学电子商务人才培养模式研究［J］. 北京联合大学学报，2022，36（4）：1-6.

［76］禤圆华，蒙昕. 数字经济视角下"双融"跨境电商人才培养模式研究［J］. 对外经贸，2024（1）：120-123.

［77］张毅. 电子商务人才培养问题与路径创新［J］. 商业经济研究，2023（20）：124-127.

［78］高珠凤. 数字经济背景下电子商务专业人才培养机制创新研究［J］. 现代商业研究，2024（14）：134-136.

［79］许文怡. 数字经济背景下电子商务专业人才培养的教改研究［J］. 国际公关，2024（10）：173-175.

［80］俞伯阳. 生成式人工智能助推高职电子商务专业人才培养范式转型探析［J］. 黄河水利职业技术学院学报，2024，36（4）：75-80.